METAMORPH

9. MOSTRA INTERNAZIONALE DI ARCHITETTURA

FOCUS

SOMMARIO

KURT W. FORSTER

ARCHITETTURA OMBRE RIFLESSI

La vista sulla laguna è favolosa dal balcone degli uffici della Biennale dove abbiamo organizzato questa 9. Mostra internazionale di architettura e le sue pubblicazioni: proprio di fronte a noi la "prua" della Punta della Dogana monta la guardia a confluenza del Canal Grande e di quello della Giudecca. Più in là, a sinistra, l'isola di San Giorgio, e alla destra l'alta cupola della Salute. Tre simboli di terra – o di acqua? – descrivono un triangolo che chiunque visiti la città ricorderà come una costellazione singolare, creata, si potrebbe pensare, più che solo per stare lì, per imprimersi nella memoria.

Mentre fisso questa grandiosa prospettiva in una luce continuamente mutevole, un curioso fenomeno inizia a intrigarmi: perché gli edifici, perfino le gigantesche facciate come quella di San Giorgio, non riflettono la loro immagine? È per il vento che continua ad incresparsi la superficie dell'acqua? O la laguna è ormai cieca, come un vecchio specchio che abbia perduto la patina d'argento sul retro? Le acque torbide inghiottono forse i loro riflessi e presto inghiottiranno anche gli edifici? O forse l'angolo di incidenza dall'alto è tale che il riflesso del sole ci acceca? Perfino al crepuscolo sotto gli edifici, invece delle loro immagini rovesciate, si vede appena una macchia confusa. Una mancanza di riflessi che produce una cesura netta tra facciate e acqua. In assenza della loro liquida copia nella laguna, gli edifici sembrano galleggiare su una sottile lastra di pietra, come se l'architettura non riuscisse a formare un'immagine di sé. In quanto oggetti solidi senza copia fluida, gli edifici stessi assumono una presenza fantomatica sopra la linea d'acqua. È solo un caso che Venezia, che non può vantare un'architettura nuova di cui valga parlare, ospiti una delle più ambiziose mostre di architettura? È forse necessario andare in un luogo dove la nuova architettura non trovi controparte per avere un'idea di quello che succede e di dove ci condurrà? L'assenza di architettura contemporanea a Venezia è da attribuire a una circostanza sconcertante o piuttosto a quella sorta di silenzio che assorbe la cacofonia di voci che ciclicamente la invadono?

Edifici bagnati dall'acqua e dalla luce sempre cangiante, come le pietre di Venezia, entrano in un rapporto di contiguità con il principio del flusso. Tanto solidi e stabili sono gli edifici, tanto mercuriali i loro riflessi e corrosive le loro ombre. In qualche modo, l'architettura ha bisogno dell'alter ego dell'ombra e della smorfia spettrale dei riflessi. Per quanto

inconsistenti, ombre e riflessi aiutano a sopprimere momentaneamente l'instabilità intrinseca dell'architettura. Più sono grandi gli edifici, intrecciate le loro parti e complessi i loro volumi più hanno bisogno di luci e di ombre. Superfici brillanti che improvvisamente cedono il passo a freddi recessi, dando vita a strutture rigide. Strati d'ombra che scivolano uno sull'altro come nuvole insinuano profondità e la luce che intride le superfici le dissolve senza lederle. I veli di un cambiamento incessante che continuano a cadere sugli edifici ne rendono misteriosa la sostanza ma – paradossalmente– li portano anche ad assumere una loro scoraggiante fissità.

Per secoli la pittura non ha registrato le nuvole e solo dal XVIII secolo le ombre hanno assunto anche in architettura il ruolo che da tempo avevano in pittura. Un certo tipo di "riflesso" sembra essere emerso dalle ombre su cui tanto si accaniva Giovan Battista Piranesi e che Étienne-Louis Boullée rivendicava come territorio della sua immaginazione. Nelle loro immagini il buio scavava il corpo stesso degli edifici, avvolgendoli in una sostanza più pesante della pietra. Un'architettura di ombre aveva trovato il suo inventore in Boullée e il suo profeta in Piranesi. L'oscurità di cui velavano i loro edifici andava dal vellutato al granuloso, assumendo ai bordi il profilo netto di una fustellatura o sfarinando sulle superfici vuote. In tutti i casi le ombre spingono il margine di una forza negativa nel corpo stesso dell'architettura. Marguerite Yourcenar pensava che quella forza uscisse dalla camera oscura della mente di Piranesi, che lì aveva attinto l'inchiostro della sua visione.

La luce modula gli edifici all'infinito, accordandoli con la loro stessa instabilità. L'erosione incessante della fissità idealizzata dell'architettura ha accumulato tanta forza nel tempo, perché assimila l'esperienza contemporanea al suo contrario. Vivere dentro l'architettura ci avvicina ancora di più alle manifestazioni del cambiamento e della trasformazione, e al tempo stesso ci priva del senso di orientamento. Le forze del cambiamento a volte sembrano avvitarsi in un vortice che ci trascina e poi ci lascia, confusi. L'ampiezza del cambiamento non è più registrabile su scala convenzionale, ma potrebbe raggiungere un punto critico: non c'è dubbio che perderemo molto quando l'architettura, così come l'aveva pensata Vitruvio, e come è stata riaffermata all'infinito dai suoi lettori e seguaci, cederà a qualcosa di totalmente diverso. Difficile dire come sarà

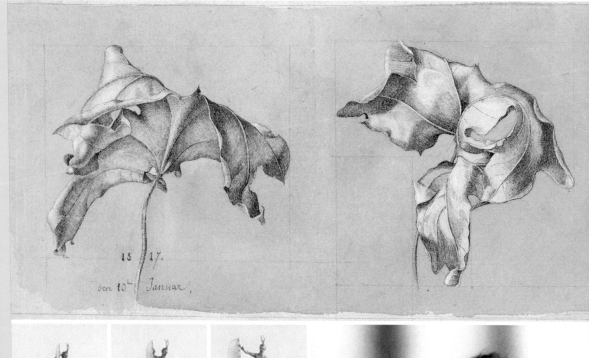

FIG. 1. (in alto) Friedrich Olivier, *Withered Maple Leaves*, 1817, penna e inchiostro con lumeggiature, 15,4 × 24,9 cm. Berlino, Staatliche Museen, Kupferstichkabinett und Sammlung der Zeichnungen.

FIG. 2. (in basso a sinistra) Veduta della Fortuna e del Mondo sulla Punta della Dogana, dal balcone degli uffici della Biennale (foto Nanni Baltzer).

FIG. 3. (in basso a destra) Lotte Jacobi, *Clair Bauroff*, 1928, fotografia. New Hampshire, University of New Hampshire, Lotte Jacobi Archives.

questa nuova architettura e su quali fondamenti poggerà, se avrà fondamenti stabili, ma le nostre difficoltà emergono dai fenomeni stessi e perciò assumono valore diagnostico.

Molto si può intuire dai segni del cambiamento, perfino quando i suoi motivi rimangono oscuri. L'economia di un simile cambiamento storico ci potrà apparire all'insegna dello spreco ma eventi che trasformano il mondo in maniera tanto radicale devono verificarsi su una certa scala per poter generare ramificazioni significative. Marina Warner ha sostenuto che le metamorfosi "negano e ripiegano il tempo"[1]. Attraverso la trasformazione qualcosa che era destinato a estinguersi può continuare a vivere. In circostanze che risuonano di echi contemporanei Johann Wolfgang Goethe, poeta visionario e profondo conoscitore dei fenomeni naturali, scrisse queste righe nell'ottobre del 1821:

> Und umzuschaffen das Geschaffne,
> Damit sich's nicht zum Starren waffne
> Wirkt ewiges lebendiges Tun.
> (Trasformare ciò che è stato creato,
> non permettere che s'irrigidisca nella difesa,
> questo è l'eterno, eccitante, lavoro).[2]

Per restare vivi non c'è altro modo che cambiare, trasformare la sostanza e assumere altre guise nel corso del tempo. Diversamente dalla trasformazione evolutiva in natura, quella degli artefatti culturali possiede una sua propria logica, che fa sì che uno stato ritenuto obsoleto possa tornare in un più alto ordine di complessità.

Nei secoli scorsi un'idea unitaria del costruire ha finito per essere enunciata nella differenza tra parti strutturali vitali e parti passive. L'architettura moderna si è misurata con questa differenza, fino ad arrivare ad articolare la differenziazione tra scheletro strutturale e superfici-involucro. Più di recente però un gruppo di progetti impressionanti ha cominciato a riconiugare il rapporto tra struttura e superficie per portare entrambe a partecipare dei rispettivi obiettivi. Tali progetti non solo propongono una forma di complesso intrico che assimila la nostra riflessione in altri campi, ma rivelano anche e in modo straordinario come la tettonica tradizionale riposi sul dogma piuttosto che sulla doxa. A dispetto degli accademici ortodossi, la tettonica può essere pensata come dinamica, la fissità come uno stato sempre mutevole di rigidità capace di diversi gradi di cambiamento. Invece di aggrapparsi alle definizioni dei manuali, l'e-

voluzione recente dell'architettura ha introdotto una stupefacente varietà di concetti quasi a rivaleggiare con la natura e le sue periodiche manifestazioni di ipertrofica varietà delle specie. Numerosi progetti recenti non si basano più sulla millenaria dialettica di supporto e peso, ma sulle superfici continue – siano esse ripiegate o curve – e su un esteso concetto di topografia in quanto condizione capace di intessere insieme costruzione (come serie di possibili obiettivi) e sito (come accumulazione storica e geologica) in uno stato di mutua inter-articolazione. La dialettica originaria sta lasciando il posto agli scivolamenti preconizzati da Frederick Kiesler quando, tra le due guerre, chiedeva che "la separazione di pavimenti, mura, pilastri e copertura fosse abbandonata. Invece" immaginava "un flusso li legherà"[3].

I recenti edifici fondati sulle superfici continue manifestano chiaramente la loro dipendenza, per quanto riguarda ideazione e realizzazione, dall'uso della tecnologia informatica. Il computer è il solo perno attorno a cui girano. Le infinite trasformazioni ibride e gli scambi tra i metodi tradizionali e il software, velocemente sviluppato, hanno moltiplicato e modificato il processo di elaborazione e di realizzazione dei progetti. Non esiste, o quasi, metodo che non possa essere integrato nel "circuito" dei calcoli numerici, ma ancora più ricca di conseguenze della flessibilità di elaborazione e del costante andirivieni tra immagine ed oggetto è la migrazione dell'architettura verso la sfera del virtuale e del simulato. E la provenienza da quella nuova sfera ha lasciato un marchio sulla realizzazione fisica del progetto. In modi sempre più insistenti gli edifici si propongono come **simulacra** dello stato in cui erano quando hanno cominciato a prendere forma. Come se intervenissero sottilmente sul nostro modo di percepirli, la loro presenza fisica maschera un'altra, intangibile, esistenza. La loro esistenza virtuale ha cominciato a perseguitare quella fisica, e lo stato di sospensione dell'alter ego dell'architettura, come le acque della laguna di Venezia, rifiuta di rispecchiare il reale.

Quando alziamo la testa dal lavoro a Ca' Giustinian e guardiamo fuori dalla finestra, ci troviamo di fronte il grande globo dorato della Punta della Dogana. Due figure color verde rame si curvano sotto il suo peso (FIG. 2). Quegli atlanti suscitano la nostra simpatia, mentre l'immagine della Fortuna smuove in noi un moto di invidia. Mentre Fortuna si agita leggermente nel vento, con una piccola vela tra le braccia tese, come se giocasse con una bambola, la sua posizione cambia impercettibilmente. Quando la pioggia e il vento battono sulla laguna, improvvisamente cambia forma, lasciando virare la sua vela da una parte all'altra. Risponde alle improvvise folate di vento oppure resta ferma come a spezzare la tempesta che si abbatte sui canali. A volte le onde ribollono ma la sua postura non muta. Quando torna il sole e le acque si calmano lei torna a girare volteggiando nei lenti giri di un valzer. Sotto i suoi piedi, il globo terracqueo grava sugli atlanti. Tutti e due sostengono con il braccio sollevato il peso che non riescono a tenere in equilibrio. Il globo li schiaccia ma Fortuna continua a volteggiare nel vento, come consapevole che tutti ne stanno osservando gli scherzi.

Questo spettacolo interminabile − in cui niente succede mentre lo si osserva oppure il cambiamento si verifica quando non si guarda − ha un suo scopo. Quale immagine migliore si potrebbe inventare per la Biennale se non questa, quale immagine migliore della vita sulla laguna? Quel leggero volteggiare di piedi sopra il peso schiacciante del Mondo suggerisce qualcosa di più di un ennesimo simbolo della città verso la quale milioni di persone si muovono in cerca di un miraggio. Quell'immagine accenna anche alle fortune dell'architettura i cui giri e le cui svolte sono la materia stessa della presente mostra. La Biennale di Venezia cattura una congerie delle più recenti, grandiose e sgargianti creazioni degli architetti. La 9. Mostra internazionale di architettura del 2004 non rappresenta un'eccezione, ma forse un'esagerazione, di questo **modus operandi**.

Esagerare significa forzare e sottolineare: verso dove stia muovendo l'architettura oggi lo possiamo solo immaginare. La 9. Mostra internazionale di architettura parte da un'ipotesi, invita i visitatori in un'arena di esperienze e lascia loro qualcosa su cui riflettere. Tra le mostre internazionali la Biennale non può accontentarsi di fare l'impresario, raccogliere informazioni e registrare quello che si potrebbe definire genericamente come lo "stato dell'arte". Ed è già dubbio se un unico "stato" del genere esista e se sia possibile o meno riconoscerlo quando dovesse essere raggiunto. Qualunque considerazione su uno "stato dell'arte" dipende da un discorso disciplinare. Una cosa è discutere l'architettura tra altri soggetti che contano per un qualche motivo altra cosa è definire i termini che ci permettono di valutare quello che vediamo e caratterizzare ciò che sta avvenendo. Nessuno può pensare di fare tutto questo da solo, o

di scegliere a caso quest'aspetto o quell'altro per la discussione quando il quadro continua a cambiare e i riferimenti a muoversi. D'accordo, il fenomeno della costruzione (e peraltro anche quello della distruzione) nel mondo mette alla prova mente ed emozioni. Il divario tra quello che viene costruito e quello che le persone possono volere (o si possono permettere), il contrasto tra la collocazione della costruzione e le atmosfere culturali che debbono instaurarsi si è ben poco attenuato da quando Le Corbusier riconosceva che la "rivoluzione" poteva essere evitata solo a patto di costruire "appartamenti".

Gli architetti tendono ad agire in base alle loro percezioni del mondo, condannando alcuni sviluppi e sposandone altri, cercando di allentare la pressione urbana o di celebrare la "cultura della congestione". Tutte divaricazioni che non vanno scemando, ma che in molte aree stanno cambiando natura. Mentre la globalizzazione continua a esacerbare i contrasti invece di livellare le differenze, i suoi indispensabili sistemi di comunicazione cortocircuitano il graduale e sempre filtrato scambio di idee. Uno dei suoi tratti distintivi emerge nella manifestazione simultanea di alcuni fenomeni in posti diversi e in circostanze dissimili. Il familiare processo di trasmissione delle idee per caduta o risalita osmotica per canali capillari viene eclissato da un fenomeno diverso: l'emergenza virtualmente simultanea di alcune intuizioni e tendenze da un'invisibile piattaforma di comunicazione. All'interno di questa sfera globale di pensiero, la geografia non ha ceduto il suo potere. Le idee sbocciano in luoghi vicini e lontani, non appaiono però in modo casuale, ma solo in alcune parti del mondo. Troppo facile sarebbe sostenere che la capacità produttiva e culturale di un paese (o di una regione) ne determina il ruolo nell'architettura. Più del livello economico conta la cultura architettonica del paese, ovvero il milieu del dibattito e la vastità del discorso professionale che quell'ambiente è capace di sostenere. Molti elementi intangibili entrano in gioco in tali considerazioni, e numerose contingenze confondono ulteriormente il quadro, ma non c'è bisogno di essere profeti per indovinarne le sorprese.

Il crollo del Muro di Berlino non era stato previsto, e così pure che Giappone, Spagna e Paesi Bassi, per citare solo tre paesi estremamente diversi per dimensioni e tradizioni, avrebbero preso la rincorsa con le loro idee architettoniche, stimolando gli altri con il loro esempio. Chi avrebbe potuto prevedere le difficoltà che l'architettura incontra oggi nei paesi

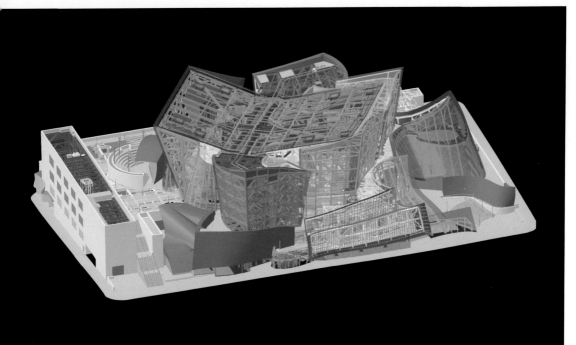

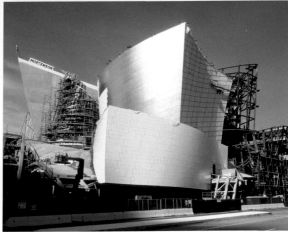

FIG. 4. (in alto) Frank O. Gehry, Walt Disney Concert Hall, rendering. © Gehry Partners, LLP.

FIGG. 5, 6. (al centro) Frank O. Gehry, Walt Disney Concert Hall, immagini del cantiere. © Gehry Partners, LLP.

FIGG. 7, 8. (in basso) Frank O. Gehry, Walt Disney Concert Hall, schizzi. © Gehry Partners, LLP.

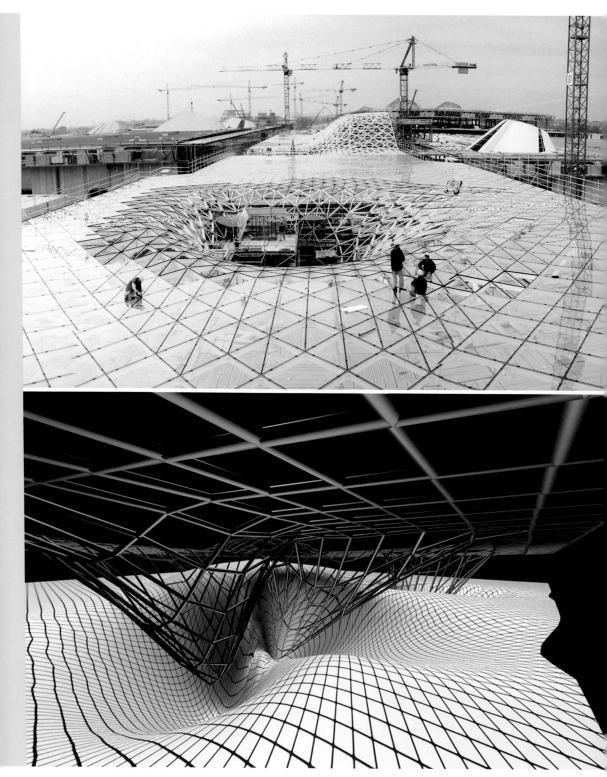

FIG. 9. Massimiliano Fuksas, Nuovo Polo Fiera Milano, asse centrale, copertura in vetro, veduta da est, 2003 a oggi.

FIG. 10. Zaha Hadid e Mayer Bahrle Freie Architekten BDA, Wolfsburg Science Centre, Germania, 2000 a oggi.

europei con la loro tradizione millenaria e con un'eredità di edifici che tanti nel mondo invidiano? Chi avrebbe riconosciuto una generazione fa che le nobili intenzioni di preservare (l'esistente) avrebbero sempre più inibito ciò che deve ancora nascere? Chi ha predetto i passi da gigante della Cina, o la fine dell'Unione Sovietica, e chi ha previsto le conseguenze che quei cambiamenti massicci avrebbero avuto in architettura?

La Biennale viene ciclicamente accusata di essere alla moda, di collusione con gli interessi commerciali e mediatici, di disprezzare gli edifici ordinari e trascurare questa o quella esigenza disperata nel mondo. Non c'è dubbio che si tratti di bisogni disperati, e che la maggior parte degli edifici siano ordinari, come pure che ormai non si riesca più a districare l'architettura dai media. Ma è altrettanto certo che una costruzione non diventa architettura in virtù del suo essere terapeutica, popolare o salvifica. Dare riparo e lasciare un segno sono gli scopi fondamentali della costruzione umana, anche quando non stimolano la nostra curiosità o non ci spingono a riflettere sull'idea del mondo che abitiamo. Proprio perché sono dovunque gli edifici devono darci qualcosa di più della semplice, immediata realizzazione di uno scopo immediato. Uno scopo che, per di più, abitualmente è articolato in base al momento e ai pregiudizi che ci portiamo dietro. Se un'attività collettiva della portata e del costo del costruire indica il grado delle conquiste civili, allora sarà bene che sia del calibro e della qualità che solo l'immaginazione architettonica può creare. Invece di lamentarci per lo star-system o lo spreco, cerchiamo di fare un passo indietro e interpretare i sintomi invece di diagnosticarli come malattia. Certo c'è tanta moda nell'architettura odierna, ma cosa dire del suo vecchio debito nei confronti dello sfarzo e della sua notoria sottomissione al potere?

Il software per il Computer-Aided Design ha da tempo occupato il posto lasciato vacante dai disegnatori e dagli incisori. Adottare una convenzione al posto dell'altra continua a far girare gli ingranaggi ma ne cambia forse la velocità e l'impeto? Dalla storia della tecnologia sappiamo che ciò che è stato creato per uno scopo spesso finisce per realizzarne un altro, a volte addirittura meglio. La tecnologia informatica dapprima applicata al disegno (CAD) ha potenzialità infinitamente superiori se applicata ai macchinari controllati numericamente. Oltre a estendere la tecnologia informatica alla manifattura di macchinari controllata numericamente, l'uso ampio e coerente dei programmi digitali per programmare ogni fase e aspetto della progettazione, della fabbricazione, dell'assemblaggio e del controllo, sta già portando gli edifici in un ambito che sarebbe stato impensabile anche solo dieci anni fa. Non c'è dubbio che l'innovazione tecnologica nel mondo è ormai indispensabile per l'architettura e fuzionale alla sua trasformazione in una specie diversa.

A proposito del quesito filosofico circa "il funzionamento dell'universo", il matematico Ian Stewart spiega che "non va direttamente da leggi semplici, come quelle del movimento, a strutture semplici, come le orbite ellittiche dei pianeti. Invece passa per un enorme albero di ramificazioni sempre più complesse, che in qualche modo crollano di nuovo fino a riprendere strutture semplici su scala appropriata. La semplice affermazione: 'una goccia d'acqua cade dal rubinetto' implica una serie di transizioni impressionantemente complesse e sorprendenti"[4]. L'osservazione di Stewart corrisponde direttamente alle infinite ramificazioni che vediamo proliferare negli attuali progetti architettonici. Anch'essi si manifestano con una pletora di varianti, alle prese con un intrigo di possibilità divergenti. Con la 9. Mostra internazionale di architettura cominciamo a individuare alcuni dei lineamenti che costituiscono un pattern leggibile tra un infinito numero di alternative possibili (con maggiore o minore capacità di generarne altre ancora). Il futuro di questa architettura dipenderà in misura non insignificante dalla discussione critica che saremo disposti a dedicarle.

1. M. Warner, *Signs and Wonders: Essays on Literature and Culture*, London 2003, p. 282.
2. *Goethes Werke in vierzehn Bänden*, vol. 1, Hamburg 1948, p. 369 (traduzione di M.B.). Cfr. soprattutto W. Schad, *Zeitgestalten der Natur: Goethe und die Evolutionsbiologie*, in *Goethe und die Verzeitlichung der Natur*, a cura di P. Matussek, München 1998, pp. 345-382.
3. Frederick Kiesler, manoscritto in lingua inglese inedito della metà degli anni trenta del secolo scorso, conservato presso la Fondazione privata di Fredrick e Lillian Kiesler, a Vienna. Sono grato a Dieter Bogner per avermi segnalato questo documento.
4. I. Stewart, *Nature's Numbers: Discovering Order and Pattern in the Universe*, London 1995, pp. 167 ss.

Tradotto dall'inglese da Maria Baiocchi

MARINA WARNER

METAMORFOSI

IL MITO DI ER

Nella tremenda visione di trasmigrazione che conclude **La Repubblica** di Platone, i morti possono scegliere il loro fato nelle vite future: Socrate descrive come un guerriero di nome Er fosse stato creduto morto e avesse così varcato la soglia dell'aldilà, per tornare, però, in vita sulla pira. Una volta tornato dall'aldilà, aveva descritto quello che vi aveva visto: "un certo luogo divino", le anime degli eroi omerici che prendono, nella loro vita successiva, la forma di un nuovo **daimon**. Ai morti veniva detto: "Non voi un dèmone sorteggerà, ma voi stessi sceglierete un dèmone. E chi primo capita in sorte, scelga per primo una vita, a cui per necessità sarà congiunto"[1]. Mentre guarda la ridistribuzione delle vite dopo la morte, Er riconosce Orfeo che decide di diventare un cigno, Aiace che sceglie la vita del leone, e Agamennone che opta per diventare un'aquila. Le future metamorfosi degli eroi corrispondono in qualche modo ai loro precedenti caratteri, a volte in modo paradossale. Atalanta, veloce nella corsa, per esempio sceglie di diventare un atleta maschio; Epeo, costruttore del cavallo di Troia, vuole diventare un'operaia, mentre Tersite, il buffone, diventa una scimmia. Ulisse, stanco di avventure e vagabondaggi, sceglie la vita tranquilla di un privato, che si occupa solo dei fatti suoi e "a stento [la sua anima] ne trovò una gettata in un canto e negletta dagli altri". Grato Ulisse estrasse dal mucchio quella vita qualunque[2].

Il nucleo di questo mito strano e inquietante offre la promessa di un'altra occasione di felicità: le anime dei morti sono immortali e ritornano con una diversa forma esteriore e con un'altra identità terrestre, sulla quale, in questa storia, hanno un qualche tipo di potere (dopo che sono state estratte le sorti per la precedenza); come nel lungo poema di Ovidio sul cambiamento e la trasformazione, **Le Metamorfosi**, tutte le anime sono immortali ed emigrano da una forma all'altra. Occupano corpi animali, o la forma esterna di altri fenomeni: continuano a vivere dopo la morte, trasformati e "in ogni tipo di mescolanza"[3]. Nella visione platonica gli incontri trasversali, quasi ironici, di passato e futuro implicano la responsabilità personale del fato che li aspetta. Anche se il narratore, il guerriero Er, non si dilunga sulla correttezza della metempsicosi, la condotta precedente delle anime condiziona la gamma delle identità potenziali desiderabili. Platone conclude con le parole enigmatiche di Socrate: questo mito "si è salvato e non è perito e potrà salvare anche noi se gli crediamo".

Il mito di Er attinge uno dei suoi aspetti significativi dal complesso concetto della metamorfosi che governa fato e identità personali, secondo cui, in qualche modo profondo, ognuno è come si fatto. Nel mito greco e in qualche forma di pensiero metafisico sull'identità, gli individui possono essere cacciati dai loro corpi, mentre le loro anime vagano da una forma all'altra: si tratta di una visione della persona e delle sue possibilità che diverge dal concetto giudaico-cristiano della completezza e dell'integrità di mente e corpo e dell'unica vita mortale dell'individuo. Ovidio nelle **Metamorfosi** ci racconta centinaia di storie di trasformazioni e nel far ciò elabora anche un'antica visione filosofica secondo la quale la vita non muore mai, ma salta da una forma all'altra e può prendere qualsiasi forma. Una donna può diventare una montagna o un uomo può diventare un animale, e conservare al tempo stesso la medesima identità individuale. Attraverso il mito Ovidio rappresenta il grandioso ciclo della creazione fisica e dell'interconnessione di ogni vita. Questa visione, che a sua volta deriva da filosofie classiche e orientali, solo in seguito fu sviluppata nella biologia, nella geologia e nella teoria dell'evoluzione.

La parola "metamorfosi" viene dal greco **morphé**, che vuol dire forma, e **metá**, che vuol dire attraverso, dopo o tra: la **Metafisica**, il trattato di Aristotele, non si chiama così perché concerne cose che si trovano oltre la fisica, come oggi crediamo, ma solo perché era il libro successivo a la **Fisica**. In italiano oggi "meta-" ha sicuramente acquisito una più forte risonanza semantica. L'idea di passare da una forma all'altra investiva le **meta-morfosi** di implicazioni più profonde di un semplice salto di tempo, di forma e apparenza, come in una scena di trasformismo in una pantomima, o come nella storia di Cenerentola la zucca si trasforma nella magica carrozza. "Meta-" oggi significa qualcosa di più di quanto indichi la parola "oltre", compreso un certo grado di autocoscienza. Si pensi all'uso di meta-fiction, per indicare forme di scrittura e di cinema che derivano dalla consapevolezza delle loro stesse convenzioni. Storie che riflettono sulla natura della storia stessa.

"Meta-morfosi" originariamente non conteneva questo spessore di auto-riferimento, anche se non è escluso che possa finire per acquisire questo significato. Il termine fa in ogni caso riferimento a temi più profondi di quanto non faccia la parola "trasformazione". Storicamente il concetto di metamorfosi si è esteso e approfondito nell'interazione con gli sviluppi della scienza: in particolare nello studio dello

FIG. 1. Anonimo, *Lucio trasforma-to in asino*, dal romanzo mistico di Apuleio *L'asino d'oro*, incisione, Amsterdam, 1709.

sviluppo fisico di tutti i generi e soprattutto nella teoria dell'evoluzione. "Metamorfosi" oggi evoca una visione di energia e di movimento creativi infiniti, dal caos e dalla degenerazione alla possibilità di miglioramento e trasfigurazione pressoché senza limite. L'affermarsi del concetto di metamorfosi dipende da un sorprendente ritorno alla mutazione – aspetto fondamentale della cosmologia antica –, ritorno avvenuto grazie a un profondo cambiamento del modo di percepire l'evoluzione.

TUTTO CAMBIA NIENTE MUORE...

Eraclito affermava che "Tutto si muove, niente rimane fermo", mentre più tardi Ovidio, nel I secolo d.C., scrisse "L'animo mi spinge a parlare delle forme mutate in nuovi corpi" ("In nova fert animus mutatas dicere formas / corpora")[4].

Nelle **Metamorfosi**, il tema della trasformazione procede per quindici libri dalle storie individuali fino a tutto l'universo in movimento poiché il poema si chiude con un vigoroso ed eloquente inno metafisico in cui il vecchio saggio Pitagora dà voce alla generale filosofia del poema e invoca la creazione che si muove nel suo ritmo ciclico di generazione, apparizione, distruzione e ricomparsa:

omnia mutantur, nihil interit: errat et illinc
huc venit, hinc illuc, et quoslibet occupat artus
spiritus eque feris humana in corpora transit
inque feras noster, nec tempore deperit ullo,
utque novis facilis signatur cera figures
nec manet ut fuerat nec formam servat eandem,
sed tamen ipsa eadem est, animam sic semper eandem
esse, sed in varias doceo migrare figuras.
(Tutto si trasforma, nulla muore: lo spirito è mobile e vaga da un punto a un altro e ancora a un altro, e si insedia in qualunque corpo; passa dalle fiere agli uomini e poi torna da noi alle fiere e si consuma. Come nella molle cera si possono imprimere sempre nuove figure ed essa si trasforma e non conserva quelle precedenti, pur restando nella sostanza sempre cera, così l'anima resta sempre uguale a se stessa ma trapassa in corpi d'aspetto diverso: questo è il mio insegnamento)[5].

Qui l'incerto confine tra arte e natura, come nell'immagine della cera persa o del calco della scultura, comunica il migrare delle forme di vita e ricorre con significativa frequenza nel lungo poema. Secondo tale visione la metamorfosi è il principio della vita organica così come del pulsare della vita dell'arte.

Il concetto della trasmigrazione delle anime e della trasmutazione delle forme è nel cuore stesso dei miti classici, e non solo dei miti, in quanto domina anche nel territorio e nella pratica della magia. Nei poemi di Omero e di Ovidio Circe può trasformare le sue vittime in ogni sorta di animali, con un solo colpo di bacchetta magica, mentre nel romanzo di Apuleio, **La Metamorfosi**, ovvero **L'asino d'oro**, lo sfortunato protagonista, Lucio, viene trasformato in un asino quando si sfrega il filtro magico sul corpo, nella speranza di mutare in un uccello, e scopre così di aver usato il filtro e la formula magica sbagliati (FIG. 1).

L'immagine di Ovidio della generazione naturale in cui si pensa a un universo multiplo e fluido, che incessantemente si rigenera, organizza i rapporti tra le creature secondo assiomi di affinità metaforica, risonanza poetica, e perfino secondo una serie di giochi di parole onirici. Linneo sarebbe venuto molto tempo dopo – più di duemila anni dopo i filosofi antichi che avevano influenzato Ovidio e che intendevano questo fluire come motore primo della natura. Egli avrebbe proposto, per l'orrore dei suoi contemporanei, la classificazione dei fenomeni a seconda dei loro organi sessuali; era questo principio, la capacità di accoppiarsi e riprodursi, a determinare l'identità delle specie. Tale principio è ancora oggi alla base della loro differenziazione.

Ma in Ovidio non ci sono simili limiti a impedire l'espandersi delle energie della natura o a interrompere il continuum vitale di tutti i fenomeni. Quando Dafne viene trasformata in un cespuglio di alloro e l'amante di Aurora, Titone, diventa una cavalletta (FIG. 2), quando il destino di Giacinto e Narciso spiega il nome di ciascuno di questi fiori con un racconto, i personaggi raggiungono la loro individualità definitiva in questa nuova forma perché dal punto di vista della creazione e della forza vitale l'aspetto che assumono li esprime più pienamente e perfeziona quello iniziale. Le sue metamorfosi biologiche comprendono un gran numero di violazioni di quei confini: le rocce si trasformano in uomini e donne, quando Deucalione e Pirra creano una nuova generazione di umani gettandosi le pietre alle spalle, pietre da cui sgorga la vita (FIG. 3) e, viceversa, come quando Niobe, dapprima punita per la sua superbia materna con la morte di tutti i suoi figli, viene trasformata in una montagna che piange fiumi di lacrime. Le fanciulle che raccolgono corone di fiori mentre Proserpina viene violentata e portata via da Plutone piangono e pregano di poter vagare per il mondo alla sua ricerca, in Ovidio vengono trasformate in sirene. Il miniatore che nel XV secolo illustrò riccamente l'enorme volume conosceva la tradizione classica delle sirene a forma di uccello, ma poiché conosceva anche le leggende nordiche sulle sirene, arrivò a un compromesso e le rappresentò come pesci volanti (FIG. 4).

In altri episodi di metamorfosi in Ovidio gli alberi partoriscono. Partoriscono per esempio il bellissimo Adone, dopo che sua madre, Mirra, si è trasformata nell'amaro albero che porta quel nome per essersi innamorata del padre e averlo sedotto. Di tanto in tanto semplici giochi visivi sulla morfologia possono ispirare una qualche forma di metamorfosi botanica: per esempio, quando Perseo posa la testa della Gorgone sulla spiaggia le alghe si induriscono a quel contatto e si trasformano in corallo.

Alcuni racconti sono edificanti: il crimine sarà punito. Ma spesso gli dei infliggono metamorfosi tremende senza provocazione, apparentemente solo per il gusto della vendetta per un'eccessiva forma di orgoglio: Atteone è trasformato in cervo e poi sbranato dai suoi stessi cani, per aver assistito, accidentalmente, al bagno di Diana (FIG. 5).

Così da una parte, classicamente, le metamorfosi ovidiane appartengono al grande schema biologico delle cose, e occupano un piano universale nel tempo cosmico all'interno del quale inseriscono la vita umana in una più vasta prospettiva fuori del tempo. Esprimono l'eterno fluire, il prevalere della legge del mutamento e della trasformazione. Ma per altro verso Ovidio non si mescola del tutto con la figura di Pitagora e centinaia degli episodi drammatici che racconta spiegano i fenomeni attribuendo loro una sola forma. Il suo ricco arazzo è intessuto di preziose storie sull'origine dei fenomeni naturali – e sono quelli i racconti delle trasformazioni individuali che hanno influenzato artisti e scrittori per due millenni.

I botanici e gli scienziati del XVII e del XVIII secolo hanno ripreso la parola "metamorfosi" dal pensiero classico e l'hanno riportata in auge come il principio vitale dei processi naturali di generazione, crescita, evoluzione e disintegrazione. Una visione cristiana della stabilità della provvidenza e della forma naturale ha condotto, genericamente parlando, a una diffusa accettazione di un processo ciclico continuo come principio fondamentale della natura. La metamorfosi oggi sembra verificarsi dappertutto intorno a noi, governa il processo organico di tutte le cose viventi e le trasformazioni individuali che si verificano nella vita di ciascuno. Il neonato vive

la più comune delle metamorfosi ma solo oggi a uno studio sull'evoluzione infantile può essere dato il titolo **De larf** (La larva) – come nel caso del recente libro dello storico olandese, Midas Dekkers, che prende in prestito il termine dal così sorprendente ciclo biologico della farfalla. Ma non sono gli individui a seguire cicli di trasformazioni. Nel XXI secolo la metamorfosi ha finito per significare qualcosa di più di un semplice incrocio o salto tra forme. Il concetto stesso ha subito una metamorfosi nel corso della storia in parte per effetto del suo incontro con la scienza – soprattutto con la teoria dell'evoluzione. Oggi evoca immagini non solo di passaggio da una forma all'altra ma di un dispiegarsi morbido, organico delle forme nel tempo e nello spazio – un processo imitato dalla tecnica digitale del **morphing**, in cui un'immagine si trasforma in un'altra attraverso stadi intermedi. Vivendo in un pianeta che si trasforma e tra tante altre specie, l'umanità è cambiata passando per ripetute mutazioni e selezioni consumatesi nel corso di milioni di anni– e la nostra evoluzione continua ancora. La visione di Ovidio di un perpetuo flusso, che pullula di forme diverse e di imprevedibili salti nell'evoluzione, parla ancora una volta con forza al pensiero scientifico contemporaneo.

Ma allo stesso tempo, e apparentemente in contraddizione con quanto detto, la metamorfosi continua a contraddistinguere i territori dell'innaturale o del soprannaturale – il mondo del prodigioso, dell'inatteso e del meraviglioso –, in breve il fantastico. Le mitologie in tutto il mondo raccontano ancora delle trasformazioni prodigiose e soprannaturali degli esseri divini. Le grandi religioni di tutto il mondo sono piene di storie di trasformazioni magiche: le divinità trascendono i limiti umani grazie al potere di cambiare i corpi, dentro e fuori, e di alterare il loro aspetto così come quello degli altri fenomeni. Ma le diverse fedi immaginano e valutano il fenomeno della metamorfosi in modi assai diversi. Nella tradizione giudaico-cristiana tali trasformazioni possono indicare miracoli: il pane e il vino si trasformano nel corpo e nel sangue di Cristo o, in forte contrasto, possono caratterizzare l'operato delle arti magiche: il diavolo che tenta Gesù lo sfida a dimostrare la sua natura soprannaturale trasformando le pietre in pane. Nella mitologia induista, il primo uomo e la prima donna assumono la forma di un toro e di una mucca per creare i bovini, quindi quella di uno stallone e una giumenta per generare i cavalli e così via fino a che non furono create tutte le specie del mon-

FIG. 2. (in alto a sinistra) Pierre Mariette da Pierre Brébiette, *Aurora trasforma Titono in una cavalletta*, incisione da Pierre de Marolles, *Tableaux du Temple des muses*, Paris 1655. © Bibliothèque Nationale de France.

FIG. 3. (in alto al centro) *Deucalione e Pirra dopo l'alluvione si lanciano pietre alle spalle per ripopolare la terra*, miniatura da *La Bible des poètes* (*Ovide moralisé*), Paris 1493. © British Library, UK.

FIG. 4. (in alto a destra) *Le compagne di Proserpina si trasformano in sirene per cercarla dopo che è stata rapita*, miniatura da *La Bible des poètes* (*Ovide moralisé*), Paris 1493. © British Library, UK.

FIG. 5. (in basso) Parmigianino, *Atteone viene trasformato in cervo da Diana dopo averla sorpresa al bagno*, Fontanellato (Parma), XVI secolo.

FIG. 6. Anish Kapoor, *Marsyas*, PVC e acciaio, 2002. © John Riddy, London. Courtesy Tate London, Barbara Gladstone Gallery, New York, e Lisson Gallery, London.

FIG. 7. Santiago Calatrava, Ponte Alamillo sul Guadalquivir, Siviglia, 1992. © Barbara Burg / Oliver Schuh, www.palladium.de

do. Oltre che nelle narrazioni religiose la metamorfosi conserva ancora il suo rapporto con le paure e i piaceri primordiali nell'industria culturale grazie alla sua inesauribile affinità con il mistero e con il soprannaturale. **Alien**, **Men in Black** e **Matrix**, sia nella forma cinematografica che in quella di videogioco e fumetto, pullulano di trucchi metamorfici sempre nuovi e capaci di ispirare meraviglia e brividi di fronte al soprannaturale.

Curiosamente, la carriera di Arnold Schwarzenegger, da **Uomo d'acciaio** a **Terminator** a governatore della California, incarna una possibile traiettoria della metamorfosi nella cultura contemporanea, nella sua forma più minacciosa, da una trasformazione fisica della forma esterna al mostro tecnologico che ripete le mosse degli umani fino al potere vero e proprio; e questo sviluppo sintomatico ha raggiunto il suo risultato logico adesso, con Arnie in veste di un dio minore, in California, lo stato americano dove il fantasy trionfa – e guida la produzione delle armi e la rappresentazione dei corpi. Il suo destino incarna letteralmente il nostro essere per un verso affascinati e per l'altro profondamente turbati e scossi da un cambiamento che minaccia umanità e identità confondendo i nostri corpi con gli animali o con le macchine o sottraendoci la sensazione, per quanto illusoria possa essere, di avere una sola anima, immutabile.

Lo scontro fra queste due tendenze – la visione scientifico-naturale della trasformazione perpetua da una parte, e l'irruzione soprannaturale della mutazione improvvisa dall'altra – un tempo dava alla prima una colorazione pagana, tanto da far apparire Darwin come un empio blasfemo. Oggi la bilancia pende dall'altra parte e il prodigioso potere di passare da una forma all'altra di cui godevano gli esseri divini ha finito per apparire come normale vitalità con il risultato che ci trema la terra sotto i piedi e per quanto ci possa sembrare eccitante ci dà anche una sensazione di instabilità.

L'idea pagana e classica di metamorfosi fondamentalmente contraddice le convinzioni centrali del pensiero ortodosso, perché secondo la tradizione giudaico-cristiana, come dicevo, l'individuo è unico, incarnato, unitario e indivisibile, sempre lo stesso nel tempo e destinato a un certo punto a morire in questo mondo e a risorgere nella carne per l'eternità. Ma un concetto di identità metamorfica che si sposta da un fenomeno all'altro e cambia radicalmente nel tempo ha sempre affascinato, ispirato e influenzato la visione classica, e sta emergendo con maggiore forza nelle opere letterarie come in quelle degli artisti visivi. L'interesse per le diverse idee di una persona non più unitaria ma divisa, doppia o perfino multipla – perseguitata da un genio del male o illuminata da uno spirito benevolo – si è combinato con i nuovi strumenti di percezione e conoscenza, nel riconfigurare le idee sulla personalità e le storie umane nel tempo. (All'affermazione di questo concetto sempre più diffuso naturalmente non ha contribuito solo la mitologia classica, ma il contatto con il pensiero delle culture asiatiche, africane e delle Americhe).

La metamorfosi è divenuta il processo chiave che governa gli interrogativi sull'identità personale in relazione al sé e alla più vasta immagine delle relazioni umane nello spazio e nel tempo. Ma non si tratta di un valore acquisito o neutro: l'idea di un continuo processo di cambiamento che è alla base della metamorfosi, è al tempo stesso ammiccante e seducente, minacciosa e repellente. Il raggio d'azione potenziale della metamorfosi solleva tanti dei temi etici e tecnologici più discussi e complessi del nostro tempo: clonazione, ricerca sulle cellule staminali e altre tecnologie riproduttive, protesi cibernetiche, trapianto di organi e cellule animali nell'uomo e modificazioni genetiche degli alimenti e perciò di noi stessi.

Le sostanze di derivazione animale sono alla base della farmacologia. La vaccinazione contro il vaiolo ha prodotto un gigantesco passo avanti nella prevenzione di questa malattia mortale e nel XX secolo sono stati fatti enormi progressi utilizzando gli ormoni derivati dalle ghiandole animali. Più di recente sono stati prodotti animali come fonte di terapie geniche e di organi da trapiantare nell'uomo. Queste pratiche controverse sollevano enormi questioni etiche e generano una diffusa ansia. Un'antica ambivalenza ancora domina laddove si confondono i confini tra l'uomo e la bestia. Eppure questo fantastico mescolarsi delle categorie diventa sempre più reale man mano che progrediscono l'arte della clonazione e della modificazione genetica. Con lo slogan: "Sii chi vuoi tu" abbiamo raggiunto lo stadio estremo del sogno liberale individualista dello sviluppo, dell'auto-espressione e dell'auto-creazione della persona. Nel frattempo tecniche chirurgiche rivoluzionarie, come la litotomia e la rinoplastica vengono esercitate da centinaia di anni e ne vengono perfezionate continuamente di nuove. La qualità della vita dei transessuali viene migliorata dalla chirurgia, ma altri trattamenti sollevano maggiori inter-

FIG. 8. Tiziano, *Il supplizio di Marsia*, 1575–76 ca., olio su tela. Kromeriz, Repubblica Ceca, State Museum. © Artothek / Archivi Alinari.

rogativi, per esempio la chirurgia cosmetica, o l'amputazione di una parte sana del corpo richiesta da alcuni per ragioni psicologiche. Le più radicali trasformazioni mediche del corpo diventano sempre più praticabili e realizzabili, ma le implicazioni sul lungo periodo di un simile intervento diretto sulla condizione umana sono ancora tutte da verificare.

Allo stesso tempo, tuttavia, l'antico legame tra metamorfosi, magia e soprannaturale persiste, soprattutto nelle tecnologie visive contemporanee: nel cinema, nei video, nei videogiochi e nei fumetti, le metamorfosi si verificano a iosa, mentre le tecniche di **morphing** vanno ben oltre i limiti della percezione e delle possibilità umane nei territori della virtualità multi-dimensionale. Il grande successo attuale delle forme di intrattenimento che vanno sotto il nome di "fantasy" attinge alla capacità dei nuovi media di simulare e rappresentare metamorfosi continue.

I mezzi di rappresentazione contemporanei – compresa soprattutto la digitalizzazione – contribuiscono a loro volta a diffondere una teoria della coscienza labile e multipla che impianta presenze virtuali, fantasmi, persecutori e doppi tra le cose normali di tutti i giorni. Se gli episodi mitologici in Ovidio appartengono alla categoria del soprannaturale, e meraviglie come il ciclo biologico delle farfalle appartengono all'ordine naturale, allora le nuove meraviglie di cui scrittori e registi e altri personaggi ci nutrono oggi possono essere ascritte all'ultra-naturale, al di là del prevedibile corso delle cose.

GEOMETRIE PLURIME

L'attuale rimodellamento della persona metamorfica si verifica in poesia, nei romanzi e nel gusto dei lettori così come nelle arti visive; si tratta di trasformazioni che procedono lungo assi diversi. Prima di tutto quello dell'innovazione formale e dell'avvento delle nuove geometrie. Un altro orizzonte si è aperto nel campo della rappresentazione grafica: forme tumescenti in corso di trasformazione possono essere delineate e disegnate con crescente inventiva grazie ai vari programmi software dei computer e alla loro particolare, intrinseca capacità di produrre morfologie visive fluide, cui si assiste prevalentemente nell'innovazione in campo architettonico, tema di questa 9. Biennale di Architettura. **Marsyas**, la colossale scultura rossa, tesa e curva, dello scultore Anish Kapoor mostra una nuova geometria frutto dell'immaginazione visiva computerizzata[6] (FIG. 6). E qui è appropriato citare Goethe, la cui concezione estetica era fortemente imbevuta dei nuovi approcci scientifici: "la bellezza è manifestazione di leggi naturali che altrimenti sarebbero rimaste nascoste per sempre"[7].

Anish Kapoor ha scelto di sottolineare la profondità e l'enorme estensione della Turbine Hall, alla Tate Modern di Londra, invadendola tutta con il suo **Marsyas**, sospeso a dei cavi e tirato da tre anelli, un po' nella stessa maniera in cui Santiago Calatrava ha sospeso il suo ponte ad arpa a una struttura minima sul fiume Guadalquivir a Siviglia (FIG. 7). Il titolo narrativo dell'opera di Kapoor (insolito nel suo lavoro) ricorda la grande tela dell'ultimo periodo di Tiziano, **Il supplizio di Marsia**, a sua volta rivisitazione di uno dei più feroci racconti di vendetta divina nelle **Metamorfosi** di Ovidio (FIG. 8). Il destino del satiro risuona nelle intenzioni artistiche di Kapoor e nella profonda tradizione di pensiero sull'arte, il sacrificio e le aspirazioni umane.

L'esibizione della pelle di Marsia, riferisce Erodoto, faceva parte della memoria storica: quasi una **vera icon** o sacra sindone di Torino. La sua passione – per scuoiamento – rappresenta con crudeltà lo scambio tra interno ed esterno: paradossalmente mentre mostra i normali organi del corpo umano, l'**écorché** è al tempo stesso simbolo della nuda interiorità, la **nuda veritas**. Michelangelo rende omaggio al potente fantasma ancestrale di Marsia nel suo **Giudizio universale** con la figura di san Bartolomeo che tiene in mano la pelle scuoiata, sulla quale l'artista aveva dipinto i propri tratti, tesi e distorti anamorficamente nelle pieghe del tessuto della sua carne. Anche qui c'è un vero e proprio commento sull'illusione dell'arte, poiché la pittura schiaccia le figure sul piano, come lo scuoiamento stira il tegumento di un corpo. Frank Stella, a proposito della presenza nell'arte di questa storia, ha scritto che Tiziano per esempio rivela le ossa e i tendini insanguinati della tecnica pittorica, mostrandoci quanto sia difficile per l'artista "nutrire e manipolare il corpo della sua creazione senza mutilarla"[8].

La pelle accende l'immaginazione plastica di Kapoor: la sua opera continua a esplorare ossessivamente la traduzione delle forme dal piano al volume, dalla linea al campo, la tensione tra contorno e spazio, e il confine interno-esterno dei corpi. Lo scultore permette al peso intrinseco dei materiali di rivelare l'interdipendenza di nucleo e membrana e si addentra con entusiasmo nella complessità dei movimenti della luce dando spazio al gioco di riflessione e rifrazione sulle superfici fino a che le sculture stesse non diventano eteree e quasi scompaiono alla vista. Il mito di Marsia è solo uno dei modi per addentrarsi nei misteri che Kapoor scandaglia in relazione al più polimorfo degli organi del corpo. L'artista ha asserito: "Nella pelle c'è una sorta di irrealtà implicita che è meravigliosa"[9]. La pelle, diversamente dall'occhio o dalla lingua, resiste alla visualizzazione: è l'organo corporeo che non occupa una forma fissa e, mentre costituisce di per sé un confine, esiste solo in estensione e non si lascia delineare.

È un tema che stimola anche le meditazioni sulla carne da parte degli artisti: Kapoor ha citato le carcasse di Soutine a proposito del suo **Marsyas**. Soutine si rifaceva a Rembrandt e a Rubens. In questa tradizione di pittura eroica, grandi masse di creature viventi, celebrate nella morte, forzano il confronto con i limiti stessi dell'umanità e con il liquefarsi del corpo nel tempo (la sua affinità metamorfica con la transitorietà e la putrefazione). Kapoor si schiera sempre più con quella direzione pittorica: la sua mostra lo scorso anno alla Lisson Gallery di Londra si chiamava semplicemente **Painting**. È possibile che l'immagine di Tiziano riconsideri l'economia del sacrificio cristiano (la crocifissione di Cristo) che riscatta l'umana iniquità con l'estrema e atroce sofferenza fino alla morte, e invece Kapoor afferma una visione pagana, ovidiana, di continua trasformazione organica in cui la morte non si può verificare: il suo Marsia sfugge alla sofferenza perché, come scrive il poeta, l'anima vive e niente muore. Una simile prospettiva riecheggerebbe l'ispirazione estetica indiana di Kapoor che attinge ai miti sanscriti del ritorno ciclico, dell'eternità delle forme e della pienezza del nirvana. Kapoor ha racchiuso dell'aria in un cubo di Perspex fuso, osservando, in quel prodigio, la bolla – che è il nulla – prendere forma "quando lo spazio diventa un oggetto"[10]. Riecheggiando il pensiero classico sul sublime, Kapoor dichiara anche di voler "rovesciare il mondo come un guanto". (Dove il sublime è presente, scrive Longino, "tutto l'universo viene rovesciato e sconvolto")[11].

Le vibrazioni viscerali dell'estetica di Kapoor richiamano i processi dell'emergere, con l'incarnazione, di tutti i corpi, e soprattutto del corpo materno come ricettacolo in cui tutti i corpi prendono forma e da cui fanno, spesso a testa in giù, il loro ingresso, coperti di sangue e urlanti, nel mondo. Le sue sculture come alambicchi, come altrettanti soddisfacenti ricettacoli dagli stretti colli, così simili alle ampolle dell'alchimista in cui avviene la gestazione del **puer** filosofico. Le profonde campane delle rosse trombe divergenti di **Marsyas**, che emergono in modo asimmetrico da uno sfintere centrale più in basso, si aprono come una gola, come un orecchio a spirale, ma ricordano anche la forma del canale del parto e delle tube di Fallopio (associazione ancora più avvertibile nei disegni preparatori di Kapoor). Il rosso stilla anche dai suoi dipinti, in cui per il pigmento utilizza un mezzo che permette al colore di colare, macchiando il pavimento, mentre durante l'esecuzione sulla tela si aprono "ferite". Il pezzo colossale **My Red Homeland** (2003) (concepito appositamente per la mostra alla Kunsthaus Bregenz, 27 settembre-16 novembre 2003), di 12 metri di diametro, accumula più di 20 tonnellate di melma scarlatta su un'area circolare simile a un'aia. Questa massa **informe** di grasso e vaselina, intenzionalmente tinta di rosso come le mani insanguinate di Lady Macbeth, viene spinta verso il bordo da un braccio girevole in mucchi schioccanti e pieghe e forma figure che ubbidiscono alla gravità e alla viscosità intrinseca dei materiali, man mano che le forme si delineano e scompaiono. In questo modo Kapoor permette alla forma di farsi da sola: "In un certo senso non basta che un oggetto venga fatto […] questo è collegato a un aspetto molto antico del pensiero indiano secondo cui ci sono certi tipi di oggetti che si manifestano da soli, che si fanno da soli […] la loro mitologia è che non vengono fatti"[12].

La storia si traduce in geometria: in **Marsyas**, il satiro, che impersona il rapporto tra natura e arte, si trasforma nella fondamentale legge geometrica secondo cui le linee rette intessute in un ordito formano delle curve nello spazio. È quello che succede "quando una superficie si piega in una struttura", come scrive l'ingegnere Cecil Balmond a proposito di quel progetto. Balmond prosegue: "Il gioco è quello di indovinare cosa è struttura e cosa è metafora"[13]. Attraverso la vasta e appassionata rete di pelle cremisi il corpo spellato di Marsyas rivela all'osservatore la stoffa invisibile del mondo, il segno delle forze impalpabili che Ovidio invocava, l'energia naturale di trasformazione che modella i fenomeni, che vibra e pulsa nell'aria, che piega e stratifica le rocce, che dà al fiocco di neve la sua forma stellare e fa sì che le onde si rompano increspandosi a festone.

AFFINITÀ ELETTIVE

Il pensiero metamorfico si muove lungo un asse semantico oltre che formale: svela la natura intrin-

FIG. 9. Louise Bourgeois, *Maman*, 1999, bronzo e acciaio, 9,3 x 8,9 x 10,2 m, edizione di 6, 1 A.P. Bilbao, Guggenheim Museum (foto Marina Warner).

FIG. 10. Kiki Smith, *Lying with the Wolf*, 2001, inchiostro e matita su carta, 183,5 x 223,5 cm. Courtesy Pace Wildenstein Gallery, New York. © Kiki Smith.

FIG. 11. *Chironex fleckeri*, la più
letale delle meduse, da Dorothy
Cross e Tom Cross, *Medusae*,
2002–03.

seca di un fenomeno o rende visibile l'idea che il soggetto ha di sé, delle sue affinità elettive. Questo deriva direttamente da una delle funzioni delle storie del poema fondante di Ovidio, **Le Metamorfosi**, in cui le vittime sono condannate a mostrare la natura del loro fato, nella loro forma esterna: il risultato a volte è grottesco, altre fatalmente convenzionale. Il perfido re Licaone, che invita in casa Giove e gli dà in pasto un ostaggio cucinato in una torta, viene trasformato in lupo mannaro e condannato a dare la caccia agli uomini in eterno; Filomela, a cui il cognato Tereo strappa la lingua dalla radice dopo averla violentata, ottiene eterno sollievo dalla trasformazione in usignolo; i fiori nascono dagli sfortunati meravigliosi fanciulli e fanciulle che cadono vittima dell'amore degli dei. Gli artisti che creano il loro personale repertorio di simboli figurativi – per esempio Louise Bourgeois e Kiki Smith – e che esplorano possibili alter ego nelle forme animali o mitologiche, continuano la visione ovidiana inventando a loro volta storie sulle sue orme. Nel linguaggio dell'esegesi medievale questa ricerca metaforica appartiene alla tradizione dell'interpretazione tropologica, perché in quest'opera la metamorfosi – i ragni della serie di Louise Bourgeois, alcuni dei quali intitolati **Maman** (FIG. 9), i lupi nelle appassionate rivisitazioni della storia di Cappuccetto Rosso in Kiki Smith – incarna il senso di auto-riconoscimento al di là del tropo (FIG. 10).

Queste proiezioni del sé che ha subito una metamorfosi diventando altro sfidano apertamente le idee ricevute rifiutando le caratteristiche ascritte al ragno o al lupo. Ad altro più vasto livello quest'arte respinge gli inviti cristiani alla ripugnanza e al disgusto ispirati dalla sostituzione della forma secondo l'immaginario convenzionale (la mutazione ha a che fare con il diavolo, si tratta di un'arte magica praticata da demoni, streghe e stregoni, che sono instabili ed eterogenei: i diavoli mescolano le loro membra in un'empia confusione, mentre mostri e deformità divengono immagini di peccato, terrore, tormento e perdita d'identità).

Il lavoro di metamorfosi che artisti contemporanei mettono in atto con ogni tecnica spesso mira a spostare il criterio di valutazione del loro soggetto, accentuando il valore delle modalità attraverso cui si manifestano. Offrono riformulazioni di valori etici, e nel tentare questa ripresentazione della tradizione, ribadiscono il carattere intrinseco stesso del cambiamento e della mutevolezza. Il metamorfico riconfigura l'**informe**, fino a che un mostro o una bestia, qualcosa di iniziale e incompiuto, fino a quel momento scandalosamente "senza forma", non si libera di quello stigma e insedia un nuovo concetto della forma stessa. Nel lavoro di alcuni artisti, questo stratagemma implica empatia con la cosa rifiutata o mostruosa, mentre l'opera ispira in chi la guarda una nuova percezione della sua condizione. Questo approccio può essere politico, femminista e anti imperialista, nel tentativo di spostare i giudizi di valore su forme di vita inferiori in precedenza disprezzate e rifiutate come insetti, cadaveri, funzioni, processi, figure e creature abietti. In tutto ciò c'è una tendenza allegorica, che però nelle mani dell'artista si sottrae al pesante tono didascalico dell'allegoria. Un'artista come Helen Chadwick (morta nel 1996), nella continua ricerca della sensazione incarnata, ha lavorato con materie viscose, livide, con detersivi, liquidi per la pulizia delle finestre, saponi in polvere, oli lubrificanti per macchine. L'artista irlandese Dorothy Cross si è concentrata sulle meduse, esplorandone le caratteristiche, come forma e come simbolo, come **foyers de songe** (secondo l'espressione di Roger Caillois). Il loro nome latino nella classificazione di Linneo, è "Medusae", e l'appassionata analisi che ne fa Freud è fin troppo nota... In **Medusae**, un'opera realizzata con tecniche miste insieme al fratello biologo, Tom, Dorothy Cross recupera la medusa per ragioni estetiche, lasciando che quelle di politica sessuale seguano sulla stessa scia[14]. Con film e testi l'artista mette in scena un'appassionata indagine della particolare natura di questo misterioso genere, soprattutto della specie **Chironex fleckeri**, la più letale di tutte, responsabile in Australia di un numero di morti maggiore di quello prodotto da coccodrilli e squali (FIG. 11). Con la loro assenza di forma precisa e la loro scia viscosa, appiccicosa, e con il loro feroce potere urticante, la loro apparente mancanza di cervello o facoltà mentali, di occhi o di faccia, le meduse sono "terribilmente aliene": **smogairle roin** è l'espressione irlandese che le definisce e vuol dire "sputo di foca".

A livello più profondo, il connubio tra la medusa, l'artista e lo scienziato è mirato contro l'estetica convenzionale, soprattutto della scultura. Perché le meduse sono fluide, sciolte, invertebrate, **informi**, perfino "mocciolose" (parole di Dorothy). Sono forme carnalmente repellenti e paradossalmente quasi disincarnate: 98% acqua, solo 2% animale che, se affamate o denutrite, si riducono in tutta la superficie piuttosto che calare di peso. Non esistono al di fuori del loro elemento, e così vivono armoniosamente con il mare, quasi emanazioni delle sue correnti e dei suoi gorghi. Incarnano incertezza e interdipendenza; annunciano la reciprocità dei nostri rapporti, in quanto creature viventi, con l'elemento nel quale sopravviviamo. Le frange della medusa non possono essere ricostruite fuori dal mare; animali così inconsistenti che il loro indizio più certo è l'ombra che proiettano sul fondo marino. Tutta questa leggerezza fa di loro il paradosso dello scultore, in questo caso la scultura fa a meno di colonna e di scheletro, di impalcatura e di roccia. Sono consustanziali con l'acqua e in tanta trasparenza ed elusività, la medusa, per Dorothy e Tom Cross, è fortemente rappresentativa; un enigma ancora la circonda, tra gli scarsi documenti della ricerca scientifica, nelle sue frammentarie e inquietanti comparse nelle storie dell'arte. I loro diversi approcci s'incontrano poiché entrambi sondano l'inconoscibilità della medusa e si arrendono di fronte alla sua irriducibile estraneità. In questo senso **Medusae** non disfa l'arcobaleno come Keats lamentava avesse fatto Newton, ma ridispone i nostri sensi in modo efficace cosicché riusciamo a condividere la conoscenza di Dorothy e Tom Cross, e ancora una volta possiamo sperimentare il potere incantatorio di queste temibili creature con i nostri sensi.

CIBER-MISTICA E PERSONALITÀ MULTIPLA

Come detto, la pratica metamorfica rimodella le idee dell'io, in relazione ai principi di unità tra mente e corpo, integrità della memoria, incarnazione e uniformità nel tempo. Molti artisti visivi, tra cui Tony Oursler, Pierre Huyghe e Chris Bucklow[15], stanno insidiando questi principi fondanti dell'identità personale applicando la pratica della metamorfosi a se stessi e ai loro soggetti. Non si proiettano in trasformazioni animali, né immaginano mutazioni fantascientifiche in alieni, o mettono in scena nuove visioni di mostri o ridefiniscono i valori di fenomeni fino a quel momento aborriti e abominevoli, ma invece si occupano della coscienza stessa, con la sua mutevolezza e la sua tendenza a subire fenomeni di possessione, e delle sue potenzialità multiple. Negli scritti con cui accompagna le sue sculture, Oursler presenta sempre un io trasformato in zombie, diviso, occupato e usurpato da alter ego, disperso e vagante. L'immaginario metamorfico risponde alla disgiunzione tra esperienza e fantasia, ridisegna i fantasmi che abbiamo nella mente. Questa nuova consapevolezza del soggetto-persona sviluppata di recente agisce come un'estensione dei media contemporanei e degli universi potenziali e virtuali da essi aperti. In altre parole le facoltà di questo nuovo tipo di protagonista – fantasia, memoria, reattività sensoria, emozioni – esistono in simbiosi con le comunicazioni televisive, le leggi che le organizzano e le loro distorsioni sui molteplici piani e volumi di spazio-tempo messi in gioco. Una forma di ciber-misticismo tecno-psicologico scorre come corrente viva in tanta parte dell'arte contemporanea.

Ovviamente nessuno dei tre assi – formale, semantico e psicologico – che governano gli usi della metamorfosi oggi, rimane distinto o separato: si incrociano e si tengono in una struttura interdipendente, a sua volta proiettata verso nuovi territori e in perenne mutazione verso nuovi orizzonti. Gli artisti li esplorano insieme agli scrittori. Eroi ed eroine affascinanti come Sethe nel romanzo di Toni Morrison **Amatissima**, o Lyra Silvertongue e Will nella trilogia di Philip Pullman, **His Dark Materials**, attingono la loro natura magica dalla tradizione antica e profonda del mito, della metamorfosi e dell'oracolo, della possessione e ubiquità divine. Margaret Atwood esplora stati analoghi nella sua stimolante fiction, e nel racconto **Alias Grace**, in cui l'eroina, posseduta dallo spirito dell'amica assassinata, ne vendica la morte. Ma al tempo stesso si tratta di scrittori ispirati dai modi rivoluzionari in cui un mondo filtra nell'altro grazie ai mezzi messi a disposizione dai progressi scientifici, dalla scoperta della fotografia e delle onde radio e dall'avvento degli effetti della dislocazione e del viaggio virtuale. Quando sente le voci di Amatissima, la figlia che ha ucciso per non vederla vivere in schiavitù, Sethe agisce come una chiaroveggente in un rituale religioso sincretico africano o afro americano in parte cristiano evangelico, in parte vudù. Al tempo stesso, la precognizione e la comunicazione telepatica con la figlia morta e i fantasmi che la perseguitano la trascinano nelle loro dinamiche nel contesto di reti per noi familiari e riconoscibili, come voci alla radio, o azioni sul tessuto spettrale di schermi o monitor.

L'universo magico contemporaneo, esplorato nelle narrazioni e nell'arte, vibra di armonie nascoste che hanno liberato il campo della percezione e della coscienza individuale, o almeno così le storie ridisegnano la mappa dell'esperienza. Artisti e scrittori sondano le alterazioni della memoria e del tempo, l'ubiquità disincarnata del viaggio psichico, i più lontani recessi della coscienza, e l'impressionante intreccio di verità e immaginazione, sogno e realtà. Il world wide web, inutile dirlo, rivela un'inesauribile fame di virtuale e fantastico. Sembra che il banchetto dell'incubo, alla fine di **Attraverso lo specchio**, sia divenuto oggetto dell'esperienza quotidiana, anche se non per questo meno spiazzante. Alice, come ricorderemo, si sveglia e chiede se a sua volta non faccia parte del sogno del Re Rosso come lui faceva parte del suo.

L'idea di metamorfosi si è talmente sviluppata e diffusa che, come l'uroboro del mito, a volte sembra mordersi la coda in una profonda contraddizione ciclica. Da una parte la metamorfosi segna la sospensione soprannaturale della legge naturale e anima i poteri inaspettati e prodigiosi degli esseri divini, dall'altra è sinonimo dello sviluppo organico e dell'evoluzione di tutte le cose viventi a livello di genere e specie nel corso dell'evoluzione, così come delle trasformazioni individuali che si verificano nella vita di ognuno dalla nascita alla morte. È l'energia vitale nel cuore dei processi naturali di generazione, crescita, evoluzione e dissoluzione. Allora la metamorfosi è al tempo stesso della natura e contro natura; si verifica nel contesto di prodigi che dissolvono le distinzioni intuitive tra le specie e alterano le loro relazioni naturali. Ma al tempo stesso ogni cosa che vive e che si muove è sottoposta alla trasformazione e, dall'avvento della teoria evoluzionista e dell'approfondimento delle conoscenze mediche, la dimensione temporale della vita sembra essere diventata la legge fondamentale del nostro universo. I due poli sono comunque collegati dal tema del potere: gli dei possono controllare le loro metamorfosi, gli uomini non possono – almeno fino a oggi, quando la gran quantità di progressi scientifici sembra aver portato questo fuoco divino di potenziale metamorfosi nella gamma delle umane possibilità.

Le storie ci parlano dei loro narratori e i modi di raccontarle cambiano nel tempo. La storia di un io unico e unitario è stata sottoposta a pressioni crescenti da concetti non cristiani, dalla visione pagana di "tutte le cose in corso di mutamento perenne", e di "ogni tipo di mescolanza" delle specie, secondo il poeta latino, fino alla visione post darwiniana degli scrittori vittoriani. Gli scambi tra diverse culture, verificatisi in occasione del drammatico incontro con mondi nuovi durante la storia dell'espansionismo imperialista, hanno prodotto cambiamenti nella concezione di individualità e anche della possibilità di cambiamento, contraddizione e perfino dissoluzione degli individui. Ho sempre avuto la sensazione che non sia tanto il modo con cui osserviamo il mondo quanto quello con cui lo immaginiamo a condizionare la condotta e l'organizzazione dei problemi della vita reale. Le storie di metamorfosi non appartengono più al territorio incantato di Circe o al mitico labirinto di Creta, ma si sono inevitabilmente spostate nell'arena politica, sul bancone del laboratorio, nell'ambulatorio chirurgico, sul banco del mercato o nello scaffale del supermercato e nei locali notturni dove fanno giorno i festaioli. Il fatto che i risultati della metamorfosi dei nostri giorni non producano mostri dipende dalla nostra capacità di pensare seriamente ai problemi. Un contesto storico può offrire punti di riferimento, come il suono di una boa di posizione che nel mare aperto aiuti a individuare un punto sulla mappa.

Marina Warner © 2004

Vorrei ringraziare Sarah Bakewell, che ha curato con me la mostra *Metamorphing: Transformation in Science, Art and Mythology* tenutasi a Londra, al Science Museum, dal 4 ottobre 2002 al 16 febbraio 2003.

1. Platone, *La Repubblica*, Milano 1981; vedi il successivo dibattito in M. Warner, *Fantastic Metamorphoses, Other Worlds: Ways of Telling the Self*, Oxford 2001.
2. Platone, *La Repubblica*, cit.
3. *Ibid.*
4. Ovidio, *Le Metamorfosi*, Milano 1988; Id., *Metamorphoses*, trad. di F.J. Miller, a cura di G.P. Goold, 2 voll., Cambridge (MA) 1916, 1977; T. Hughes, *Tales from Ovid*, London 1997; di grande aiuto mi è stato il bel saggio su Ovidio di J. Bate, *Shakespeare and Ovid*, Oxford 1993; la raccolta di saggi, *Shakespeare's Ovid: The Metamorphoses in the Plays and Poems*, a cura di A.B. Taylor, Cambridge (UK) 2000; S.A. Brown, *The Metamorphosis of Ovid: From Chaucer to Ted Hughes*, London 1999; R. Lyne, *Ovid's Changing Worlds: English Metamorphoses, 1567-1632*, Oxford 2001.
5. Ovidio, *Le Metamorfosi*, cit.
6. Vedi anche M. Warner, *Anish Kapoor: The Perforate Self; or, Nought is Not Nought*, "Parkett", Spring 2004.
7. J.W. von Goethe, *Werke*, parte 1, n. 48, Weimar 1897, p. 179, citato in S. Ringbom, *Transcending the Visible: The Generation of the Abstract Pioneers*, in *The Spiritual in Art: Abstract Painting, 1890-1985*, catalogo della mostra (Los Angeles, Los Angeles County Museum of Art), New York 1986, p. 147.
8. F. Stella, *Working Space*, Cambridge (MA) 1986, p. 100, citato in M. Jacobus, *Inside Out: Marion Milner, Psychic Space and the Myth of Marsyas*, comunicazione per il convegno *Spaces & Places*, Delfi, settembre 2003, gentilmente fornitami dall'autrice e in uscita in *The Poetics of Psychoanalysis: In the Wake of Klein* (Oxford Univ. Press).
9. A. Kapoor, D. De Salvo, *A Conversation*, in *Anish Kapoor: Marsyas*, catalogo della mostra, London 2002, p. 61.
10. Da una conversazione con l'artista, 2003.
11. Longino, *Del sublime*, in *Classical Literary Criticism*, trad. di T.S. Dorsch, Baltimore 1965, p. 111; citato in T. McEvilley, *Turned Upside Down and Torn Apart*, in *Sticky Sublime*, a cura di B. Beckley, New York 2001, pp. 57-83.
12. Kapoor, De Salvo, *A Conversation*, cit., p. 61.
13. C. Balmond, *Skinning the Imagination*, in *Anish Kapoor: Marsyas*, cit., pp. 66-69.
14. Vedi *Medusae: Dorothy Cross / Tom Cross*, in *Experiment: Conversations in Art and Science*, a cura di B. Arends e D. Thakara, London 2004.
15. Vedi M. Warner, *Psychic Time; or, The Metamorphoses of Narcissus*, in *Chris Bucklow: This I That Is Not I*, catalogo della mostra, London 2004.

Tradotto dall'inglese da Maria Baiocchi

MARTIN KEMP

INTUIZIONI STRUTTURALI E

PENSIERO METAMORFICO NELL'ARTE,

ARCHITETTURA E SCIENZA

Molti dei grandi atti creativi nell'arte e nella scienza possono essere visti come fondamentalmente metamorfici nel senso che comportano la riformulazione concettuale dei principi ordinatori da un ambito dell'attività umana a un'altra analogia visiva. Vedere qualcosa come essenzialmente simile a un'altra è servito come strumento chiave nell'evoluzione della **forma mentis** in ogni campo della ricerca umana. Nell'introduzione a **Visualizations**, una raccolta dei primi due anni dei miei articoli settimanali per la rivista "Nature", ho usato l'espressione "intuizioni strutturali" per cercare di catturare la mia sensazione in relazione al modo in cui tali metamorfosi concettuali operano nelle arti visive e nelle scienze. Non sono così interessato al concetto di **influenza** (comunque la si voglia definire). È ovvio: si può dire che la scienza esercita un'influenza sull'arte, sugli artisti e sugli architetti, e certi esempi di produzione artistica e di architettura esercitano un'influenza sulla scienza. Ma fare registrare le influenze mi sembra meno interessante che non scavare sotto la superficie per chiedersi se non esistano piuttosto intuizioni comuni. Esiste qualcosa che accomuna i creatori delle opere d'arte e gli scienziati negli impulsi, nella curiosità, nel desiderio di produrre immagini comunicative e funzionali di quello che vedono e che si sforzano di capire? Prima di tracciare tre possibili risposte a queste domande, farò una necessaria precisazione. Tale è la varietà delle pratiche nel "mondo dell'arte" e nelle "scienze" che sarebbe pericoloso generalizzare a proposito di tutti gli "artisti (architetti compresi)" e tutti gli "scienziati". Parlerò di qualcosa che ritengo molto diffuso e fondamentale, anche se non uniforme o universale, in tutte quelle ricerche che chiamiamo arti e scienze. Va anche detto che le intuizioni strutturali sono particolarmente applicabili alle soluzioni ingegneristiche in architettura. Una percezione istintiva, quasi somatica di quello che può essere stabile e forte è centrale nei processi della progettazione architettonica, soprattutto nello stadio concettuale dei progetti che forzano i confini delle soluzioni esistenti.

L'espressione "intuizioni strutturali" cerca di catturare quello che mi proponevo di dire in una frase, ovvero che scultori, architetti, ingegneri, designer e scienziati spesso condividono un profondo coinvolgimento con le magiche strutture che emergono nelle configurazioni e nei processi della natura – in quelli semplici come in quelli complessi. Osservando la natura facciamo grande affidamento sulla sensazione innata di un qualche tipo di ordine o di strutture nascoste che le sottendono. Credo che l'uomo ricavi una

soddisfazione profonda dalla percezione dell'ordine all'interno del caos, una soddisfazione che dipende dal modo in cui i nostri cervelli hanno sviluppato i meccanismi per l'estrazione intuitiva dei pattern sottesi, statici e dinamici. C'è un delizioso scambio tra le strutture che abbiamo qui, nei nostri cervelli e quelle che si trovano laggiù – nella natura – e non si tratta solo di strutture statiche ma anche di processi temporali. Quello scambio mi interessa e mi interessa anche il modo in cui i creatori di oggetti e gli scienziati sono implicati in modalità fondamentalmente parallele quando sviluppano le loro intuizioni nei loro prodotti finali. Il modo in cui designer e scienziati esplorano quello scambio, come ne sviluppano la comprensione e come danno corpo ai loro "risultati" nelle loro creazioni è ovviamente molto diverso, soprattutto dal punto di vista dei mezzi che usano e dei contesti all'interno dei quali operano. Ma penso che spesso ci sia un comune stimolo a guardare alle cose con meraviglia e quindi a dire "voglio proprio capire di che si tratta" – che si tratti di una fiammella che saltella dentro il fuoco, di un albero che allunga i suoi rami, della spirale di una conchiglia, del più grande movimento nel cosmo o della più minuscola pioggia di particelle atomiche. Molti scienziati cominciano a partire dall'idea che ci sia un pattern, che ci sia qualcosa di meraviglioso, di affascinante, impressionante in ciò che sta dietro ai fenomeni osservati. Molti designer di oggetti cominciano all'incirca dallo stesso punto di partenza. Credo che entrambi, artisti e scienziati, partano da un'intuizione relativa a processi e strutture, a ordine e disordine.

I PROCESSI

Molti dei modi in cui abbiamo imparato a "vedere" i processi naturali a partire dal XIX secolo hanno comportato la necessità di sviluppare strumenti in grado di estendere le capacità delle nostre facoltà visive. La fotografia è parte integrante di queste nuove modalità. In particolare la fotografia istantanea o comunque veloce è uno dei casi in oggetto. Un primo notevole esempio è la straordinaria serie di foto di spruzzi d'acqua di Arthur Worthington pubblicata nel 1908. La meravigliosa corona che schizza su a causa di una pallina buttata in una coppa di latte è diventata una vera e propria icona anche grazie agli sforzi e all'intraprendenza di Harold Edgerton della Strobe Alley del MIT. L'immagine ha sviluppato una vita propria. Per esempio, i contenitori per la consegna del latte nel sud-ovest dell'Inghilterra sono decorati da una versione piuttosto letterale dello "spruzzo di Edgerton", divenuto la **Monna Lisa** della dinamica dei fluidi, proprio come il DNA è diventato la **Monna Lisa** delle scienze biologiche.

Le foto di Worthington furono riprese da D'Arcy Thompson, il grande classicista e biologo scozzese che scrisse un libro straordinario sulle morfologie naturali rimasto fonte perenne di ispirazione per artisti, architetti e soprattutto ingegneri, fin dal momento della sua pubblicazione, nel 1917. Il libro, **On Growth and Form**, è uno dei capolavori della letteratura scientifica[1]. In un passo di grande bellezza Thompson scrive di un vaso "lanciato" come di uno spruzzo congelato:

> Per chi abbia osservato il ceramista al suo tornio, è chiaro che il pollice del ceramista, come il soffio d'aria del vetraio, dipende per la sua efficacia dalle proprietà fisiche del mezzo in cui opera che, in tali circostanze, è essenzialmente fluido. La tazza e il piattino, come il tubo di vetro o la lampadina mostrano (nelle loro forme semplici e primitive) belle superfici di equilibrio che si manifesta in certe condizioni-limite. Altro non sono che gloriosi "spruzzi", formatisi lentamente in condizioni di costrizione che ne accentuano o ne rivelano la simmetria matematica.[2]

Si tratta di un'analisi penetrante e bellissima. Osservando la corona di Worthington, D'Arcy vedeva come essa s'intonasse con tante altre forme e fenomeni, compresa la creta semiliquida che sale sotto la carezza modellante della mano del vasaio. E guardò anche, come vedremo, a forme analoghe nei polipi e nei medusoidi. Quello che Thompson fa in questo caso corrisponde esattamente a ciò che ho definito "intuizioni strutturali". Con questa definizione cerco di cogliere il modo antichissimo di scienziati e artisti che vogliono guardare dentro la struttura dei fenomeni visti, estraendo ordini di varia complessità dall'evidente caos delle apparenze. Nessuno è mai stato più coerente di Leonardo da Vinci da questo punto di vista.

Leonardo s'interrogava continuamente sulle strutture, statiche e dinamiche. Tutte le sue straordinarie illustrazioni di forme e fenomeni rappresentano dimostrazioni strutturate piuttosto che registrazioni "semplici" o dirette. I suoi disegni dell'acqua per esempio sono pieni di idee di come l'acqua **dovrebbe** comportarsi secondo le leggi della dinamica aristotelica. Si tratta di immagini molto costruite nelle quali è impossibile separare osservazione e rappresentazione da analisi e sintesi. Leonardo, come Albrecht Dürer, non guardò mai alle cose senza interrogarsi sulla natura dei fenomeni osservati. L'arte del disegno per Leonardo come per Dürer – anche se in modi prettamente individuali – è arte della comprensione. Non sono artisti e nemmeno scienziati, nel senso che la nostra limitata terminologia non arriva a cogliere quello che costoro hanno fatto mescolando la più profonda comprensione intellettuale dell'operare della natura con i più potenti atti di immaginazione ri-creatrice.

Uno dei tratti più caratteristici del pensiero di Leonardo è la riflessione sull'analogia visiva. Guardando l'acqua che scorre torrenziale scrive:

> Nota il moto del livello dell'acqua, il quale fa a uso de' capelli, che ànno due moti, de' quali l'uno attende al peso del vello, l'altro al liniamento delle volte; così l'acqua à le sue volte revertiginose, delle quali una parte attende al impeto del corso principale, l'altra attende al moto incidente e riflesso.[3]

Egli dunque dissocia in due vettori i fenomeni statici e dinamici per soddisfare razionalmente la sua intuizione analogica per cui una cosa ne richiama un'altra. Di conseguenza, quando disegna un'acconciatura per Leda nel dipinto di **Leda e il Cigno**, la sua struttura artificiale sfrutta quella visione. La sua elaborazione artificiale del motivo naturale è messa significativamente a contrappunto con la chioma naturale di Leda.

La sensazione indelebile di Leonardo per cui processi e struttura sono legati insieme secondo pattern definibili in accordo con le leggi della matematica si manifesta bene nella sua visione dello scorrere del fluido attraverso tubi o canali. Che il sistema di scorrimento riguardasse l'acqua dei fiumi, la linfa di un albero o i bronchi dei polmoni, egli sosteneva, era valida la stessa **ragione**. Il volume di fluido che passa in un tubo è visto da Leonardo come proporzionale alla sezione del tubo stesso. Così a ogni livello in una canalizzazione ramificata la somma delle aree delle sezioni dovrebbe rimanere costante per assicurare un flusso efficiente. Chi progettava i canali se voleva un flusso non turbolento in un sistema ramificato doveva imparare la lezione dai sistemi ramificati della natura.

Queste azioni letteralmente fluide di produzione della forma sono divenute sempre più importanti nella recente progettazione architettonica facilitata dall'uso dei computer per generare strutture. Nella parte finale di questo articolo vedremo un esempio di quel processo nei pattern pieghevoli utilizzati da Frank Gehry.

LE STRUTTURE

Thompson si divertiva anche a seguire gli eleganti esperimenti strutturali su pellicole di acqua saponata realizzati dal fisico belga Joseph Plateau; in quegli

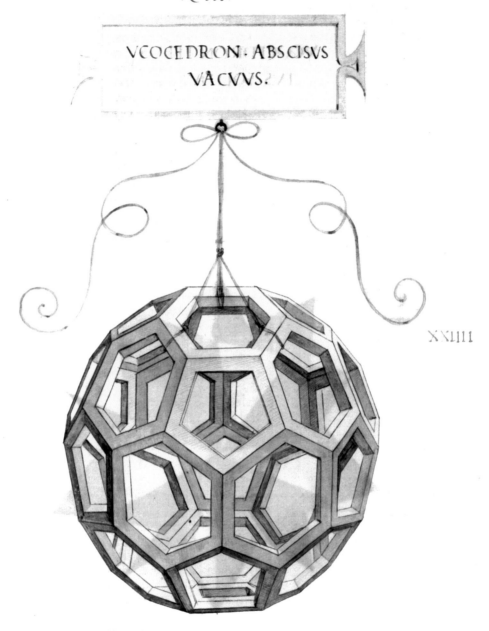

FIG. 1. Leonardo da Vinci, in Luca
Pacioli, *De divina proportione*,
Venezia 1509, f. 24.

esperimenti venivano usati telai per ottenere "membrane" di varie configurazioni geometriche. Thompson era attirato dall'evidente parallelo con alcuni microorganismi marini, in particolare gli scheletri dei **Radiolari** riprodotti nel libro magnificamente illustrato di Ernst Haeckel **Radiolarien** del 1862[4]. Studiando le configurazioni confrontabili scoperte da Plateau e Haeckel, Thompson fu stimolato, come Leonardo, a porsi alcune domande di fondo. Per esempio la configurazione che in campo inorganico assumono le membrane saponose in funzione dei telai cui sono sospese può dirci qualcosa di fondamentale a proposito del modo in cui alcuni organismi viventi organizzano la loro struttura in natura? O più in generale, esiste qualcosa come una "ingegneria naturale" a spiegare configurazioni analoghe riscontrabili nel mondo animato come in quello inanimato nel contesto delle leggi chimico-fisiche? O, in termini moderni, esistono dei principi di auto-organizzazione spontanea attivi nel mondo inorganico come in quello organico?

Il problema di Thompson è che non gli era del tutto chiaro che cosa potessero dimostrare le analogie, per quanto suggestive, da lui osservate. Aveva l'impressione di produrre una "scienza inutile", in cui le osservazioni non potevano essere riportate a un qualunque tipo di spiegazione causale. Ma ora, con l'avvento dei metodi moderni di modellazione al computer, è possibile programmare i parametri fisici dei processi che conducono alla forma di una goccia di liquido viscoso o di un medusoide per vedere quali forze fisiche operino nell'auto-organizzazione di quelle morfologie analoghe: e così pure per le strutture dei **Radiolari** o altri processi ai quali Thompson guardava.

Importanti ingegneri-architetti nel corso del tempo hanno risposto con forza alle forme biologiche in natura. L'esempio cui penso è Antoni Gaudí, architetto della straordinaria Sagrada Familia, alla quale cominciò a lavorare nel 1883 e che è ancora in corso di costruzione. Visitando a Barcellona la mostra dedicata a questa sua opera, rimasi affascinato ma non sorpreso di scoprire che conosceva le opere di Ernst Haeckel. Era anzi immensamente attratto dalle immagini di Haeckel relative all'ingegneria della natura in **Kunstformen der Natur** (1899-1904), libro che il biologo tedesco aveva pubblicato proprio pensando ad artisti e designer, dei quali aveva già scoperto l'enorme interesse per le sue illustrazioni[5]. I principi strutturali sui quali Gaudí lavorava possono essere descritti come ingegneria naturale, compresa attraverso un metodo sperimentale. Ne troviamo un esempio nel metodo da lui adottato per disegnare la forma di una catenaria in cui tutte le forze laterali sono risolte all'interno della materia dell'arco. Un arco semicircolare non mostra tale proprietà, e gli archi gotici a sesto acuto possono essere progettati in modo da ottenere quel risultato ma solo in una certa misura. Gaudí comprese che la soluzione era nell'adozione di una curva catenaria. È questa la curva secondo cui si dispone una catena libera appesa alle due estremità. Tutte le forze devono necessariamente essere risolte all'interno della curva. Così disse in merito Gaudí: "Perché non disegnare i modelli degli archi e delle volte utilizzando modelli rovesciati, appesi? Per studiare il peso che insiste sugli archi, perché non appendere pesi nei punti corrispondenti sull'arco rovesciato? E se poi ri-rovescio il tutto, mantenendo la configurazione delle curve della catena ottenuta dalla risoluzione delle forze, avrò una struttura perfettamente risolta e stabile". Uno straordinario atto di genialità intuitiva, letteralmente un balzo avanti visionario. Il tipo di intuizione strutturale che implica è al tempo stesso fisica e visiva. I risultati presentano quel senso di esattezza armoniosa che tutti noi possiamo percepire – il senso di una soluzione giusta e inevitabile che caratterizza tutto il buon design.

Una delle preoccupazioni ricorrenti di tutti coloro che sono stati attratti da quel tipo di ingegneria naturale è stata la magia dei cinque poliedri regolari, i cosiddetti solidi platonici. Per lo stesso Platone, i cinque corpi regolari s'identificavano con i quattro elementi terreni e con il cosmo, e in tal modo corrispondevano a un livello profondo di realtà, all'organizzazione che sottende tutte le cose. Leonardo, pur non accettando la dottrina platonica nella sua forma letterale era molto vicino all'idea secondo cui la perfetta geometria dei solidi parlava di verità profonde intrinseche al disegno della natura. Era particolarmente affascinato dalla possibilità di manipolarli producendone variazioni semiregolari semplicemente troncandoli (cioè segandone gli angoli) e realizzando forme stellari, costruendo piramidi sulle loro facce. Il suo più grande lavoro sulla geometria dei solidi è quello per le illustrazioni del **De divina proportione** di Luca Pacioli (FIG. 1). Il matematico Pacioli era arrivato a Milano nel 1496, sotto la protezione del duca Ludovico Sforza, e il manoscritto fu completato due anni dopo. Leonardo inventò un modo brillante per mostrare i corpi sia in forma solida, sia modellati come sculture, sia in forma scheletrica in maniera tale da evidenziarne la loro configurazione spaziale completa. Quando furono stampate, nel 1509, quelle illustrazioni erano le sole immagini che Leonardo avesse pubblicato in vita[6]. I suoi schizzi sparsi delle variazioni dei solidi dimostrano come Leonardo fosse una di quelle straordinarie persone dotate di tali incredibili capacità di visualizzazione spaziale da saper elaborare complesse sculture geometriche.

Era proprio quella stessa capacità che permise a Giovanni Keplero di mettere a punto la sua concezione del cosmo con le orbite dei pianeti immaginate sottoforma di una serie di sfere una dentro l'altra all'interno delle quali sono iscritti i solidi platonici. Uno schema che spiegò e illustrò brillantemente in **Mysterium cosmographicum** (FIG. 2), un libro che ha, tra l'altro, un titolo davvero affascinante[7]. Nei trattati successivi sull'armonia del mondo abbandonava quel sistema, ma la revisione successiva non altera la sua brillante intuizione circa la tridimensionalità della possibile organizzazione del cosmo. Keplero si dedicò anche alla ricerca delle forme platoniche con il nuovo strumento del microscopio, e scrisse un geniale trattato sulle sei punte di un fiocco di neve[8]. Ancora una volta ci troviamo di fronte alla comune intuizione sulla scala più diversa, dalle più minuscole alle più grandi cose note al tempo, grazie a quegli strumenti dotati di lenti che sono i microscopi e i telescopi. Fu con ovvio piacere istintivo e intellettuale che Keplero accolse le analogie strutturali che andavano emergendo agli estremi della scala.

Quando i microscopisti cominciarono a guardare attraverso i loro strumenti sempre in evoluzione s'imbatterono in un mondo meraviglioso di micro-ingegneria. La nanotecnologia è il suo equivalente moderno. Nel libro di Robert Hooke **Micrographia** del 1665 c'è una meravigliosa descrizione delle delizie della percezione e della complessità dell'occhio di una mosca[9] (FIG. 3). Hooke ne esplora le variazioni sotto diverse luci e da vari punti di vista, e ammette molto sinceramente la difficoltà di spiegare una così complessa organizzazione visiva nell'ambito totalmente nuovo della visione. L'organizzazione del poliedro nell'occhio composto era stupefacente almeno quanto un qualunque esempio di ingegneria naturale visto a occhio nudo.

Potrà sembrare un bel salto volgersi da questo capolavoro della microscopia del XVII secolo a uno dei progettisti più innovativi del XX secolo, Buckminster Fuller. Ma dal punto di vista delle intuizioni strutturali si tratta solo di un piccolo passo avanti. Per uno storico una mossa del genere potrebbe essere vista come irresponsabile e sicuramente comporta un forte rischio nella misura in cui si tratta di immagini estrapolate dal loro contesto. Il rischio è quello di rappresentare in modo erroneo elementi che provengono da culture e con motivazioni profondamente diverse. Ed è in qualche modo audace per uno storico fare una cosa simile. Ma un po' di azzardo può risultare eccitante e potenzialmente creativo. La più grande delle strutture costruite da Fuller era la cupola geodetica per il padiglione americano all'Expo '67 di Montreal, fatto di una doppia maglia di triangoli e di esagoni. Se non conosceva lo studio di Hooke sull'occhio della mosca l'avrebbe dovuto conoscere! Entrambi, cupola e occhio, fanno parte del territorio delle soluzioni progettuali ottimali caratterizzate da quel senso di perfetta inevitabilità che contraddistingue le soluzioni tecniche più riuscite. In tal senso credo che le loro comuni caratteristiche siano relative agli aspetti durevoli della nostra umana percezione e creazione di strutture, aspetti che trascendono il tempo e lo spazio.

La vitalità inesauribile di quel tipo di design in architettura e in ingegneria è pienamente dimostrata da due esempi. La prima è la struttura reticolare, "a lattice", recentemente completata per la copertura della Great Court al British Museum, progettata da Norman Foster e tecnicamente risolta da Buro Happold (FIG. 4). Il ruolo creativo dell'ingegnere è stato cruciale nel determinare la geometria complessa della forma a ciambella della copertura che collega lo spazio tra la sala di lettura circolare e il rettangolo irregolare della corte. Non è un caso che gran parte della filosofia progettuale del costruttore sia stata formulata da un grande ammiratore di D'Arcy Thompson, ovvero da Sir Edmund (Ted) Happold. In tutto il suo lavoro, Happold condusse un acuto e fertile dialogo tra il design umano e quello della natura – condiviso da Norman Foster – e la copertura della Great Court di conseguenza riecheggia in modo creativo una serie di strutture scheletriche di organismi naturali. Il secondo caso riguarda strutture a piastre, forme composte di serie di lastre geometriche intrinsecamente stabili. Un esempio naturale di una simile struttura a piastre snodabili per permettere la crescita è l'involucro del riccio di mare. Un importante teorico e designer di strutture piatte è Janos Baracs, ingegnere ungherese a Montreal che ha lavorato a stretto contatto con il matematico Harry Crapo e Walter Whitely. La sua capacità di sfidare la gravità ha trovato una realizzazione spettacolare nella struttura sospesa concepita con l'artista Pierre Granche per il foyer della stazione della metropolitana Namur, che incorpora una variazione a grappolo del tema leonardesco dello scheletro del dodecaedro.

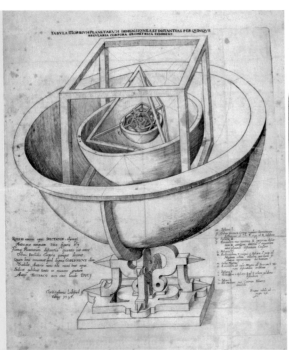

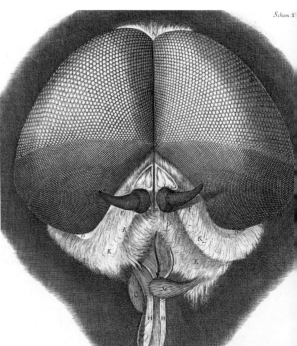

FIG. 2. (in alto a sinistra) Keplero, *Mysterium cosmographicum*, Tübingen 1596, f. 3 (foto © Biblioteca Nazionale di Firenze).

FIG. 3. (in alto a destra) Robert Hooke, *Micrographia*, London, Jo. Martyn and Albestry, 1665, f. XXIV, da una copia conservata presso la Hancock Natural History Collection, Archivial Research Center, University of Southern California.

FIG. 4. (in basso) Foster and Partners, la Great Court al British Museum, veduta generale dell'interno visto dall'alto (foto E.A. Walker per Foster and Partners).

Il fatto che gli scienziati siano stati altrettanto attenti a questo tipo di ingegneria strutturale in natura può essere dimostrato da due scoperte molto divergenti ma visivamente collegate: la prima è relativa alla struttura dei virus e la seconda alla configurazione spaziale del carbonio sessanta (C^{60}).

Negli anni cinquanta e all'inizio degli anni sessanta nuove tecniche di colorazione, denominate "colorazione negativa", cominciarono a suggerire l'immagine dell'aspetto dei virus osservati al microscopio elettronico. Le forme che incominciarono ad apparire erano molto interessanti. Quei minacciosi piccoli organismi sembravano possedere una straordinaria bellezza platonica, paradossalmente contraria alla minaccia che rappresentano per la nostra salute. Ma le immagini in quelle prime fasi erano ancora piuttosto confuse. Nel 1960 l'articolo di Peter Wildy, William Russell e Robert Horne sul virus dell'herpes si concentrava su come estrarre una struttura definita dalle immagini in qualche modo irrisolte del loro microscopio elettronico. Russell mi spiegò che avevano lavorato sulla struttura dei capsomeri, che si trova immediatamente al di sotto del rivestimento. I tre ricercatori cominciarono a pensare ai modi in cui le forme poligonali possono combinarsi in corpi geometrici regolari e semiregolari. Dovevano trovare un qualche modo di combinare pentagoni ed esagoni in una struttura unificata, compressa e stabile. Due dei pionieri della struttura dei virus, Donald Caspar e Aaron Klug, citarono specificamente gli studi di Buckminster Fuller sulle variazioni dei solidi di Archimede e guardarono alle sue cupole geodetiche come a strumenti progettuali per ricostruire il modello dei virus. Quando a Glasgow Wildy e collaboratori misero insieme i loro primi modelli provvisori, realizzati in cartone e dunque effimeri, avevano in mente quel tipo di configurazioni e di ingegneria delle forme.

La seconda storia riguarda il C^{60}. Le più semplici forme note di carbonio sono disposte a fogli in una struttura a lattice essenzialmente planare. Ma le nuove scoperte empiriche mostravano l'esistenza di una forma di carbonio che consisteva di sessanta atomi disposti nello spazio. Ciò suscitava l'interrogativo su come quelle sessanta unità potessero essere disposte secondo una distribuzione stabile. Il gruppo che lavorava sulla struttura alla Rice University fu condotto alla soluzione da Harry Kroto, uno scienziato inglese che allora lavorava in Texas e che in precedenza era stato all'Expo '67 di Montreal, dove si era reso conto dell'eccezionalità della cupola geo-detica di Fuller. Da giovane, la sua passione per l'arte l'aveva portato a studiare design, e di quella formazione aveva conservato una naturale tendenza a pensare in termini di configurazioni plastiche. Fu lui a dare impulso alla ricerca per mettere insieme esagoni e pentagoni nella struttura che sarebbe stata chiamata Buckminsterfullerene. Tutta la classe delle strutture collegate a quella del carbonio scoperte in seguito fu denominata dei fullereni, le strutture che ricordano un certo tipo di pallone da calcio presero il nomignolo di **buckyballs**. Si potrebbe affermare che i progettisti dei palloni da calcio abbiano avuto a loro volta una sorta di intuizione strutturale!

Non penso tanto all'**influenza** di Buckminster Fuller, in senso convenzionale, quanto al fatto che egli fu un protagonista nel campo dell'ispirazione e del pensiero laterale intorno alle strutture geometriche, protagonista con cui scienziati creativi, tecnologi, architetti e artisti intrattennero un regolare dialogo. Le cupole di Buckminster Fuller divennero fondamentali per i costruttori dei modelli dei virus e per i chimici molecolari proprio perché loro come lui condividevano l'intuizione relativa ai fattori strutturali che rendono stabile una cupola geodetica e che sono essenzialmente simili a quelli che operano nelle forme della natura sulle quali costoro conducevano le loro ricerche.

GUARDARE E MODELLARE

Quel che è implicito in quanto sono venuto dicendo è che non si tratta solo di strutture "esterne" ma anche di strutture intrinseche alla nostra percezione della natura. Siamo necessariamente indotti a strutturare quello che vediamo. Gli atti visivi che ci permettono di vedere in modo coerente in una moltitudine di informazioni visive che si presentano ai nostri occhi richiedono una permanente capacità di filtro. In questo caso, gli oggetti d'indagine sono filtrati per estrarne certi aspetti di ordine geometrico.

Uno dei più famosi di tutti gli atti di visione strutturata fu compiuto da Galileo Galilei, quando, all'inizio del XVII secolo, osservò la luna con il suo telescopio, usando quello che secondo i nostri standard odierni era davvero un telescopio di poco conto. Galileo aveva lavorato a migliorarne le lenti ma, se paragonato agli strumenti moderni, quel telescopio era uno strumento assai rozzo, grazie al quale però lo scienziato riuscì a vedere che la superficie della luna presentava – ai suoi occhi – montagne e valli e notò come, con il muoversi del sole, piccole macchie di luce, che corrispondevano alle cime delle montagne, cominciassero ad apparire ai margini dell'ombra e gradualmente a confondersi con il margine della parte illuminata, man mano che la luce che cadeva sulle montagne si spostava più in alto. La spiegazione ci appare ovvia, ma è ovvia solo una volta che abbiamo "visto" il fenomeno, una volta che la nostra visione è stata strutturalmente condizionata ad afferrarlo in questo modo. Altri osservatori allora non riuscirono ad "arrivarci". Non erano in grado di far scattare la loro percezione in un atto di visualizzazione plastica. Uno dei motivi per cui Galileo "ci arrivò" era la sua grande competenza nel disegno e nell'osservazione delle diverse forme che la luce e l'ombra producono sui corpi solidi. I suoi acquerelli sull'evoluzione dell'aspetto di luci e ombre sulla luna testimoniano delle sue capacità percettive e tecniche, e disegnare, come sappiamo da Dürer e da Leonardo, è un atto di analisi. Galileo poi conosceva bene i testi sulla prospettiva e le loro analisi dei corpi complessi, con ombre sistematicamente delineate. Un libro sulla prospettiva che certamente conosceva era il trattato cinquecentesco di Daniele Barbaro che aveva illustrato con dimostrazioni da virtuoso luci e ombre sui corpi geometrici più complicati dei solidi platonici[10] (FIG. 5). Fu perché era pronto ad afferrare quello che succedeva alla mobile luce e ombra su una superficie con tratti sporgenti e altri rientranti, come per esempio una testa umana, che Galileo riuscì a vedere letteralmente a rilievo l'"immagine" nel suo telescopio. Una volta vista, ovviamente, come succede con altre immagini e percezioni illusorie, si è "arrivati", e di conseguenza diventa difficile vederla in qualunque altro modo.

Gli osservatori che guardavano la luna nel XIX secolo avevano ancora bisogno delle stesse capacità. Fino a che l'uomo non ha messo piede sul satellite della Terra è stato necessario, per capire quello che si vedeva, continuare a usare un certo tipo di analogia fisica e visiva con fenomeni cui possiamo in qualche modo accedere sulla terra. Gli astronomi di fatto dovettero ammettere che assomigliava a qualcosa di già visto altrove. Le prime e più fortunate foto della luna ne sono una vivida dimostrazione, comprese quelle di Warren De La Rue e Joseph Beck riprodotte in uno dei primi e dei più bei libri illustrati, **The Moon: Considered as a Planet, a World and a Satellite** del 1874[11], di James Nasmyth e James Carpenter.

Guardando la scabra superficie lunare, che non era più messa in discussione, gli autori si domandavano come interpretare i tratti osservati alla luce del processo determinatosi durante la sua formazione. L'unico modo per proporre una spiegazione era di formulare un'analogia fondamentalmente terrestre. Così cominciarono a riflettere sul comportamento dei corpi dotati di un nucleo e di rivestimenti. Esisteva un certo numero di illustrazioni disponibili di quello che succede quando il nucleo di un corpo si contrae o si riduce mentre la sua pelle esterna conserva la stessa superficie iniziale.

Per farsi comprendere dai loro lettori produssero immagini fotografiche che – per usare un cliché – valgono più di mille parole. James Nasmyth, per di più, era figlio di Alexander Nasmyth, il più grande paesaggista scozzese dell'epoca. James, da parte sua, era un disegnatore e progettista famoso, mentre Carpenter era un importante astronomo. Pensarono ai modi in cui visualizzare quello che capita a un corpo che si contrae dentro la sua pelle. Per dimostrare la loro teoria sulle rugosità che ne risultano illustrarono in modo straordinariamente eloquente una mela rinsecchita e una mano invecchiata.

Altre delle intuizioni strutturali di cui la storia ci è testimone sono di carattere fisico. Non ci limitiamo a vedere le immagini ma le "sentiamo". Per avere questo tipo di intuizione durante la visualizzazione del processo è necessario possedere una sorta di empatia tattile e di intuizione sulla fisicità e la struttura del processo stesso, sulla manipolabilità delle cose e la loro rigidità, elasticità e fluidità, sulle loro proprietà materiali e sulla trasformazione delle sostanze nello spazio e nel tempo. Sappiamo per esempio che Einstein lavorava molto con l'intuizione fisica, perché le cose di cui si occupava non erano visibili nel modo ovvio.

Il più famoso atto di visualizzazione biologica del XX secolo a sua volta funziona proprio in questo modo fisico-visivo; mi riferisco alla scoperta della struttura tridimensionale del DNA avvenuta nel 1953 a opera di Watson e Crick. Il problema che si trovarono ad affrontare era che i dati sperimentali a loro disposizione erano una sovrapposizione piatta di episodi spaziali complessi. L'immagine della diffrazione dei raggi X che usarono, opera di Rosalind Franklin e Raymond Gosling, era basata sulla deviazione dei raggi X attraverso la struttura tridimensionale di una molecola estremamente elaborata. Il processo di formazione dell'immagine è molto simile al modo in cui gli astronomi avevano disegnato gli astrolabi proiettando la sfera celeste su di un reticolo piano, come una sorta di mappa. Da un punto di proiezione fisso gli oggetti vengono riportati sulla mappa piana per mezzo di una serie di linee divergenti. Essenzialmente chi vuole ricostruire una struttura tridimensionale a partire dalla

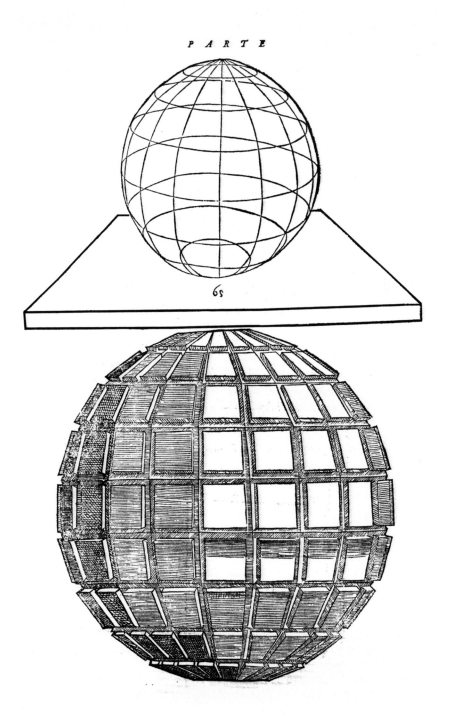

FIG. 5. Daniele Barbaro,
La pratica della perspettiva,
Venezia 1568, p. 166 (riedizione
Arnaldo Forni Editore, 1980).

FIG. 6. Toyo Ito con Arup,
Serpentine Gallery Pavilion,
Kensington Gardens, Londra,
2002. © Serpentine Gallery,
London.

diffrazione dei raggi X deve ragionare come chi voglia dedurre la struttura tridimensionale del sistema planetario dal reticolo di un astrolabio, ovvero immaginare le 3D da informazioni schiacciate sul piano. In realtà il problema posto dal DNA è ancora più complicato. La geometria delle deviazioni non è regolare come quella della proiezione prospettica di linee rette nell'astrolabio. Se oggi dicessi a una persona: "ricostruiscimi la forma in 3D del cosmo a partire da questa proiezione piatta", la soluzione al quesito non sarebbe facile e richiederebbe più informazioni di quelle contenute dall'immagine stessa. Ma in fondo è proprio quello che fecero Crick e Watson.

Ci furono certamente stadi tridimensionali intermedi nella creazione del loro modello finale. Un modello importante, che poi divenne quello preferito nella biologia molecolare degli anni cinquanta e sessanta, usava fogli di materiale semitrasparente, la Lucite, per sovrapporre nello spazio "fette" rappresentative della densità degli elettroni come registrate nelle immagini ai raggi X. Gli scienziati descrissero come si potesse estrarre il significato visivo dai modelli di Lucite che sono tuttaltro che facili da interpretare. Se guardiamo ai modelli della densità elettronica questi appaiono disordinati da molti punti di vista. Ma l'effetto, come fece notare John Kendrew è molto simile a quello di chi attraversa in macchina una foresta in cui gli alberi siano stati piantati secondo una griglia regolare. Per molto tempo non si riesce a individuarne il pattern. Poi a un certo punto vedi le file perpendicolari e improvvisamente vedi anche le diagonali. Guardando un modello di Lucite si ha la stessa impressione. Si raggiungono punti di vista dai quali tutto torna e si coglie l'organizzazione intrinseca. Il nostro cervello è pronto e ansioso di cogliere l'emergere di un qualche tipo di struttura ordinata. Il movimento dell'oggetto rispetto a chi lo osserva e viceversa spesso ha un ruolo cruciale per la comprensione di disposizioni complesse.

Allora, quando guardiamo a come Watson e Crick utilizzarono le immagini della diffrazione dei raggi X di Franklin e Gosling, dobbiamo tenere conto dell'intensa ricerca sulle procedure che avrebbero permesso la trasformazione dal piano al 3D, con l'utilizzo di varie tecniche di modellazione e rappresentazione. Ciononostante passare dall'immagine della diffrazione dei raggi X all'immagine del DNA nella sua configurazione spaziale è un atto di visione complesso quanto quello di Keplero che vede le orbite dei pianeti come sequenze di sfere e solidi platonici inseriti uno

dentro l'altro. Simili capacità di visualizzazione sono straordinari atti di costruzione mentale di modelli.

OGGI

La visualizzazione del DNA ha più di cinquant'anni, e perfino la più recente concezione della struttura del C^{60} appartiene alla storia. Cosa succede oggi? Abbiamo già visto all'opera creativa alcuni professionisti contemporanei, soprattutto in architettura. Sono certo che per gli scienziati, come per gli artisti, il tipo di visualizzazioni strutturali di cui abbiamo parlato continuerà a fornire risorse per scoperte e invenzioni. Ma vorrei concludere accennando brevemente a tre episodi verificatisi di recente, il primo in ambito cosmologico e gli altri due in architettura.

Quando vidi la copertina di "Nature" dell'ottobre 2003, per poco non caddi dalla sedia. Riportava un modello di poliedro di Keplero in tutta la sua complessa gloria, accompagnato dalla domanda: "È questa la forma dell'Universo?"[12]. L'articolo, firmato dall'astronomo francese Jean-Pierre Luminet e dai suoi colleghi, postulava che i dati recenti circa le radiazioni delle microonde potessero essere meglio interpretati sulla base di un modello dodecaedrico del cosmo. Si tratta comunque di un modello che sfrutta dimensioni sconosciute a Keplero. Le sue facce pentagonali sono disposte attorno a una sfera non ordinaria, ma una iper-sfera multi-dimensionale. Il risultato è che un corpo può uscire da una faccia e al tempo stesso entrare da quella opposta. Anche se la matematica implicata è andata assai lontano rispetto a quella dei primi devoti dei solidi platonici, lo stesso Luminet riconosce che il suo modo di visualizzare è legato a una tradizione che fa riferimento a Leonardo e a Dürer così come, ovviamente, ai suoi predecessori scientifici. Fa piacere scoprire che l'astronomo è a sua volta un artista e un appassionato cultore di musica.

Nel 2002, a Londra, davanti alla Serpentine Gallery a Kensington Gardens, è stato costruito un padiglione temporaneo estivo che ospitava un caffè all'aperto (FIG. 6) il cui progetto era frutto della stretta collaborazione tra l'architetto giapponese Toyo Ito e l'ingegnere Cecil Balmond di Arup. L'architetto è tradizionalmente ritenuto "autore" dell'edificio di cui gli viene commissionato il progetto e il Serpentine Pavillon certamente esprime l'approccio concettualmente innovativo di Ito. Ma qui Balmond, come anche in altri dei suoi lavori di ingegnere in collaborazione con alcuni dei più innovativi architetti del mondo, fa molto di più che proporre soluzioni agli ovvi problemi di ingegneria. Il suo apporto è vitale a livello concettuale oltre che progettuale. Balmond è un personaggio di straordinario interesse, che è riuscito a integrare la sua formazione e i suoi interessi per le filosofie non occidentali con la geometria islamica nel suo pensiero creativo. Anche lui − inutile dire − nutre da sempre grande interesse per D'Arcy Thompson. Qui vediamo l'architetto che cerca nella società contemporanea un vocabolario formale completamente nuovo che Balmond è in grado di inserire in un contesto ampio e tradizionale, operando al tempo stesso al limite estremo delle tecnologie ingegneristiche più innovative.

Nel progettare i pattern apparentemente caotici di forme triangolari e rettilinee per la copertura e le pareti essi cominciarono da un punto semplice rappresentato da un quadrato che viene successivamente ruotato di un terzo. Il processo di iterazione produce un pattern frattale di grande varietà visiva. Da un procedimento ordinato sgorga una straordinaria varietà di forme. I due hanno poi preso quel "foglio frattale" e l'hanno avvolto attorno a uno spazio definito come un mezzo cubo. Le proprietà strutturali dello scheletro sottostante al pattern erano proprio quello che andavano cercando per soppiantare le tipiche costruzioni di sempre a base di pilastri e travi. Negli angoli non ci sono pilastri strutturali, non ci sono travi che corrano intorno al perimetro della copertura o l'attraversino. Non ci sono supporti verticali a tenere su quelli orizzontali nelle pareti. Il processo creativo ha prodotto un nuovo repertorio architettonico formale e un nuovo sistema strutturale. Le intuizioni strutturali nel Serpentine Gallery Pavillon producono qualcosa in apparenza molto diverso dalle cupole geodetiche di Fuller e dagli archi catenari di Gaudí ma io sono convinto che i processi di visione che stanno dietro a tutto ciò sgorghino dalla stessa fonte, dalla stessa capacità mentale di dialogare con i prodotti dell'invenzione umana e della natura. Il secondo esempio in architettura ha più specificamente a che fare con i risultati dei processi strutturali in natura. Quando Frank Gehry lottava per dare un senso alle apparentemente irresolubili variazioni di forma e tecnica del suo progetto infinito (e mai costruito) per la Lewis House, la svolta gli venne dall'utilizzo delle curve straordinariamente complesse riprese da un pezzo di feltro accartocciato − un'intuizione molto vicina al fascino da lui sempre subìto per i panneggi e le pieghe delle stoffe nella pittura dei maestri antichi (FIGG. 7, 8). Il suggerimento che gli venne da rigonfia-menti, onde e pieghe profonde della stoffa era la possibilità di identificare configurazioni complementari che risultano organicamente e strutturalmente "giuste", quanto visivamente stimolanti.

Questi episodi dicono chiaramente che le intuizioni strutturali non ci prescrivono un certo tipo di risultato. Corrispondono a un modo di pensare, a un modo di visualizzare che utilizza liberamente processi laterali che fanno riferimento a una vasta gamma di tematiche e di fonti, nella natura e nelle applicazioni umane. È chiaro che il nostro potenziale di intuire strutture diverse nell'arte, nella scienza e nella tecnologia è di fatto illimitato.

È possibile immaginare potenzialità future ancora inutilizzate di questo modo di pensare? Vorrei, in qualità di storico, avanzare un suggerimento. La struttura è stata studiata in lungo e in largo, non così il processo. Gehry è chiaramente interessato al processo, nel senso in cui un processo dinamico è utilizzato per arrivare a un risultato strutturale ed estetico. Ma ora penso al processo più nel senso del funzionamento dinamico degli spazi architettonici come contenitori del flusso di persone. Penso alla costruzione di una struttura in termini di spazio a partire dagli spostamenti di chi la utilizza e penso la struttura, una specie di architettura fondata sulla dinamica dei fluidi. I computer lo rendono possibile in modi in passato certamente impossibili. Immagino che qualcuno sia già al lavoro su una cosa del genere.

1. D'Arcy Wentworth Thompson, *On Growth and Form*, Cambridge (UK) 1917.
2. *Ibid.*, p. 238 (traduzione dall'inglese di M.B.).
3. Leonardo da Vinci, 1510 ca.
4. E. Haeckel, *Radiolarien (Rhizopoda radiaria): Eine Monographie*, Berlin 1862.
5. Id., *Kunstformen der Natur*, 2 voll., Leipzig 1899-1904.
6. L. Pacioli, *De divina proportione* (1498), Milano, Biblioteca Ambrosiana, ms 170 sup.; Id., *De divina proportione*, Venezia 1509.
7. J. Kepler, *Mysterium cosmographicum*, Tübingen 1596 (trad. ing. di A.M. Duncan, The Secret of the Universe, New York 1981).
8. Id., *Strena, seu, de nive sexangula*, Frankfurt am Main 1611 (trad. ing. di L.L. Whyte, The Six-Cornered Snowflake, Oxford 1966).
9. R. Hooke, *Micrographia; or, Some Physiological Descriptions of Minute Bodies Made by Magnifying Glasses*, Londra 1665.
10. D. Barbaro, *La pratica della perspettiva*, Venezia 1568.
11. J. Nasmyth, J. Carpenter, *The Moon: Considered as a Planet, a World and a Satellite*, London 1874.
12. J.-P. Luminet, J.R. Weeks, A. Riazuelo, R. Lehoucq, J.-P. Uzan, *Dodecahedral Space Topology as an Explanation for Weak Wide-angle Temperature Correlations in the Cosmic Microwave Background*, "Nature", 9 October 2003, pp. 593-595.

Tradotto dall'inglese da Maria Baiocchi

FIGG. 7, 8. Frank O. Gehry,
Lewis Residence, modello finale.
© Gehry Partners, LLP.

MARIO CARPO
PATTERN RECOGNITION

Metamorfosi è una parola chiave della nostra cultura figurativa dopo un decennio di innovazione digitale. Le forme prodotte da tecnologie meccaniche sono fisse, stabili e solide. Le forme prodotte da tecnologie elettroniche sono volubili. Cambiano e si trasformano incessantemente, talvolta per scelta, talvolta per caso. Questa differenza epistemica fra le forme dell'universo meccanico e le forme dell'universo digitale è inerente alle due tecnologie: il mondo meccanico produce oggetti; il mondo elettronico produce sequenze di numeri, a loro volta generatrici di oggetti.

Secondo la filosofia neoplatonica del Rinascimento, le idee abitano una gerarchia di cieli ordinatamente sovrapposti al nostro mondo sublunare: ogni cielo corrisponde a un pianeta e a un più alto livello di generalità dell'idea. Quando le idee attraversano l'ultimo cielo per discendere nella materialità dell'atmosfera terrestre si incarnano in un'infinità di eventi diversi, che tuttavia conservano una matrice comune − non più una forma ma, per Ficino e Pico, una **formula**, un'idea attenuata. Anche i file numerici, come essenze neoplatoniche, vivono in cieli cui non abbiamo accesso e, per diventare eventi concreti, devono negoziare il loro passaggio attraverso vari mediatori dell'esperienza sensibile, che oggi si chiamano interfacce. Ogni interfaccia è diversa e il risultato finale, l'epifania materiale offerta alla nostra percezione, non è mai del tutto prevedibile. Dipende da macchine, sistemi, reti, ed entro certi limiti, dalle scelte personali dell'utilizzatore.

Ma il prodotto finale di un processo digitale non è mai un prodotto finito. È sempre l'epifania occasionale ed effimera di un processo algoritmico che può generarne altri, in numero illimitato e tutti diversi, intenzionalmente o imprevedibilmente. L'articolo in alto a sinistra della pagina A5 di uno stesso giornale, nello stesso giorno e nello stesso luogo è lo stesso per tutti i lettori. Ma la stessa pagina web aperta simultaneamente dallo stesso browser in due computer diversi produrrà nella maggior parte dei casi due immagini più o meno simili, ma non identiche − anche se il testo alfabetico può essere lo stesso. I caratteri grafici, la taglia, l'impaginazione, i colori, la quantità di testo presenti simultaneamente sullo schermo dipendono da così tanti parametri che due visualizzazioni identiche della stessa pagina web sono piuttosto l'eccezione che la regola. Inoltre, il contenuto stesso della pagina (ad esempio la pubblicità) sempre più spesso cambia e si adatta automaticamente in funzione e di frequente all'insaputa dell'utilizzatore.

Queste mutazioni imprevedibili sono per alcuni uno stimolo creativo, per altri uno strumento di lavoro, per altri una noia. Non tutte le metamorfosi di un contenuto digitale possono essere completamente controllate dall'autore, cosa che non senza ragione alcuni autori deplorano, e varie tecnologie sono state inventate con lo scopo preciso di evitare questa deriva imprevedibile − e nel campo figurativo, per congelare l'immagine e obbligare ogni utilizzatore a consultare composizioni grafiche visualmente identiche. Il formato PDF di Adobe Acrobat® utilizza le tecnologie del web per trasmettere in effetti fotocopie elettroniche − fax spediti via internet. Non senza successo: evidentemente, la nostra civiltà non può più fare a meno della rigidità inflessibile della pagina tipografica − epifania meccanica per eccellenza. La pagina tipografica è una pagina topografica: la standardizzazione dei luoghi che compongono la matrice di stampa è indispensabile a varie operazioni su cui si fonda la prevedibilità ufficiale della vita moderna − formulari, tariffe, documenti legali, francobolli, timbri, targhe. I moduli per la dichiarazione dei redditi devono essere identici per tutti (anche se teletrasmessi da un sito web), perché la riga 33A-14 dev'essere per tutti a pagina 7. Ciò prova in maniera determinante come la dichiarazione dei redditi non potesse esistere prima della diffusione della stampa a caratteri mobili: perfino nell'era elettronica, gli uffici delle imposte sono costretti a utilizzare le tecnologie più sofisticate per ridurre la volubilità ectoplasmatica delle immagini digitali alla fissità meccanica dell'immagine a stampa. I siti web dei vari ministeri e servizi nazionali che si occupano del pagamento delle imposte sono vere opere d'arte elettronica, e l'emulazione digitale della macchina di Gutenberg perfezionata negli ultimi anni dalle burocrazie degli stati moderni avrebbe entusiasmato Marshall McLuhan: l'uomo tipografico è a tal punto integrale allo stato moderno che lo stato moderno, anche dopo l'adozione delle tecnologie elettroniche, è costretto a perennizzare la mimesi del mondo tipografico[1].

Beninteso, la variabilità generativa che è propria delle tecnologie digitali ha già cambiato in maniera significativa le forme architettoniche, il disegno industriale e più in generale la forma esteriore e visibile del nostro ambiente costruito. E non è che l'inizio. La storia dell'ascesa delle tecnologie elettroniche nella concezione e nella produzione di oggetti e forme architettoniche non è ancora stata scritta, e forse non dovrebbe esserlo ancora per qualche tempo. In un primo momento, verso la fine del decennio trascorso, l'attenzione dei progettisti si è concentrata sulle possibilità formali offerte da funzioni continue generate da algoritmi matematici, che i computer manipolano facilmente. La matematica di queste operazioni è essenzialmente la matematica dell'infinito e degli infinitesimi – il calcolo differenziale; non sorprendentemente, questa **prima maniera** dell'architettura digitale è caratterizzata da forme fluide, curve e continue e da geometrie complesse (in particolare, geometrie topologiche) che possono essere descritte da funzioni matematiche, visualizzate sullo schermo e materializzate in tre dimensioni da tecnologie file-to-factory (stereolitografia, rapid prototyping, e altri utensili di produzione a controllo numerico)[2].

Conformemente al modello digitale, un solo algoritmo può generare un'infinità di funzioni matematiche e di forme o superfici diverse, che avranno tutte in comune l'algoritmo invisibile che le ha generate ma anche, nella maggior parte dei casi, qualche attributo visibile che ne denota la matrice comune. Data la variabilità continua del processo generativo, la costruzione materiale di un prototipo richiede che il processo sia bloccato su un'istantanea immobile, e che solo questa istantanea, isolata e separata dalla sequenza cui appartiene, venga materializzata e costruita in tre dimensioni. Secondo questa logica, ogni prodotto è un pezzo unico. Ma questa logica cambia se più segmenti della stessa sequenza vengono costruiti l'uno dopo l'altro. In questo caso, la logica diventa quella di una produzione in serie, ma una serie di pezzi unici: tutto il contrario della logica meccanica, dove la produzione in serie, per definizione, riproduce parti identiche. Questo è il nuovo paradigma della produzione digitale, e grazie in particolare all'esposizione omonima organizzata dal Centre Pompidou a Parigi l'inverno scorso, questo modo di produzione è oggi spesso detto "non-standard"[3]. Un'altra espressione in uso da qualche anno è "mass-customization", che ugualmente denota la produzione in serie di pezzi unici[4]. Questa definizione è un ossimoro rispetto ai principi tradizionali della riproducibilità meccanica, ma descrive precisamente i nuovi principi della riproducibilità elettronica.

In una serie non-standard ciò che conta non è la forma del prodotto in serie, ma la differenza fra i prodotti della serie. Dato che le prime sperimentazioni di concezione e produzione digitale in architettura utilizzavano priorità matematiche differenziali e geometrie topologiche, molte forme architettoniche dette non-standard tendono ancor oggi ad essere tonde. Ma la rotondità non è un attributo essenziale delle tecnologie non-standard. Al contrario, considerare il non-standard come un principio formale può confondere. Il termine non-standard non descrive forme, ma un modo di produzione. Questo modo di produzione, grazie alle tecnologie digitali, produce in serie oggetti diversi – tondi o angolari, sferici o cubici, lisci o ruvidi, piatti o piegati. La forma degli oggetti 1 o 2 o 3 della serie è irrilevante; ciò che importa è che gli oggetti 1, 2 e 3 sono diversi fra di loro – e ciò malgrado, prodotti in serie. Uno degli esempi più eloquenti di produzione non-standard all'esposizione parigina, la celebre teiera progettata da Greg Lynn per Alessi, sintetizza in un prototipo più aspetti dei nuovi modi di produzione. Ma l'esposizione di un solo oggetto (al Centre Pompidou, una sola teiera in una teca in vetro) rischia di tradire lo spirito del progetto: infatti, il prototipo di una serie non-standard non è l'oggetto, ma l'intera serie – in questo caso, novantanove teiere tutte diverse e nello stesso tempo simili, perché prodotte in serie utilizzando la stessa tecnologia e lo stesso algoritmo generativo (come al Centre Pompidou spiegava la voce fuori campo registrata dell'autore, e come si evince dai saggi pubblicati nel catalogo)[5] (FIGG. 1-3).

La concezione e produzione numerica di serie non-standard rivoluziona il concetto di serialità e anche la nozione stessa di riproducibilità cui siamo abituati da cinque secoli di cultura meccanica. Nel mondo meccanico la produzione in serie genera economie di scala, a condizione che i prodotti in serie siano identici. La riproduzione identica è il prezzo, per così dire, delle economie di scala. Grazie alla produzione in serie (ad esempio, alla catena di montaggio) si producono oggetti di qualità costante e a minor costo. Ma tutti i prodotti che escono dalla stessa catena di montaggio sono identici. Questo postulato è l'ipostasi dell'ideologia modernista che ha ispirato, in positivo o in negativo, gran parte del XX secolo. La replica identica ("standardizzata", come si diceva nel secolo scorso) può piacere o non piacere, e la produzione in serie può rappresentare per alcuni un ideale ugualitario, per altri un incubo totalitario. Ma in difesa della logica dello standard i modernisti del XX secolo potevano invocare un

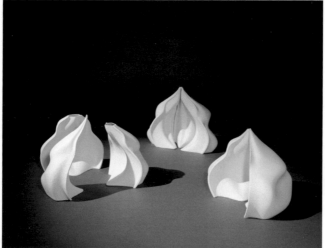

FIGG. 1–3. Greg Lynn, Prototipi di produzione per la caffettiera e la teiera Alessi, 2001. © Greg Lynn Form.

argomento oggettivo: indipendentemente da ogni ideologia e dal gusto personale, la standardizzazione era allora un imperativo morale. Standardizzare permetteva di produrre meglio e a minor costo. Un'architettura standardizzata avrebbe dato a tutti una casa, così come in America la produzione in serie aveva dato a quasi tutti un'automobile. Incidentalmente, la stessa automobile per tutti: non più fatta su misura, ma fatta in serie. Come sembra Henry Ford abbia detto, il cliente poteva ancora sceglierne il colore, a condizione che fosse nero.

Possiamo ancora amare la riproduzione identica, o detestarla, per gli stessi motivi ideologici estetici o sociali che sono sempre esistiti e continueranno a esistere. Ma la giustificazione morale della standardizzazione modernista non vale più. Grazie alle tecnologie digitali, oggi possiamo produrre in serie, automaticamente, oggetti diversi o identici indifferentemente e allo stesso costo unitario. In breve, produrre in serie oggetti diversi non costa più caro che riprodurre copie identiche. Per il momento questo principio si può applicare solo a piccoli oggetti e per piccole serie, ma si generalizzerà. E in teoria il principio è già acquisito: la logica modernista dello standard, con i suoi presupposti economici, tecnologici ed etici, è già stata archiviata. Peggio, se applicata al contesto tecnologico attuale, la logica modernista può portare a scelte sbagliate. Ma il dovere morale di sfruttare tutte le potenzialità della tecnologia attuale per produrre meglio e a minor costo rimane. A che servono le tecnologie non-standard? Che uso possiamo farne? Perché, e per chi?

NUOVI STANDARD

Tutti i prodotti di una serie non-standard sono diversi, ma entro certi limiti. Gilles Deleuze, che aveva anticipato il problema molti anni fa (in un libro, **Le pli: Leibniz et le baroque**, che, non per caso, è stato molto influente per un'intera generazione di architetti e teorici americani)[6], avrebbe detto che la variazione in una serie non-standard è inscritta nel paradigma **objet-objectile**: uno stesso **objectile** innerva infiniti oggetti diversi che conservano tuttavia una matrice comune[7]. Oltre ai limiti inerenti ai programmi informatici, le variazioni in una serie non-standard sono determinate dal tipo di macchine utensili che possono essere integrate in una catena di produzione a controllo numerico. Ma questi limiti fisici sono temporanei, e saranno progressivamente dislocati da macchine più grandi, più efficaci e più versatili. Al contrario, i limiti inerenti al programma informatico sono di natura epistemica, e probabilmente propri a questo modo di produzione: la serialità non-standard dipende per definizione da una matrice algoritmica comune a forme diverse. Questa condizione di riproducibilità implica un'analoga e corrispondente condizione di riconoscibilità: tutti i prodotti di una serie non-standard sono diversi ma in qualche modo si assomigliano. Cos'hanno in comune? Tecnicamente, un algoritmo matematico. Ma percettivamente, è difficile dire. La somiglianza di due forme visive è un mistero che nessuna tecnologia è riuscita a quantificare, nessuna scienza cognitiva è riuscita a descrivere, e nessuna filosofia è riuscita a definire.

La tradizione classica per secoli ha perfezionato l'arte dell'imitazione (letteraria o visiva). Cos'hanno in comune l'archetipo e la copia? Se la copia è ben fatta, come prova il celebre topos di Zeusi e delle vergini di Crotone, nessuno può dire. La somiglianza della copia all'archetipo è una quintessenza indefinibile, un certo qualcosa, un **nescio quid**. La copia ben fatta assomiglia al modello come il figlio al padre: si vede bene che si assomigliano, ma non si può dire perché né in cosa. Il naso? La bocca? Niente in particolare – è l'insieme che conta[8].

La psicologia della forma nel secolo scorso ha cercato di chiarire la questione, così come varie altre scienze cognitive presenti e passate – senza molto successo. Il problema è cruciale per molte applicazioni attuali dell'intelligenza artificiale: malgrado investimenti colossali dell'industria, e particolarmente dell'industria militare, le macchine non hanno ancora imparato a riconoscere i volti. Né a identificare due immagini simili, né a decifrare un'immagine incompleta, se non per interpolazione di diagrammi geometrici elementari (come nel caso di un'impronta digitale, o delle lettere dell'alfabeto). Naturalmente, da qualche decennio si sa che il figlio e il padre hanno in comune un'impronta genetica, ma la scienza continua a ignorare il mistero morfogenetico della trasformazione dello stesso codice chimico in due volti diversi ma simili. Allo stesso modo, benché a un livello più elementare, perché opera umana e non della natura, due oggetti prodotti e formati dallo stesso algoritmo si assomigliano in qualcosa che l'occhio avvertito può rilevare, e la matematica può dimostrare – ma la formula matematica non è leggibile nell'oggetto, e l'oggetto non la svela.

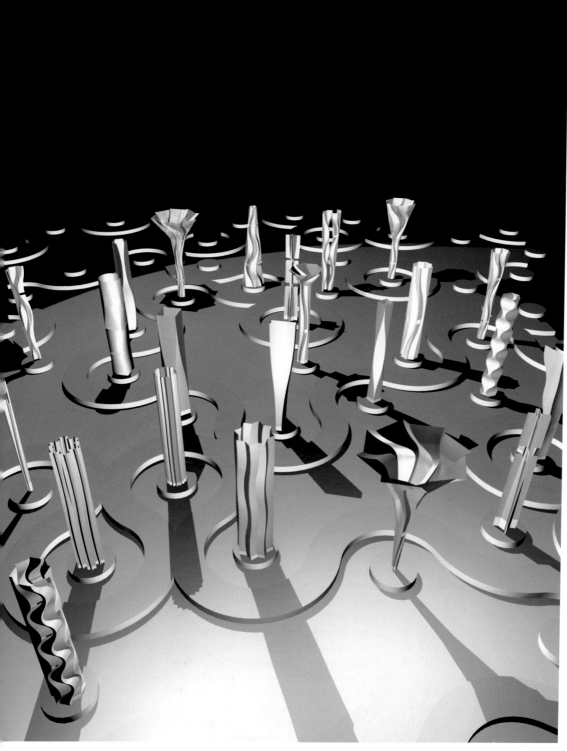

FIG. 4. Haresh Lalvani, *The Column Museum*, 1999, da Haresh Lalvani, *Meta-Architecture*, "AD" (Architectural Design), vol. 69, 9–19, 1999, *Hypersurface Architecture II*, Profile 141, p. 35 (fig. 4). © Haresh Lalvani. Modello digitale: Neil Katz; rendering: Mohamad Al-Khayer.

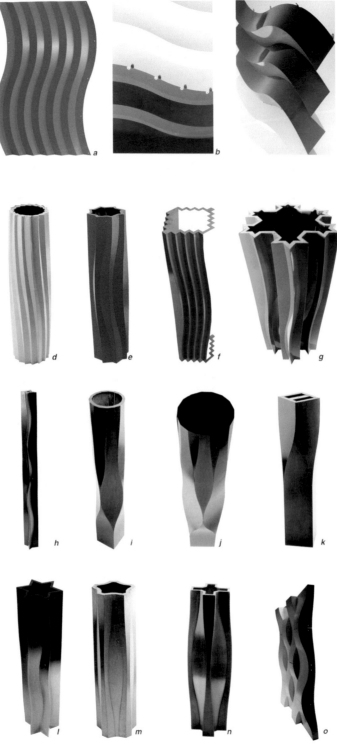

FIG. 5. Haresh Lalvani, *The Column Museum*, 1999, da Haresh Lalvani, *Meta-Architecture*, "AD" (Architectural Design), vol. 69, 9–19, 1999, *Hypersurface Architecture II*, Profile 141, p. 34 (fig. 3). © Haresh Lalvani. Sviluppo del prodotto presso Milgo: Bruce Gitlin e Alex Kveton; fotografia: Robert Wrazen.

Vari modelli di automobili attualmente in commercio sono stati progettati e costruiti utilizzando le stesse tecnologie digitali, e a volte gli stessi programmi. Infatti, in qualche caso particolarmente evidente le curvature di certe lamiere o plastiche di automobili anche di marche diverse si assomigliano – una volta si sarebbe detto che due automobili hanno la stessa "linea", o che sembrano disegnate dalla stessa mano. Ma in cosa precisamente consiste la somiglianza? Un ingegnere potrebbe probabilmente risalire alla funzione matematica comune a una certa famiglia di forme (ad esempio: in questo programma, la terza derivata di una certa curva, usata in particolare per... è sempre inferiore a...); ma in primo luogo, e nella maggior parte dei casi, il riconoscimento della somiglianza si fa a occhio, come l'esperto riconosce lo stile di un pittore, una calligrafia, o due nasi – veri o dipinti. Pattern recognition: l'intelligenza umana riconosce una struttura generativa invisibile comune a due forme visibili diverse. Per il momento questa operazione è una nostra prerogativa, che le macchine non hanno ancora imparato.

I nuovi standard della produzione digitale non sono fondati sulla riproduzione di forme visibili, ma sulla trasmissione di algoritmi invisibili. Per questo, i nuovi modi di riconoscimento nel mondo digitale non saranno più fondati sulla ricerca dell'identità, ma della somiglianza. Se questa può sembrare una rivoluzione rispetto alla cultura visuale in cui siamo cresciuti e a cui siamo abituati, in termini storici non è una novità. Per secoli, prima della standardizzazione dell'immagine meccanica all'inizio dell'età moderna, siamo vissuti in un mondo algoritmico e normativo, non visuale e ripetitivo.

DALL'ALGORITMO AL CLICHÉ, E RITORNO

In un celebre articolo pubblicato per la prima volta nel 1942, Richard Krautheimer aveva studiato le molte repliche medievali di un archetipo celebre, la chiesa del Santo Sepolcro di Gerusalemme, per arrivare alla conclusione che queste repliche erano tutte diverse le une dalle altre, e tutte diverse dall'originale. Eppure nel Medioevo erano considerate simili, e riconosciute come copie. Krautheimer concludeva suggerendo che questo fenomeno dovesse essere messo in rapporto con un'attitudine astratta e simbolica caratteristica della cultura medievale, e in particolare di una cultura dell'immagine in cui l'identificazione puramente visiva non era determinante: segni diversi potevano essere riconosciuti come simboli della stessa cosa[9]. Alla frontiera fra due mondi, è nell'opera di Leon Battista Alberti, umanista moderno formato dalla scuola medievale, che il paradosso di un'imitazione (o riproduzione) non visuale nel campo delle arti figurative assume un'evidenza particolare, in qualche caso quasi drammatica.

Il Sacello, o Edicola del Santo Sepolcro, nella chiesa di San Pancrazio a Firenze, attribuito ad Alberti, è stato costruito, sembra, fra il 1456 e il 1467. L'idea del committente, Giovanni Rucellai, di far costruire un sepolcro "simile" a quello di Cristo (in realtà, di Giuseppe di Arimatea) a Gerusalemme è suggellata dall'iscrizione sopra l'entrata ("sacellum ad instar iherosolimitani sepulchri"), data appunto 1467. Alberti sapeva bene cos'è una replica identica: la ricerca della riproducibilità esatta è uno dei cardini teorici e ideologici dell'intera opera albertiana, nelle scienze, nella tecnica e nelle arti. Eppure, come nei molti casi studiati da Krautheimer, anche in questo caso l'archetipo e la copia, pur avendo in comune alcune proporzioni e schemi geometrici e un nome, visualmente non si assomigliano. Non risulta che Alberti sia mai stato a Gerusalemme, e si può presumere che quasi nessuno a Firenze avesse visto l'originale: i pellegrini dell'epoca non spedivano cartoline illustrate (e non tornavano dalla Terra Santa con taccuini illustrati: le prime immagini degli edifici di Gerusalemme furono pubblicate a Roma e a Firenze all'inizio del XVII secolo). Ma non si può neanche presumere che Alberti e il suo committente volessero ingannare il pubblico con un falso facsimile. Se nessuno aveva visto l'originale del Sacello del Santo Sepolcro a Gerusalemme, molti dovevano aver visto innumerevoli repliche dello stesso costruite ovunque in Occidente (così come Alberti doveva conoscere bene quella trecentesca nella chiesa di Santo Stefano a Bologna). E queste repliche erano tutte diverse. Se ne conclude che ancora alle soglie dell'età moderna il valore simbolico, l'identificazione e il riconoscimento di una forma architettonica non dipendessero necessariamente dalla conformità visuale. Tutte queste repliche erano visualmente diverse, eppure – anche per Alberti, uno dei primi moderni, e uno dei fondatori della cultura moderna dell'immagine – tutte queste forme diverse potevano significare la stessa cosa[10].

Alberti è uno degli inventori del sistema moderno degli ordini architettonici. Ma gli ordini che Alberti definisce nel suo trattato di architettura, **De re aedi-**

ficatoria, non sono modelli visivi. Concepito per una diffusione manoscritta, il testo del **De re aedificatoria** non è illustrato, e come Alberti insiste, non può né deve esserlo. La posterità non ha ascoltato, ma per Alberti, conformemente allo spirito e alla lettera del metodo retorico e architettonico delineato nel trattato, gli ordini non sono immagini: gli ordini albertiani sono in primo luogo una definizione normativa e una serie di regole di composizione, morfologiche e proporzionali. Oggi diremmo, un algoritmo. La forma visibile che ne risulta è in parte aleatoria, perché le stesse norme possono determinare forme architettoniche parzialmente diverse: in termini deleuziani, un solo **objectile** in molti oggetti; in termini aristotelici (con cui Alberti sarebbe stato più familiare) una sola forma in molti eventi, o le varie specie di uno stesso genere. Pochi anni più tardi, ma in un contesto culturale e tecnologico non ancora dominato dalla diffusione dell'immagine a stampa, il cosiddetto trattato di architettura di Francesco di Giorgio Martini (che esiste in più versioni elaborate nel corso di più di un decennio) illustra bene le conseguenze visuali di un simile approccio algoritmico e generativo: le parti degli ordini illustrate da Francesco di Giorgio Martini sono presentate in capriccioso disordine, un'accumulazione di esempi che potrebbe continuare teoricamente **ad infinitum** – forme tutte diverse e tuttavia identificate da alcuni attributi comuni (FIG. 6). Solo qualche decennio più tardi, nei manuali a stampa illustrati del XVI secolo, la regola degli ordini diventerà un catalogo di forme standard, pre-disegnate, ready-made[11].

Ma all'inizio dell'età moderna, e alla vigilia della diffusione del libro stampato, il modo di produzione delle forme architettoniche privilegiava ancora modelli algoritmici e generativi, non facsimilari e iterativi; e il modo di identificazione dei segni architettonici dipendeva ancora dal riconoscimento di forme simili, non dall'individuazione di forme identiche. Pattern recognition: questo è il principio operativo che ha ispirato la cultura visuale d'Occidente dall'antichità classica fino alla diffusione delle immagini a stampa all'inizio dell'età moderna. E l'immagine a stampa non si è limitata a standardizzare il linguaggio degli ordini architettonici. In un certo senso, è l'intera capacità umana di associare significati e immagini (di identificare, quindi di semantizzare segni non alfabetici) che è stata sottoposta a un processo di standardizzazione. Nei limiti di una stessa serie di stampa, ed eccezion fatta per varianze accidentali o marginali, un'immagine a stampa è la replica identica di uno stesso cliché – sempre la stessa, la stessa per tutti. Ma da questo segue che se l'immagine cambia di poco, il significato cambia del tutto. Nel mondo algoritmico la ricerca di somiglianze, o il riconoscimento di strutture nascoste (pattern recognition) permettono di conferire lo stesso senso a segni diversi che hanno qualcosa in comune; nel mondo facsimilare, dove ogni replica è per definizione visualmente identica alla matrice, se un segno ha un significato un altro segno, anche solo marginalmente diverso, ha un altro significato – o non ne ha.

Come nel caso degli ordini architettonici, le immagini a stampa hanno trasformato imprese, blasoni, emblemi e stemmi di famiglie, città, corporazioni e altre istituzioni medievali in stereotipi visuali: destinati alla riproducibilità identica, non significano più nulla se la loro forma si altera. Gli eredi di questa metamorfosi tipografica sono i logo, i marchi commerciali e i marchi di fabbrica che caratterizzano il "corporate branding" contemporaneo – e perfino le bandiere e gli emblemi nazionali, da cui dipende l'identificazione di uno stato o di un esercito in armi. C'è una certa logica nel fatto che il disegno del passaporto di un paese europeo sia oggi un marchio registrato – cioè uno standard visuale. Dopo tutto, il termine "standard" deriva etimologicamente da "étendard", da cui ad esempio l'italiano "stendardo": lo standard era all'origine una bandiera che identificava un gruppo di soldati in armi. È ancora così, ma i soldati di oggi devono anche fare attenzione alla riproduzione grafica precisa di ogni insegna o emblema nazionale, fino ai caratteri tipografici utilizzati per le targhe dei carri armati, ai distintivi sulle uniformi, e beninteso al disegno e al colore della stessa uniforme (che, come il termine "uniforme" suggerisce, non ammette variazioni individuali): un soldato senza un'uniforme riconoscibile non è protetto dalla Convenzione di Ginevra.

Il mondo pre-tipografico non conosceva la standardizzazione dei segni visibili. Il senato e il popolo romano non legiferavano sul disegno delle insegne delle legioni, su cui pennuti di forme diverse assolvevano indifferentemente la stessa funzione simbolica: in ogni caso, tutti sapevano che l'insegna della legione era un'aquila. Analogamente, il mondo posttipografico perderà gran parte del valore semiotico (e per certi versi quasi totemico) che la cultura commerciale attuale continua ad attribuire all'identità

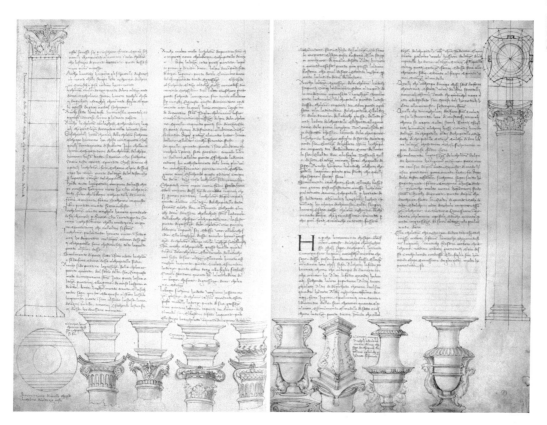

FIG. 6. Francesco di Giorgio Martini,
Codex Saluzziano, Torino, Biblio-
teca Reale, ms Saluzziano 148, ff.
15v–16r (foto © Biblioteca Reale,
Torino. Courtesy Ministero per i
Beni e le Attività Culturali).

FIG. 7–10. Objectile (Patrick Beaucé e Bernard Cache), Living Factory Project, *Table projective*, 2003. © Objectile.

facsimilare. La riproduzione elettronica ci riporterà probabilmente in un universo algoritmico simile a quello che ha preceduto la diffusione dell'immagine a stampa: in questo caso, dovremo riacquisire varie tecniche di pattern recognition che cinque secoli di cultura tipografica ci hanno quasi fatto dimenticare. Dovremo imparare nuovamente a riconoscere somiglianze, analogie e prossimità visuali; e dovremo dimenticare, almeno in parte, il culto feticistico per l'identicità che è ancora oggi perpetuato dall'industria culturale. La storia prova che questo cambiamento è in un certo senso un ritorno, dunque a priori non impossibile. Resta da provare che sia necessario.

ECONOMIA DEI NUOVI STANDARD

La produzione non-standard è oggi spesso considerata una moda, un eccesso o un lusso insensato. La personalizzazione di un prodotto industriale può sembrare una vanità e uno spreco di risorse tecnologiche e creative. Al contrario, rispetto alle tecnologie meccaniche del passato, la logica non-standard può in molti casi portare a prodotti migliori e a minor costo.

Evidentemente, è difficile provare che la produzione in serie di novantanove teiere diverse comporti economie significative di qualunque natura. Ma quella serie, come si è suggerito, è un prototipo. Sovente i creatori sono costretti ad anticipare la logica di un modo di produzione non ancora maturo a una scala puramente dimostrativa. Tecnologie simili potranno presto essere applicate, anziché a un servizio da tè, a grandi strutture di ingegneria. Oggi le componenti prefabbricate di ponti e volte sono per la maggior parte sopradimensionate, perché la prefabbricazione permette di ottenere economie di scala e facilità di assemblaggio solo a condizione di riprodurre parti identiche: la dimensione della sezione più sollecitata determina le altre, e in tutte le altre sezioni della stessa componente strutturale gran parte del materiale è sprecato. Quando si potranno produrre in serie componenti strutturali fatte su misura ma allo stesso costo unitario, ogni elemento di una grande struttura di ingegneria potrà utilizzare tutto e solo il materiale indispensabile in quel punto preciso. Nello stesso tempo, la forma della struttura potrà adeguarsi al diagramma delle sollecitazioni, e seguire geometrie più varie e complesse del trilite in precompresso (o in America, di travi a L) cui siamo abituati[12]. Le grandi strutture ridiventeranno opere d'arte, come erano un secolo fa, quando il materiale da costruzione era raro e l'intelligenza abbondante (ora è il contrario).

E a una scala più domestica, chi può ancora permettersi il lusso di ordinare mobili fatti su misura? I falegnami non esistono più, e i pochi che esistono ancora sono artisti del legno. In un'epoca non lontana la costruzione di mobili su misura era ancora una possibilità – e in qualche caso, una necessità. Ma l'unità di misura modulare della residenza più o meno permanente dello studioso di oggi, da Vancouver a Mosca, è una libreria prodotta da IKEA. Se questo trend dovesse continuare, in un giorno non lontano le case degli studiosi e degli studenti ovunque nel mondo saranno costruite in funzione di multipli o sottomultipli interi dello scaffale Billy. Al contrario, le nuove tecnologie digitali permettono già oggi la produzione in serie ma su misura di mobili semplici come tavoli o librerie – prodotti a scala industriale e a costi industriali, ma con parametri variabili e teoricamente diversi per ogni cliente. E in effetti, la "tavola proiettiva" presentata da Bernard Cache alla stessa esposizione parigina già citata è un'interpretazione un po' più sofisticata di questo stesso principio[13] (FIGG. 7-10). Accanto al prodotto, Bernard Cache ha esposto al Centre Pompidou il processo produttivo: uno schermo di computer sul quale il cliente può scegliere vari parametri, fra cui le dimensioni. L'ordine arriva istantaneamente in fabbrica (file to factory) e il mobile è consegnato il giorno dopo.

Ai due estremi della scala dimensionale nella produzione dell'ambiente costruito, questi due esempi suggeriscono come in molti casi le nuove tecnologie digitali siano già oggi più convenienti delle vecchie tecnologie meccaniche. A un certo punto, lo stesso principio si imporrà verosimilmente ad altre scale del processo produttivo: la produzione in serie industriale di prodotti di forma diversa e fatti su misura migliorerà la qualità e diminuirà il prezzo di molti oggetti architettonici, oggetti tecnici e manufatti diversi, comprese probabilmente le camicie, che non saranno più ridotte a una gamma di quattro taglie (S, M, L, XL) – un paradigma, come si ricorderà, singolarmente influente per la storia delle teorie architettoniche della fine del secolo scorso. Ma il vantaggio economico e funzionale delle tecnologie non-standard, che sembra dimostrato, è solo uno dei termini in gioco.

Un cambiamento tecnico-sociale di questa importanza può avvenire solo se un vantaggio economico collettivo è accompagnato da un consenso ideologico. Le nuove forme generate dalle tecnologie non-standard dovranno essere accettate culturalmente. A una nuova condizione di riproducibilità dovrà corrispondere una nuova condizione di riconoscibilità, da cui dipende in definitiva il valore stesso degli oggetti in un'economia di mercato. Nel mondo meccanico, alla logica della riproducibilità esatta corrisponde l'identificabilità di forme identiche. Nel mondo algoritmico (pre-tipografico o digitale), alla logica della varianza produttiva corrisponde la riconoscibilità di somiglianze e di schemi astratti (pattern recognition).

Nell'ultimo romanzo di William Gibson, **Pattern Recognition**, la protagonista, un consulente pubblicitario, è afflitta da un'insolita condizione medica: un'allergia a ogni logo commerciale. Nel corso del romanzo, che a tratti assume il ritmo di un thriller, la protagonista cercherà di rintracciare gli autori di una misteriosa opera d'arte digitale – un universo visivo in cui i segni di identificazione non sono forme riprodotte identicamente, ma algoritmi nascosti o parzialmente invisibili – da cui il titolo[14]. In un'installazione dei due architetti Diller e Scofidio, esposta ancora recentemente al Museo Whitney di New York, un caleidoscopio di marchi commerciali proiettato su uno schermo è sottoposto a un processo di deformazione continua (morphing) che trasforma impercettibilmente un marchio in un altro[15]. Vari marchi commerciali famosi appaiono brevemente sullo schermo in dissolvenza incrociata in una sequenza di forme in movimento costante. Ma nel tempo soggettivo della nostra percezione il marchio famoso rimane impresso più a lungo, perché è il solo momento significativo in una serie di immagini senza senso. A partire da quando, precisamente, il segno si svela ed emerge dal disegno indistinto, prima di velarsi e scomparire di nuovo? Quando assistevo alla proiezione, nella stessa sala un gruppo di adulti e, stranamente, di bambini stavano giocando allo stesso gioco – pattern recognition. Sistematicamente, i bambini riconoscevano i marchi commerciali (Coca-Cola, ma anche Nintendo, Intel, Microsoft...) prima dei loro genitori. Osservazione occasionale e non generalizzabile, ma non sarebbe illogico se il livello di pattern recognition dei giovani di oggi avesse già superato quello dei loro genitori. Gli adulti di oggi si sono formati in un universo facsimilare e meccanico, e sono quindi portati in primo luogo all'identificazione di forme identiche. I giovani di oggi si sono formati in un universo elettronico e algoritmico, e sono con ogni probabilità più abituati al riconoscimento di forme simili estrapolate da immagini variabili, mutanti, imprecise o incomplete.

Il futuro della produzione non-standard dipenderà non solo dai vantaggi economici e tecnologici che presto o tardi porteranno i nuovi sistemi a sostituire i vecchi, ma anche da un nuovo equilibrio fra identificazione di forme e riconoscimento di somiglianze che presto o tardi ispirerà un nuovo universo visivo. Dopo cinque secoli di cultura tipografica, questo equilibrio è oggi dominato da procedure meccaniche di identificazione facsimilare. Nel nuovo contesto digitale i processi di pattern recognition riassumeranno probabilmente la stessa importanza che avevano nel mondo pre-tipografico. E c'è una certa ironia nel fatto che la nuova cultura delle macchine – ma una cultura di nuove macchine, che Lewis Mumford avrebbe chiamato neotecniche – avrà, oltre a tante altre conseguenze, anche quella di riformare la percezione, che tornerà a essere ciò che in un certo senso è sempre stata, con l'eccezione del pluricolare interludio tipografico: non un'operazione meccanica ma un'estensione organica dell'intelligenza umana.

1. McLuhan commentava nel 1967: "This process whereby every new technology creates an environment that translates the old or preceding technology into an art form, or into something exceedingly noticeable, affords so many fascinating examples I can only mention a few", M. McLuhan, *The Invisible Environment*, "Perspecta", 11, 1967, pp. 163-167: p. 164.

2. Cf. M. Carpo, *Ten Years of Folding*, prefazione alla riedizione, in *Folding in Architecture*, a cura di G. Lynn, London 2004, pp. vii-xiii.

3. *Architectures non standard*, catalogo della mostra, a cura di F. Migayrou e Z. Mennan, Paris 2003.

4. Cfr. W.J. Mitchell, *Antitectonics: The Poetics of Virtuality*, in *The Virtual Dimension. Architecture, Representations, and Crash Culture*, a cura di J. Beckmann, New York 1998, pp. 205-217: pp. 210-212 ("Craft/Cad/Cam") e note relative; Id., *E-topia: "Urban life, Jim, but not as we know it"*, Cambridge (MA) 1999, pp. 150-152 ("Mass Customization") e note relative.

5. Più precisamente, un servizio da tè e da caffè (Alessi Coffee and Tea Towers); cfr. G. Lynn, *Variations calculées*, in *Architectures non standard*, cit., p. 91. Il progetto originale prevedeva 50.000 variazioni, di cui novantanove realizzate, oltre a tre copie d'autore (secondo le informazioni commerciali fornite da Alessi SpA).

6. G. Deleuze, *Le pli: Leibniz et le baroque*, Paris 1988 (ed. ing. *The Fold: Leibniz and the Baroque*, prefazione e traduzione di T. Conley, Minneapolis 1993).

7. Deleuze, *Le pli*, cit., p. 26.

8. Cfr. Plinio, *Naturalis Historia*, 35.64; Cicerone, *De Inventione*, 2.1; Senofonte, *Mirabilia*, 3.10.2. Il topos di Zeusi rimarrà centrale nell'estetica del classicismo rinascimentale e nelle arti figurative almeno fino a Giovanni Pietro Bellori (*Idea*, 1672).

9. R. Krautheimer, *Introduction to an "Iconography of Medieval Architecture"*, "Journal of the Warburg and Courtauld Institutes", V, 1942, pp. 1-33 (2a ed. riveduta in Id., *Studies in Early Christian, Medieval, and Renaissance Art*, New York 1969, pp. 115-150). Le tesi di Krautheimer sono sgradite ad alcuni medievalisti contemporanei.

10. Giovanni Rucellai racconta in una lettera di aver spedito a sue spese un ingegnere e una squadra di aiutanti a Gerusalemme, perché ne tornassero con il "giusto disegno e misura" del Sacello del Sepolcro di Gerusalemme, con lo scopo di farne riscostruire un altro "a quella simiglianza" nella chiesa adiacente al palazzo di famiglia. Questa lettera è oggi ritenuta falsa, ma è stata per secoli creduta vera, ciò che prova che se non era vera, era almeno verosimile. Cfr. M. Carpo, *Verbatim. Paradigmi dell'imitazione architettonica all'inizio dell'età moderna*, comunicazione presentata al convegno *Palladio e le parole*, Vicenza, Centro Internazionale di Studi di Architettura Andrea Palladio, settembre 2002, di prossima pubblicazione; Id., *Alberti's Media Lab*, comunicazione presentata al convegno *Perspective, Projections, Projet. Techniques de la représentation architecturale*, Tours, Centre d'études supérieures de la Renaissance, giugno 2003, di prossima pubblicazione.

11. Cfr. M. Carpo, *L'architettura dell'età della stampa*, Milano 1998 (trad. ing. *Architecture in the Age of Printing: Orality, Writing, Typography, and Printed Images in the History of Architectural Theory*, a cura di S. Benson, Cambridge, MA, 2001).

12. Cfr. G. Lynn, *Classicism and Vitality*, in *Shoei Yoh: In Response to Natural Phenomena*, a cura di A. Iannacci, Milano 1997 pp. 13-16, 67-70.

13. Cfr. Objectile (B. Cache, P. Beaucé), *Vers une architecture associative*, in *Architectures non standard*, cit., pp. 138-139. Gli autori osservano: "nous avons pu expérimenter des situations où l'implémentation de cette logique de composants dans un projet non standard a pu générer des gains de productivité d'un facteur 100 [...]. Ce n'est d'ailleurs qu'à la condition expresse de gains de productivité de cet ordre que l'expression "architecture non standard" a un sens", *ibidem*, p. 138.

14. W. Gibson, *Pattern Recognition*, New York 2003.

15. E. Diller, R. Scofidio, *Pageant* (1997); si veda *Scanning: The Aberrant Architecture of Diller + Scofidio*, catalogo della mostra, a cura di A. Betsky, New York 2003.

ANTOINE PICON

ARCHITETTURA DIGITALE
E POETICHE DEL COMPUTER

L'evoluzione dell'architettura digitale costituisce indiscutibilmente una delle trasformazioni rilevanti che hanno contraddistinto la scena architettonica nel corso degli ultimi vent'anni. Tale evoluzione è stata ampiamente commentata. Non c'è settimana in cui non appaiano libri e articoli sulle relazioni tra computer e architettura. Vivaci dibattiti oppongono i partigiani dell'architettura digitale ai suoi detrattori. Gli uni vi vedono un potenziale creativo di un'ampiezza paragonabile all'avvento della modernità all'inizio del XX secolo, se non addirittura al sorgere di un'architettura nuova in epoca rinascimentale. Gli altri deplorano la dissociazione che sembra prodursi tra progetto e fisicità della costruzione.

Fino a oggi, il nucleo essenziale del dibattito pro o contro l'architettura digitale ha tuttavia riguardato le forme, il valore da accordare ai **blobs** e agli altri **plis** che ritroviamo sotto firme così diverse come quelle di Greg Lynn, UN Studio o Foreign Office. La loro ispirazione baroccheggiante è sinonimo di un vero rinnovamento, come riteneva il critico Herbert Muschamp in una recensione apparsa sul "New York Times", oppure poggia su false premesse come afferma Jorge Silvetti in un recente articolo[1]?

Lasciando da parte questo tipo di domanda, vorremmo qui esaminare un'altra dimensione dell'architettura prodotta con il computer, ossia la relazione complessa che si stabilisce grazie alla macchina tra progetto architettonico e calcolo. Nell'ambito dell'architettura stiamo assistendo precisamente all'emergere di una nuova poetica del calcolo. Quanto meno nella misura in cui il barocchismo ostentato dei **blobs** e dei **folds** – questa poetica dell'architettura – contribuisce a ridefinire alcune categorie della teoria e della pratica architettoniche.

Il rapporto tra l'architettura digitale e la questione del calcolo, si gioca, a nostro avviso, su tre piani diversi. Il primo concerne la forte impressione provocata dal carattere calcolabile delle superfici e dei volumi che appaiono sullo schermo del computer. Tale carattere calcolabile genera un piacere particolare, miscuglio di comprensione e di senso del dominio, ben noto ai matematici messi a confronto con il fascino delle formule. A questo piacere di carattere essenzialmente contemplativo, staremmo per dire ermeneutico, si aggiunge quello prodotto dall'impressione di pilotare flussi geometrici come si pilota un'automobile. A questo livello, la contemplazione cede il posto all'azione o al suo succedaneo digitale. Bisogna infine tener conto del carattere

demiurgico assunto talvolta dal lancio di programmi di calcolo che sembrano imitare la vita. Alla contemplazione e al pilotaggio segue il senso di potenza del creatore che osserva il dispiegamento di un mondo inventato.

A questo primo livello, la poetica del calcolo resta fedele all'intuizione di una verità che si tratterebbe di circoscrivere con il massimo di precisione, sia che ciò avvenga attraverso la contemplazione, l'azione o l'invenzione. Ma il computer possiede ben altre risorse. Esso si inscrive in particolare nella lunga storia dei dispositivi che consentono di creare l'illusione della realtà. Si trovano qui coinvolte contemporaneamente la questione del virtuale e quella del suo statuto. La poetica del calcolo che impregna l'architettura digitale si gioca simultaneamente sotto le specie della verità e del contrario della verità.

La poetica del calcolo solleva infine la difficile questione dei rapporti tra la necessità e il caso. Uno dei paradossi della scienza e della tecnologia del XX secolo consiste nell'aver rovesciato i rapporti tradizionali tra necessità e caso, rapporti fondati sulla presenza del caso al centro di un mondo essenzialmente ordinato. Dai primi passi della meccanica quantica alle teorie del caos, è ormai l'ordine a poggiare su fondamenti aleatori. La cultura digitale fa parte a suo modo di questo rovesciamento le cui conseguenze cominciano lentamente a rivelarsi. La disciplina architettonica che si è mostrata fin qui fedele agli ideali di controllo e di previsione, può ispirarsi a questo rovesciamento per rinnovarsi in profondità?

ARCHITETTURA E CALCOLO DA VITRUVIO AL MODO DELLA CIBERNETICA

Fino a non molto tempo fa, l'associazione tra termini quali poetica e calcolo era lungi dall'essere scontata. La ragione di questo fatto stava nel divorzio tra le due "culture" che la prima rivoluzione industriale aveva portato con sé[2]. Allontanando progressivamente le scienze e le tecniche dalle arti e dalla cultura umanistica, la società industriale aveva fatto del calcolo l'esatto opposto dell'ispirazione poetica. Per quanto la pittura o la poesia facessero appello a regole il cui uso poteva essere assimilato a una forma di calcolo, la creazione artistica non perciò sembrava meno lontana dallo spirito di rigore richiesto dalla ricerca scientifica e tecnologica.

Una simile situazione risultava particolarmente delicata per l'architettura, che per secoli aveva pog-

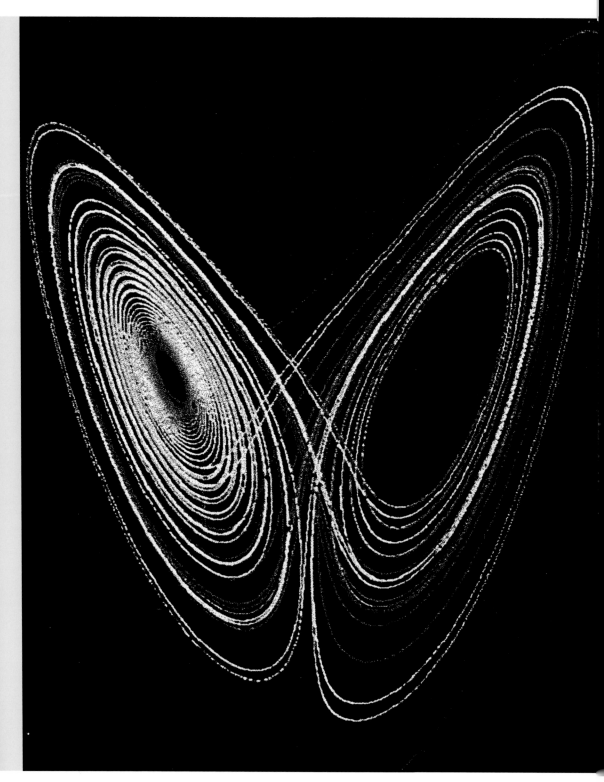

FIG. 1. *Strange Attractor*
di Lorenz.

giato sull'uso di proporzioni e di costruzioni geometriche considerate come un contributo alla bellezza degli edifici. La disciplina architettonica sembrava inseparabile dal calcolo. D'altronde Vitruvio non esigeva forse che l'architetto fosse in possesso di conoscenze matematiche? Situata a metà strada tra le arti e le scienze, la disciplina architettonica si era trovata in qualche modo sospesa nel vuoto, quando si era aperto il fossato fra le "due culture".

Si comprende così meglio l'entusiasmo con il quale numerosi architetti negli anni cinquanta e sessanta avevano accolto i primi sviluppi del computer e le prospettive aperte dalla cibernetica, dalla teoria dei sistemi e dai contesti elettronici. Dopo essere stati arbitrariamente separati, il calcolo e l'ispirazione artistica sembravano avvicinarsi nuovamente l'uno all'altra, come con insistenza suggeriva Gyorgy Kepes in diversi articoli, tra cui **The New Landscape in Art and Science**[3]. L'architettura digitale odierna continua a ispirarsi ai temi esplorati in questo periodo da teorici ed esperti come Christopher Alexander, Cedric Price o Yona Friedman: temi quali la possibilità di concepire il progetto in termini d'informazione e di programma o la fecondità dell'interazione tra possibilità di calcolo e determinazione della forma.

IL FASCINO DELLE FORMULE E L'EBBREZZA TOPOLOGICA

Nonostante questa eredità, può sembrare eccessivo annettere l'architettura digitale contemporanea al tema del calcolo, se teniamo presente il carattere spesso superficiale dei riferimenti alle matematiche e ai loro principali protagonisti. Non si finirebbe mai di elencare le approssimazioni e le inesattezze degli uni e degli altri, dall'abuso del qualificativo "non euclideo" a proposito di qualunque tipo di costruzione geometrica, ai controsensi cui la topologia è spesso soggetta. Anche se manipolano programmi talvolta molto complessi, gli architetti non sono diventati matematici.

Bisogna tuttavia guardarsi dal passare da un estremo all'altro, sottovalutando il fascino esercitato dal cocktail di complessità e di calcolabilità proposto dal computer agli utenti. La calcolabilità delle superfici e dei volumi apparentemente più disparati sembra agire come un euforizzante. Gli architetti contemporanei rivivono, senza averne sempre consapevolezza, la stessa esaltazione per la percezione di un ordine nascosto provata dal

discepolo di Vitruvio nel constatare il potere delle proporzioni. Questo piacere essenzialmente ermeneutico, in fondo, è proprio così differente da quello che prova il matematico nel momento in cui scopre la bellezza della struttura sottostante a un problema, o da quello del fisico nel momento in cui riesce a mettere assieme i dati sparsi dell'esperienza attraverso un'unica formula? Si comprende meglio, così, la seduzione esercitata su numerosi designer contemporanei dalla teoria dei sistemi dinamici, capace di rendere conto dell'ordine sotterraneo che regge fenomeni in apparenza caotici, dal clima alla statistica degli universi[4]. Con la loro geometria frattale, i sostenitori stranieri di questa teoria sembrano offrire l'espressione più sorprendente del potere ordinatore della mente, potere che l'architettura, nei suoi fondamenti, non ha mai cessato di far valere (FIG. 1).

L'architettura digitale riscopre il fascino della formula, un fascino che funziona tanto sugli specialisti quanto sui neofiti, situandosi l'architetto, come al solito, tra l'uno e l'altro, né matematico, né completo filisteo, ma mente curiosa che si muove al confine dei saperi come un cacciatore che batte le macchie boschive. Per qualificare il piacere della calcolabilità, il teorico o lo storico dell'architettura si trova generalmente privo di strumentazione. Bisogna dire che l'epistemologia e la storia delle scienze in quanto tali non hanno affrontato che marginalmente la questione della bellezza delle formule, delle dimostrazioni e degli algoritmi. Tra i grandi classici della filosofia e della storia delle scienze dell'inizio del XX secolo, solo Pierre Duhem ha realmente preso nella giusta considerazione la seduzione esercitata dalla formalizzazione scientifica in **La théorie physique**[5]. Nonostante il forte sviluppo conosciuto dalla storia culturale delle scienze nel corso degli ultimi vent'anni, sembrerebbe che ancor oggi sopravviva una qualche difficoltà nel filosofo o nello storico delle scienze a riconoscere l'importanza del piacere estetico provocato dal raccogliersi dell'esperienza attorno a equazioni concise come un abito attillato. Quanto al godimento generato dall'uso ripetuto di formule, bisogna dire che esso è qualcosa di ancora più estraneo a questi studiosi.

Eppure, nel caso dell'architettura, le formule importano meno del risultato. Se il potere di esibire l'equazione e di giocare sulla parametrizzazione delle superfici e dei volumi si accompagna a un piacere

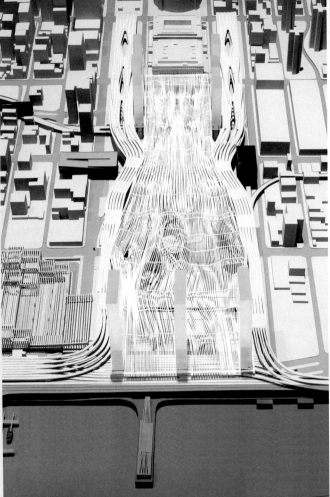

FIGG. 2, 3. (a sinistra) Reiser & Umemoto, RUR Architecture P.C., West Side Convergence, concorso della IFCCA per la progettazione di città, 1999.

FIG. 4. (in alto a destra) Christa Sommerer e Laurent Mignonneau, *Interactive Plant Growing*, 1992, installazione digitale interattiva. Karlsruhe, Collezione del ZKM Media Museum. © Christa Sommerer, Laurent Mignonneau.

FIG. 5. (in basso a destra) Karl Chu, immagini di superfici generatrici per il progetto X Phylum, da Alicia Imperiale, *Nuove bidimensionalità: tensioni superficiali nell'architettura digitale*, Torino, Testo & Immagine, 2001.

specifico, il principale motivo di soddisfazione dell'architetto digitale risiede nella sua capacità di generare geometrie complesse. Più precisamente, il piacere in questione dipende più dal pilotaggio che dalla generazione nel senso classico del termine. Perché l'architetto agisce spesso su flussi geometrici che egli orienta a mo' di traiettorie. Invece di scolpire la forma, egli negozia curve e biforcazioni sulla via che porta alla definizione.

Il calcolo informatico si fregia così di un carattere dinamico che rafforza ulteriormente l'uso di software come Softimage, 3D Studio Max o Maya, sostituendo alle coordinate cartesiane una modellatura a base di curve di Bézier o NURBS (Non-Uniform Rational Bézier Spline curves) molto più sensibile agli effetti di animazione, per riprendere l'espressione di Greg Lynn[6]. Dalle matematiche all'architettura digitale, certi slittamenti concettuali che si sarebbe tentati d'interpretare come controsensi, diventano in questo modo chiari. Si comprende meglio ad esempio perché gli architetti definiscano la topologia in termini di deformazioni controllate, mentre ad attrarre l'attenzione dei matematici siano le invarianti.

Al piacere essenzialmente contemplativo della formula, al fascino dell'effetto di riconoscimento di un ordine soggiacente, si aggiunge l'ebbrezza di una specie di velocità topologica che il computer permette di dominare allo stesso modo in cui il pilota d'aereo, l'automobilista o lo sciatore controllano la traiettoria del loro percorso. In numerosi casi, dal West Side Master Plan di Jesse Reiser e di Nakano Umemoto al Terminal di Yokohama di Foreign Office, il progetto sembra del resto confondersi con la materializzazione di questa velocità. Esso assume così andamenti di flusso stereotipato (FIGG. 2, 3).

I VOLI DELLA CREAZIONE

Alcuni utenti dell'informazione tentano di andare ancora più in là, proponendosi di sondare i misteri della vita quasi come dei neo-Frankenstein. Il computer non è una macchina qualunque. Può simulare mondi in perpetua evoluzione. Se definiamo l'automatismo, come fa il filosofo Pierre Naville, come l'espressione privilegiata, il concentrato, la formula di "quella generalità spontanea che anima l'universo"[7], il computer rappresenta la macchina automatica per eccellenza, quella i cui processi sono suscettibili di avvicinarsi maggiormente alla forma più alta della spontaneità operante nella natura: alla vita organica nelle sue diverse forme.

Tra la fine degli anni ottanta e l'inizio degli anni novanta, vedevano la luce i primi progetti di vita artificiale come il Tierra Synthetic Life Program[8]. Artisti come Christa Sommerer e Laurent Mignonneau non avrebbero tardato a impadronirsene con realizzazioni come **Interactive Plant Growing** del 1992[9] (FIG. 4). Perché non trasporre i principi di codificazione genetica, di crescita cellulare, di mutazione e di selezione naturale all'architettura? Al seguito di pionieri come John Frazer[10], che aveva collaborato al progetto **Generator** di Cedric Price, numerosi architetti hanno valicato il passo. Ricordiamo ad esempio Karl Chu e la sua ricerca di una "architettura genetica" capace di assumere su di sé certe caratteristiche del vivente (FIG. 5).

Nel testo di presentazione di un seminario tenuto alla Graduate School of Architecture, Planning, and Preservation dell'Università della Columbia, Chu non fa misteri del metodo e dei fini di una simile ricerca, proponendo agli studenti "to design a new model of library that is an expression of a digital monad: a web of interconnections or an inconsistent multiplicity which grows and self-organizes itself out of random mutations of codes"[11].

Con questo genere di progetto, la poetica del calcolo diventa **poiesis** nel senso forte del termine: un'arte della generazione che flirta apertamente con le prerogative del creatore così come quest'ultimo è concepito dalle religioni e dalle mitologie. A rafforzare la figura del Dio creatore o del demiurgo, concorre anche l'immagine del manipolatore di geni volgarizzata dalla stampa. Dando il via ad algoritmi come si avviano culture batteriche in un laboratorio di biologia, vera riattualizzazione del Frankenstein di Mary Shelley, l'architetto diventa il demiurgo di un mondo di forme in perpetua evoluzione, mondo che potrebbe anche non stabilizzarsi mai.

Infatti il problema che l'architetto digitale incontra abbastanza sistematicamente dipende dalla non convergenza dei processi che egli provoca, si tratti di un semplice flusso o di una crescita meta-organica. Perché fermarsi in un determinato punto della traiettoria, in un determinato istante dell'evoluzione? Non tutte le traiettorie finiscono per accumularsi attorno a un unico punto; molte evoluzioni non conducono a uno stato finale stabile. Dopo aver recitato la parte del conducente di deformazioni geometriche o del creatore del mondo, l'architetto deve decidersi a fissare le cose. La necessità del calcolo può allora sfociare sulla singolarità della forma.

Rimane il fatto che la scelta si rivela spesso difficile da giustificare. Le superfici e i volumi del calcolo informatico sfuggono così ai criteri estetici usuali. Si comprende meglio il turbamento che tali superfici e volumi provocano in chi possiede solo un'idea confusa del processo che li ha fatti nascere. La loro complessità sembra spesso gratuita, come se l'uso del computer si rivelasse contrario alla definizione di regole degne di questo nome. È vero che il fascino esercitato dalla macchina e dal suo potere prevale in molti casi sulla riflessione propriamente architettonica. Il paradosso della calcolabilità delle forme consiste nel provocare un profondo dubbio sulla loro necessità.

L'INTERFACCIA, TRA ILLUSIONE E DISINCANTO

Un altro paradosso della calcolabilità consiste nell'intrattenere legami stretti – cosa che avviene già da tempo – con l'illusione. La prospettiva non è forse il frutto di una costruzione geometrica che può essere assimilata a un calcolo[12]? Dal cinema alle arti plastiche, la realtà virtuale appare come sua erede. Gli architetti ne fanno uso sempre più frequente, sia a livello della concezione sia a quello della presentazione del progetto.

Fino al XIX secolo e all'invenzione del panorama, gli ambienti naturali in cui lo spettatore era immerso gli offrivano frequentemente la possibilità di prendere le distanze dall'illusione. Il piacere procurato da quest'ultima poggiava sul via vai della mente dello spettatore tra illusione e disillusione. Tutta l'arte della scenografia rinascimentale e soprattutto barocca consisteva nel suscitare la vertigine accelerando l'oscillazione tra questi due poli. Certe statue di marmo o di stucco sembravano uscire dagli affreschi dei muri e dei soffitti. Dopo un breve attimo di esitazione, lo spettatore avrebbe dovuto riconoscere il carattere teatrale del processo (FIG. 6). L'uso della prospettiva anamorfica da parte di André Le Nôtre si ispirava a questo stesso principio di oscillazione tra l'illusione e il suo contrario. A Sceaux o a Versailles, il visitatore passava di continuo dall'uno all'altro[13]. L'incanto veniva rafforzato dalla sua denuncia così come accade per un colore o per un sapore ravvivati dai loro insiemi complementari.

Sul modello del panorama e della sua ricerca del "realismo", gli ambienti a immersione del XIX secolo avevano tentato di rompere con quel principio al fine di immergere gli spettatori in un'illusione quasi perfetta. Dopo qualche tentativo, il cinema nascente avrebbe presto seguito le loro orme. Curiosamente, la realtà virtuale sembra oggi aver rinnovato i legami con le complesse strutture delle illusioni rinascimentali e barocche. Nonostante superficialmente sembri opposta a qualunque effetto disillusorio, la sua propria perfezione porta lo spettatore a mettere in dubbio il grado di realtà di ciò che osserva. A questo proposito è sintomatico vedere il cinema hollywoodiano spingere il principio della falsificazione numerica fino al punto in cui diventa improbabile. Più ancora che il cinema, l'arte virtuale fa leva su questo limite che separa l'impressione della realtà dal riconoscimento dell'illusione, sia che se ne traggano effetti puramente poetici, come Char Davies in **Osmose** (FIGG. 7-10), sia che si voglia suscitare una presa di coscienza critica come fa Maurice Benayoun nel suo **World Skin**, vera denuncia dei legami che uniscono immagine meccanica e mondo della violenza e della guerra[14] (FIG. 11).

L'uso della realtà virtuale da parte degli architetti non si limita del resto alle questioni di rappresentazione e di resa. Quasi tutti i teorici e i critici concordano nel predire all'architettura dell'era digitale una funzione di interfaccia tra i due mondi del reale e del virtuale, dei corpi di carne e dei corpi elettronici, per dirla con Toyo Ito[15]. Tuttavia, pochissimi hanno sottolineato la nuova instabilità dello sguardo che si delinea oggi alla frontiera fra questi due mondi. Tale frontiera, i cui progetti molto differenti tra loro, come la mediateca di Sendai di Ito e il Virtual New York Stock Exchange di Asymptote, esplorano i contorni, ognuno a proprio modo, potrebbe rivelarsi ben più dinamica e instabile di quanto non ci si immagini. Sulla scia del cinema contemporaneo e dei suoi effetti tanto speciali da divenire sospetti, ispirandosi a ciò che l'arte virtuale già da oggi sta compiendo, una delle risorse dell'architettura digitale consiste forse nell'impadronirsi di questo carattere dinamico e instabile per trarne degli effetti inediti. Ciò sarebbe suscettibile di fornire una ragione in più per stabilire un parallelo tra l'età barocca e l'età digitale, una ragione forse più convincente di quanto lo sia la complessità formale solitamente avanzata sulle orme di Muschamp.

CONTROLLO E CASO

È sorprendente constatare fino a che punto la pratica degli architetti digitali rimanga fedele al tema del

FIG. 6. L. Bossi, Decorazioni
in stucco dello scalone della
Würzburg Residenz, 1764–66, da
Paolo Portoghesi, Luca
Quattrocchi e Folco Quilici,
Barocco e liberty: lo specchio
della metamorfosi, Trento,
Luigi Reverdito Editore, 1986
(foto Folco Quilici).

FIG. 7. (in alto a sinistra e a destra) Char Davies, *Immersant* visto attraverso lo schermo delle ombre durante la performance dal vivo di ambienti virtuali "immersivi" *Ephémère*, 1998. © Char Davies.

FIG. 8. (in basso a sinistra) Char Davies, *Immersant* su HMD (casco per realtà virtuale) utilizzato durante la performance dal vivo di ambienti virtuali "immersivi" *Osmose*, 1995, e *Ephémère*, 1998. © Char Davies.

FIG. 9. (in centro a destra) Char Davies, *Forest Grid*, fotogramma digitale catturato in tempo reale tramite HMD durante la performance dal vivo di *Osmose*, 1995. © Char Davies.

FIG. 10. (in basso al centro) Char Davies, *Subterranean Earth*, fotogramma digitale catturato in tempo reale tramite HMD durante la performance dal vivo di *Osmose*, 1995. © Char Davies.

controllo assoluto, sia che si tratti di determinare con precisione le forme, sia che si tratti di prevedere in dettaglio il modo di realizzarle. Dopo aver integrato le rivoluzioni concettuali della meccanica quantica e della teoria dei sistemi dinamici, la cultura digitale tende a sottolineare gli stretti legami che uniscono i temi del calcolo e dell'aleatorio, o anche quelli della necessità e del caso, per riprendere la celebre opposizione di Jacques Monod[16]. L'aleatorio non è più, come all'epoca di Laplace e del suo **Essai philosophique sur les probabilités**, un epifenomeno legato alla finitudine del soggetto conoscente sulla superficie di un universo determinato da leggi immutabili[17]. Esso si situa ormai nel cuore del mondo, come condizione che consente all'ordine di emergere e di propagarsi[18].

Tale mondo è segnato da curiosi effetti di inversione. Sottomessi a ogni genere di formula, interamente informatizzati, i mercati finanziari diventano imprevedibili. A forza di sondaggi sempre più precisi, i risultati elettorali appaiono nondimeno incerti. All'inverso, i disordini apparenti dell'atmosfera rivelano la presenza di un ordine nascosto, anche se esso non è prevedibile più di quanto lo sia il corso del dollaro o dello yen o il nome del prossimo presidente degli Stati Uniti.

All'interno di un mondo del genere, non ci sarebbe da sorprendersi se gli architetti digitali si proponessero di esplorare le connivenze che intercorrono tra il controllo e il suo contrario, tra la previsione e l'accidente, anche senza parlare delle catastrofi care a Paul Virilio[19]. Non ci sarebbe inoltre da stupirsi se l'aleatorio venisse a occupare uno spazio maggiore nei loro progetti, così come i musicisti e gli artisti hanno fatto sulle orme di John Cage. Impossibile però non constatare che a prevalere piuttosto sistematicamente è l'ideale del controllo. Sotto l'apparenza di aver cura della variabilità quasi infinita delle soluzioni possibili, il "non standard" al quale aspirano "creativi" come Bernard Cache o Mark Goulthorpe ha un bel flirtare di tanto in tanto con l'aleatorio: esso si guarda bene dal cedere alle sirene dell'indeterminazione[20] (FIG. 12). L'animazione delle forme di Greg Lynn è anche meno aperta. Forse solo gli algoritmi di Karl Chu sembrano accordare un posto significativo all'aleatorio, benché sia anche possibile dubitarne, tanto intenso resta il desiderio di controllare tutto.

Da Nicolas Schöffer a Cedric Price, l'architettura cibernetica degli anni sessanta e settanta era probabilmente più aperta su questa dimensione della poetica del calcolo[21]. Questo precedente storico tende a provare che è teoricamente comprensibile che l'architettura si impadronisca, dopo la musica e le arti plastiche, di uno dei temi fondamentali della cultura digitale contemporanea.

Tra gli architetti, in definitiva, la poetica del calcolo non ha ancora trovato il suo pieno sviluppo. La ragione di ciò va forse ricercata nella concezione troppo limitativa di quel che la calcolabilità implica. Oggi, quest'ultima non è più necessariamente sinonimo di trasparenza e di verità. Grazie al computer, il calcolo opera e trasforma, ma non sempre spiega. C'è qualcosa di magico in questa successione di operazioni e di trasformazioni. Ricreare un mondo incantato in seno alla fitta trama delle basi di dati e di formule, è uno dei paradossi – non tra i meno importanti – della modernità. Fino a ora gli architetti hanno intuito questa magia senza accettarne tutte le conseguenze.

1. H. Muschamp, *When Ideas Took Shape and Soared*, "New York Times", 26 May 2000, sez. B, p. 32; J. Silvetti, *The Muses are Not Amused: Pandemonium in the House of Architecture*, "Harvard Design Magazine", 19, Fall 2003-Winter 2004, pp. 22-33.
2. Cfr. su questo punto *Picturing Science, Producing Art*, a cura di P. Galison e C. Jones, New York 1998.
3. G. Kepes, *The New Landscape in Art and Science*, Chicago 1956. Su Kepes cfr. R. Martin, *The Organizational Complex: Architecture, Media and Corporate Space*, Cambridge (MA) 2003.
4. Cfr., ad esempio, J. Gleick, *Chaos: Making a New Science*, New York 1987, trad. it. di L. Sosio, Milano 1989; *Chaos et déterminisme*, a cura di J.-L. Chabert, K. Chemla e A. Dahan-Dalmedico, Paris 1992.
5. P. Duhem, *La théorie physique: son objet, sa structure*, Paris 1906, rist. Paris 1981; ed. it. *La teoria fisica: il suo oggetto e la sua struttura*, a cura di S. Petruccioli, trad. di D. Ripa di Meana, Bologna 1978. Sulle concezioni epistemologiche di Duhem, si potrà consultare A. Brenner, *Duhem, Science, réalité et apparence: la lelation entre philosophie et histoire dans l'œuvre de Pierre Duhem*, Paris 1990.
6. G. Lynn, *Animate Form*, New York 1999.
7. P. Naville, *Vers l'automatisme social*, Paris 1963, p. 228.
8. R. Lewin, *Complexity: Life at the Edge of Chaos*, New York 1992.
9. Si può trovare una riproduzione di questo progetto in J. Stallabrass, *Internet Art: The Online Clash of Culture and Commerce*, London 2003, pp. 149-152.
10. J. Frazer, *An Evolutionary Architecture*, London 1995.
11. K. Chu, *The Recursive Library: Library of the Turing Dimension*, Spring 2003, http://www.arch.columbia.edu/gsap/19212.
12. Cfr. su questo tema A. Pérez-Gómez, L. Pelletier, *Architectural Representation and the Perspective Hinge*, Cambridge (MA) 1997.
13. Cfr., ad esempio, G. Farhat, *Optique topiaire: l'art topiaire des merveilles de l'optique dans les Jardins de Le Nôtre*, tesi di laurea, École d'Architecture de Belleville, Paris 1994.
14. Si può trovare una riproduzione di questi progetti in O. Grau, *Virtual Art: From Illusion to Immersion*, Cambridge (MA) 2003, pp. 193-202, 236-240.

FIG. 11. (in basso a destra) Maurice Benayoun, Istantanea da *World Skin: A Photo Safari in the Land of War Virtual Reality*, installazione di macchine fotografiche e stampante.

© Maurice Benayoun, AEC 1997.

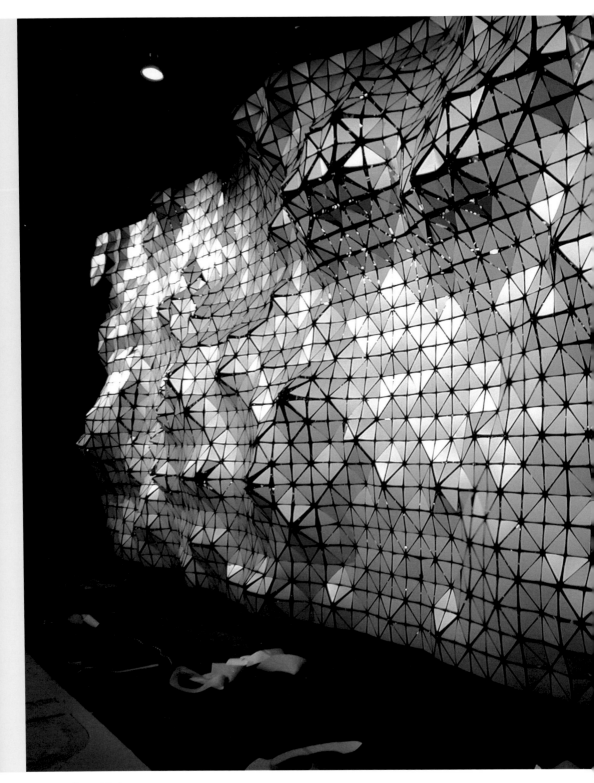

FIG. 12. Bernard Cache e
Mark Goulthorpe, *Aegis
Hyposurface*, 2000. Courtesy
dECOi e "Praxis: Journal of
Writing+Building".

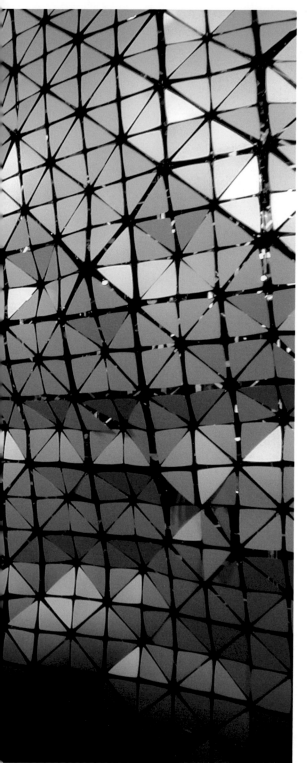

15. Toyo Ito, *Tarzans in the Media Forest*, "2G", 2, 1997, pp. 121-144, in particolare p. 132.

16. J. Monod, *Le hasard et la nécessité: essai sur la philosophie naturelle de la biologie moderne*, Paris 1970.

17. P.S. Laplace, *Essai philosophique sur les probabilités*, Paris 1814, in particolare p. 2.

18. Cfr. I. Prigogine, I. Stengers, *La nouvelle alliance: métamorphose de la Science*, Paris 1979.

19. P. Virilio, *Ce qui Arrive*, Paris 2002.

20. Cfr. *Precise Indeterminacy*, intervista a Mark Goulthorpe, "Praxis: Journal of Writing+Building", 6, 2004, pp. 28-45.

21. Cfr. Ad esempio F. Nantois, *La révolution informationnelle en architecture (de 1947 à nos jours): de la cybernétique au cyberespace*, tesi di dottorato non pubblicata, Paris, Université de Paris VIII-Vincennes-Saint-Denis, Institut Français d'Urbanisme, 2002.

Tradotto dal francese da Alberto Folin

HANI RASHID
MORPHING IL SUBLIME

In macchina verso Manhattan da Long Island, John Cage e Robert Rauschenberg assistettero a uno spettacolare tramonto rosso sangue, che spinse immediatamente Cage a esclamare, nel suo indimenticabile modo, che quello che avevano di fronte era un preciso e meraviglioso incidente della natura. Rauschenberg ci pensò su un momento e poi asserì che la scena era indiscutibilmente meravigliosa, ma che per qualche motivo il rosso era "sbagliato". Questo disputare sulla "realtà" tra due giganti dell'arte del XX secolo è per molti aspetti illustrativo del momento in cui ci troviamo a muoverci oggi. Mentre navighiamo in uno spazio basato sulla rete e sull'informazione, diventiamo sempre più consapevoli delle nuove possibilità nell'ambito della percezione e dell'accrescimento dello spazio mentre gli ambienti che concepiamo e attraversiamo sono sempre più intrisi del nostro arsenale di strumenti e di mezzi digitali. È proprio per questa competenza continuamente "acquisita" che la spazialità − e dunque di conseguenza per estensione l'architettura − si trova in uno stato di cambiamento radicale.

Poiché l'uso del computer è divenuto pervasivo, ed è entrato in ogni aspetto della disciplina architettonica, la promessa di sempre maggiore efficienza e capacità di controllo sugli aspetti procedurali prolifera. Nel concettualizzare, immaginare, rappresentare e produrre architettura ci volgiamo sempre più verso il digitale in tutte le sue forme. Per un numero sempre maggiore di architetti il computer sta di fatto diventando uno strumento talmente indispensabile che si assiste alla comparsa di una serie di lavori che possono essere realizzati solo con strumenti digitali algoritmici. Anche nelle situazioni più tradizionali, è al digitale che, in una forma o nell'altra, ci si rivolge per analizzare strategie formali, flussi spaziali, condizioni spazio-temporali ed efficacia programmatica nonché ogni aspetto che possa essere "visualizzato" graficamente o numericamente. Gli strumenti digitali a nostra disposizione ci permettono di tradurre il puramente concettuale in attualizzazioni plastiche. La tecnologia oggi disponibile − come ad esempio strumenti laser per il taglio, fresatrici multiassiali capaci di ritagliare qualsiasi forma in qualsiasi materiale o le stampanti tridimensionali − fino a poco tempo fa era fantascienza. Per quanto sacrilego possa sembrare a tanti architetti, oggi lo schizzo un tempo onnipotente tracciato a mano e il modellino costruito artigianalmente vengono sempre più soppiantati da processi in grado di tradurre immediatamente le idee in schizzi animati digitalmente e in modellini stereolitografati, prototipi stampati e componenti fabbricate digitalmente in scala 1 : 1.

DALLA PENNA ALLO SPLINE

Progetti recenti come il Wolfsburg Science Centre di Zaha Hadid e il JVC Cultural Centre proposto per Guadalajara, in Messico, dalla Coop Himmelb(l)au sono per molti versi emblematici della transizione dall'analogico al digitale cui oggi si assiste. Nel caso di questi architetti in particolare l'esplosiva liberazione di infinite "visioni" latenti che da vent'anni o più erano rimaste in agguato dietro seducenti acquerelli, gouache e schizzi casuali "automatizzati", sono oggi opere costruite a tutti gli effetti e che fanno molto ricorso a un sofisticato software di modellazione e di animazione. Le prime opere di questi architetti, espressioni formali e grafiche di un'architettura antigravitazionale e smaterializzata, erano in qualche modo predisposte per le potenzialità delle tecnologie digitali soprattutto a livello concettuale e di "schizzo". Sia Hadid che la Himmelb(l)au, e forse più degli altri loro contemporanei, hanno proceduto senza soluzione di continuità dalle tecniche di rappresentazione "analogica" a lavori ispirati e prodotti con tecniche "digitali" nel corso di un'epoca di transizione che va dalla metà degli anni novanta del secolo scorso a oggi. Un primo esempio di questo tipo è l'Eastern Pavilion del Groningen Museum che la Coop Himmelb(l)au ha costruito in Olanda nel 1996. In quel caso l'opera deve molto, se non esplicitamente almeno per associazione, alle prime versioni del software per la manipolazione grafica e fotografica tipo Photoshop™ e Illustrator™. Le sovrapposizioni degli schizzi a mano libera della Himmelb(l)au disperse sopra grandi superfici di acciaio e vetro sono di fatto "texture maps", un procedimento assai comune in ogni oggetto prodotto digitalmente. Anche la giustapposizione disgiuntiva di elementi volumetrici e di altri bidimensionali che deriva dal loro pedigree decostruttivista, insieme all'ampio uso di colori policromatici, sembra più relativo alle possibilità del software grafico che al tempo erano una novità. Se paragoniamo questo al progetto attuale della Himmelb(l)au per l'Event and Delivery Centre della BMW a Monaco, per esempio, non si può non rimanere colpiti dall'evoluzione radicale del loro recente lavoro su percorsi influenzati dal digitale. Nel corso di sette anni, con l'avvento del software tridimensionale complesso e il sostanziale

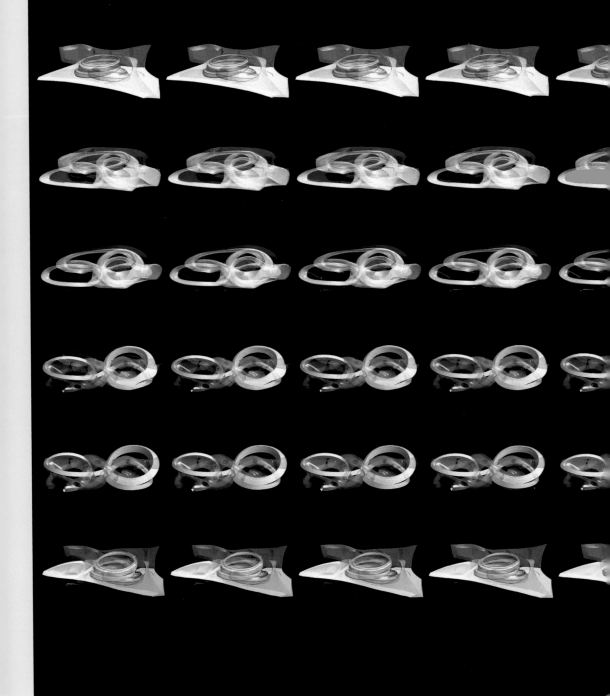

FIG. 1. Oggetti virtuali tridimensionali per esporre opere digitali
e internet presso il Virtual
Guggenheim Museum di
Asymptote. Courtesy Asymptote.

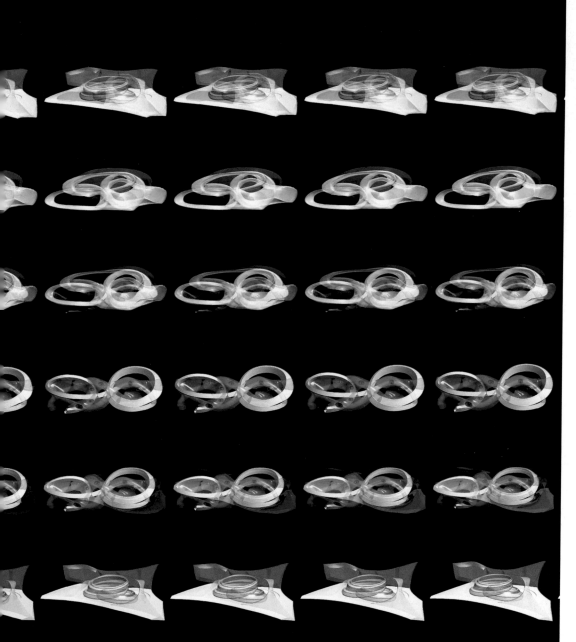

potenziamento dei calcolatori, la Himmelb(l)au ha prodotto un'architettura sempre più vicina agli assemblaggi "virtuali". Il progetto per la BMW, un'immensa struttura come una nuvola galleggiante sospesa su una superficie continua, senza giunti, sulla copertura più esterna del tetto sembra essere stata deliberatamente progettata per ridimensionare l'espressività strutturale. Quest'opera architettonica è una vivida dimostrazione di quello che oggi siamo in grado di evocare con gli strumenti di visualizzazione di cui disponiamo.

La traiettoria del lavoro di Zaha Hadid segue un'analoga direzione in relazione alla rappresentazione e digitalizzazione tramite computer. Pensando a come la Vitra Fire Station di Hadid, costruita nel 1994, si trasfiguri e subisca metamorfosi nel corso del tempo e con il software giusto a disposizione si può facilmente arrivare al Guggenheim Museum per Taichung City a Taiwan. La procedura "analogica" delle forme geometriche cumulative sovrapposte e composte come elementi discreti di tipo vettoriale, evidente nell'edificio Vitra, si è ora trasformata in superfici fluide e topograficamente intrecciate che confondono i confini di forma, spazio e struttura in un'unica continua e ininterrotta entità. Quest'evoluzione deve molto non solo alle attuali possibilità di mutare, trasfigurare e "fondere" virtualmente la forma ma anche alla convergenza degli strumenti digitali con un corpus di lavoro teoretico e sperimentale.

SUPERFICI PER FORMARE
UNA MATERIALITÀ SMATERIALIZZATA

Altrettanto interessati a sfidare gli aspetti materiali percepiti dello spazio architettonico, l'architetto giapponese Kazuyo Sejima e il suo studio SANAA cercano un'architettura di estrema leggerezza e trasparenza visiva e spaziale. A differenza di tanti suoi contemporanei come Steven Holl, John Pawson, Dominique Perrault e David Chipperfield che, tutti, continuano a seguire la linea modernista, Sejima si distingue per le sue continue e ossessive investigazioni sullo spazio come serie di stratificazioni di infinite trasparenze e semitrasparenze. La sua architettura di spazi stratificati e antisettici contiene in sé la genealogia del digitale e sembra essere pensata decisamente in contrasto con gli interessi fenomenologici o minimalisti dei suoi contemporanei che esplorano spazialità apparentemente simili. È però interessante riconoscere che quest'architetto orientato verso il "digitale" utilizza ancora mezzi analogici,

come plastici di poliplatt, mentre aderisce religiosamente alla geometria cartesiana. Ma il suo tentativo continuo di cancellare e negare lo spazio attinge a una realtà sublime e pressoché virtuale. Il Contemporary Art Museum di Kanazawa, in Giappone, è una meditazione efficace e potente sul passaggio dai programmi alla forma attraverso un gioco spaziale di tipo numerico e volumetrico, non diverso da un gioco d'azzardo. Il risultato presenta forti affinità con quanto è noto nella rappresentazione tridimensionale della realtà virtuale come "billboarding" o "transparency mapping". Forse il modo migliore di illustrare i flussi spaziali e gli "effetti visuali" di Sejima è quello di paragonare la strana somiglianza degli interni e dell'organizzazione del museo di Kanazawa al gioco da tavolo elettronico usato come set virtuale nel film digitale "cult" del 1982, **Tron**. Qui i personaggi del film si spostano da eventi in tempo reale a paesaggi di realtà virtuale attraversando una griglia di soglie e "portali" elettronici. Per Sejima questi momenti di spostamento nello spazio fisico permettono al visitatore di aggirarsi virtualmente attraverso le stanze mentre il corpo si muove su un'altra, diversa traiettoria. Possiamo sperimentare i suoi strani e infiniti layout spaziali perché siamo ormai abituati allo spazio familiare della "elettrosfera" in tutte le sue manifestazioni odierne.

Anche i lavori recenti di Jacques Herzog e Pierre de Meuron debbono molta parte della loro analisi quasi fanatica del **texturing** e della modulazione delle superfici, giustapposizione delle immagini e più di recente **mapping** tridimensionale delle superfici, alle influenze e ispirazioni della visualizzazione al computer. La loro architettura sembra includere continuamente il gioco ottico in una forma o nell'altra, dalle facciate di edifici per uffici che funzionano come dispositivi di rispecchiamento alle illusioni ottiche di veli di materiale fotografico costruito o ai fenomeni naturali in materiali che vanno dalla pietra al muschio. Questa "pelle" degli edifici può essere intesa come una preoccupazione e un gioco tra realtà e virtuale dal punto di vista della percezione. Per Herzog & de Meuron più banale e standard è il materiale costruttivo, maggiori sembrano essere le possibilità di confrontare la dialettica del reale con quella del simulato. Per tanti versi i film di Michelangelo Antonioni, come il suo capolavoro del 1967, **Blow Up**, hanno a che fare con una situazione altrettanto ossessiva in cui la realtà è tagliata e montata sbrogliando ciò che è reale da ciò che è falso. Non è

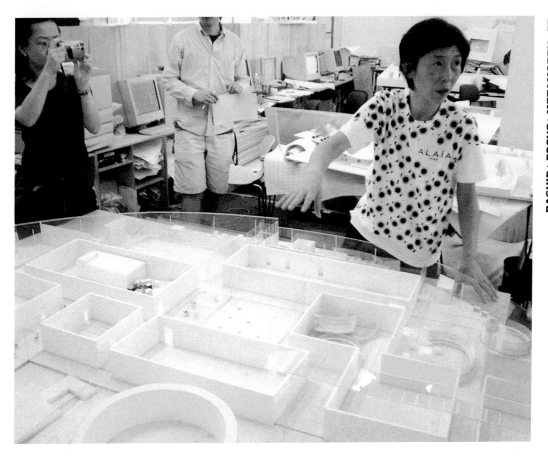

FIG. 3. Le finestre simili a delle lenti del negozio Prada a Tokyo di Herzog & de Meuron (foto Hani Rashid).

FIG. 4. Toyo Ito, Mediateca di Sendai. Un'architettura ibrida tra flusso spaziale e diagramma strutturale (foto Hani Rashid).

un caso che Herzog & de Meuron si siano trovati a incorporare sopra e dentro il loro lavoro la fotografia contemporanea. È l'iper-banalità della realtà, delle superfici e del significato degli edifici contemporanei in particolare, a ispirare tanta parte della fotografia d'arte prodotta dagli ex allievi di Bernd e Hilda Becher. Andreas Gursky, Candida Hofer, Thomas Struth e Thomas Ruff, come anche altri, producono lavori e immagini che affrontano questo gioco incrociato tra autenticità e costruzione. Si tratta di fotografi che utilizzano strumenti digitali per costruire e in alcuni casi fabbricare da zero, o "architettare", una situazione apparentemente "reale". In alcuni casi, come nelle fotografie "costruite" di Thomas Demand o di Oliver Boberg, intere realtà artificiali di interni e di ambienti vengono costruite e "imagizzate" con accuratezza maniacale, e senza l'ombra di un computer. Per Herzog & de Meuron, l'architettura è colta in questo stato di flusso e mutazione costante dove è in gioco la dialettica tra reale e banale-iperreale. La loro continua ricerca nella progettazione di edifici, giochi ottici, sfalsamenti di scala, superfici texturizzate e così via è in qualche modo attribuibile alla presenza e all'emergenza delle tecnologie di visualizzazione nella cultura nel suo complesso più che alla presenza delle stesse nel loro studio. Il negozio di Prada a Tokyo da loro di recente completato sembra oscillare in un territorio dove la realtà percettiva e il gioco delle texture operano in modo eloquente. Da un certo punto di vista l'edificio potrebbe essere letto come il plastico di un grande "grattacielo" che si trasforma in un piccolo inserimento urbano su cinque piani. La facciata per esempio utilizza pannelli di vetro concavi e convessi, come lenti che di fatto producono una sorta di vertigine per il modo in cui la visione degli esterni tutto intorno muta e si trasforma in "tempo reale". L'edificio per molti aspetti ricorda uno strumento ottico ispirato dal digitale, che rappresenta sia l'ambiente interno che quello esterno come condizioni "animate" e ingrandite. Tali costanti distorsioni ed effetti visivi sono proprio del tipo indotto dai media ai quali oggi siamo piuttosto abituati e che vengono spesso visti e intesi come realtà sostitutive rispetto alla nostra.

In anni recenti abbiamo assistito a un'altra singolare convergenza tra quello che possiamo pensare come architettura in quanto incontro dei media e la provocazione "algoritmica". L'interesse di Toyo Ito per il mondo dei media è ben chiaro fin dalle sue prime incursioni in quell'area con la Torre dei Venti co-struita a Yokohama, in Giappone, nel 1986. All'Expo 2000 di Hannover, nel padiglione "Health Futures" di Ito, gli aspetti "performativi" dell'architettura vennero ulteriormente sviluppati su quella linea. I visitatori si trovavano di fronte un'architettura ingrandita fatta di paesaggi reali che si sovrapponevano alle mutazioni virtuali degli stessi. Più di recente, con la Media Library a Sendai e il Serpentine Gallery Pavilion del 2002, si può avvertire una svolta negli interessi di Ito. Nelle opere più recenti, insieme all'edificio Tod's Omotesando a Tokyo, sembra emergere un'ossessione algoritmica. Per Ito si direbbe che l'algoritmo costituisca una preoccupazione estetica che porta a preoccupazioni strutturali e programmatiche. In questi progetti "la decorazione" è basata sulla logica dell'algoritmo in quanto mezzo matematico per arrivare a una diversità scalare e rappresentare l'esponenziale. Gli aspetti strutturali che alla fine sono i più forti, risultano da quelle preoccupazioni. Alla Serpentine Gallery per esempio l'ingegnere Cecil Balmond ha collaborato con Ito nel formulare un involucro strutturale unificato. Le aperture determinate algoritmicamente e gli elementi strutturali creavano un "guscio" con un'avvincente composizione di fissure. Analogamente nell'edificio Tod's Omotesando vengono esplorate le possibilità "estetiche" dell'algoritmo. Le fissure come frattali e le aperture che vanno diminuendo di dimensione dalla base dell'edificio al suo parapetto sul tetto sono derivate, come fa notare Ito, dalla natura stessa e non dissimili dall'effetto di passaggio di densità dai rami, alle foglie, all'atmosfera. La ricerca di Ito di una rilevanza poetica intrinseca alle prospettive dell'algoritmo non andrebbe sottovalutata poiché sembra sempre inevitabile per gli architetti la necessità di appropriarsi di altri criteri piuttosto che lasciare che i loro risultati siano dominati da metodologie normative. Curiosamente le possibilità di produzione assistite dal computer sono in fin dei conti ciò che rende possibile il lavoro di Ito poiché il suo lavoro richiede un dimensionamento dei pannelli e del vetro differenziato e unico.

LE SUPERFICI RIMATERIALIZZATE: LA PRODUZIONE DI FORME NUOVE E NUOVE GEOMETRIE

Per una generazione emergente di architetti il lavoro al computer è divenuto parte indispensabile e inesorabile della ricerca e della pratica, in cui le regole del computer vengono portate a un altro livello. Per Lars Spuybroek NOX e Greg Lynn FORM, per esempio,

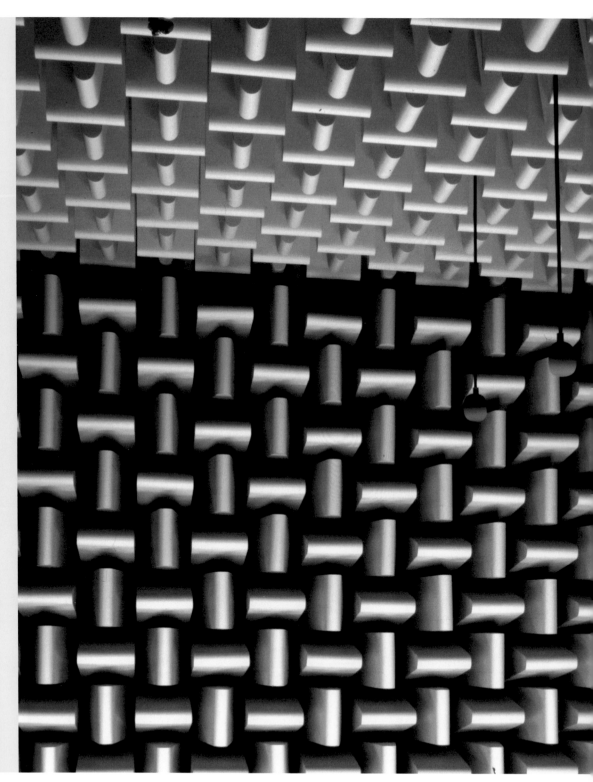

FIG. 5. Thomas Demand, *Labor*, 2000, C-print su carta fotografica e Diasec, 180 x 268 cm. Courtesy 303 Gallery, New York. © Thomas Demand by SIAE, 2004.

FIG. 6. Greg Lynn FORM,
Proposta per la trasformazione
di un isolato residenziale a
Kleiburg. Courtesy Hani Rashid.

FIG. 7. Lars Spuybroek NOX,
Modello di studio della Son-O-
House in esposizione al Centre
Pompidou, parte della mostra
The Non-Standard. Courtesy
Hani Rashid.

le metodologie progettuali algoritmiche sono utilizzate per ottenere nuove forme e nuovi programmi per l'architettura. Spuybroek ricusa ogni approccio compositivo o plastico del tipo che ancora interessa architetti come Frank O. Gehry, e invece sembra assorto in ciò che si potrebbe descrivere come un'integrazione continua della metodologia progettuale, della modellazione parametrica e della costruzione al computer. Per questa generazione di architetti la teoria non è oggetto di una speculazione di cui l'edificio sarebbe dimostrazione ma piuttosto è la teoria stessa che si fa edificio. La Son-O-House di Spuybroek, recentemente completata in Olanda, utilizza una strategia matematica che produce superfici ininterrotte e continue. I volumi che tali superfici descrivono sono integrati e non solo formalmente e spazialmente ma anche tecnologicamente grazie all'uso di algoritmi sonori indotti elettronicamente. L'uso del computer permette a Greg Lynn di trascendere il risultato e la lettura estetica del suo lavoro. Lynn insomma cerca di arrivare all'abbandono di tutto quello che non è controllo completo computerizzato del progetto. È invece la severa adesione a una metodologia che si fonda sull'input di dati numerici a informare l'invenzione della forma dell'edificio così come la sua manifestazione potenziale. Nonostante la dichiarazione del critico architettonico del "New York Times", Herbert Muschamp, secondo cui la proposta di Lynn per un nuovo museo in Costa Rica sarebbe orribile, è convinzione di Lynn che proporzione, composizione e forse anche significato saranno presto forme arcane e obsolete di ogni residuo del Moderno. Per Lynn l'eleganza si raggiunge grazie a geometrie e algoritmi numericamente calcolati. Le qualità formali del lavoro di Spuybroek e di Lynn vanno ben oltre il generico influsso delle tecnologie di visualizzazione o delle manipolazioni geometriche ottenute con il software di modellazione in 3D, come dicevamo sopra in relazione al lavoro di Zaha Hadid e della Coop Himmelb(l)au. Per questi più giovani architetti e altri della loro generazione, i risultati emergono dalla "logica" e dalle scoperte insieme alla traduzione del virtuale nel vero. La superficie continua di Son-O-House di NOX per esempio possiede un'inquietante similarità con la sua versione **wireframe**. Non solo perché si tratta di un'esatta riproduzione geometrica ma anche in quanto diretto corollario del **mapping** virtuale della superficie. Il diagramma digitale in 3D della configurazione precisa di pannelli numericamente determinati e digitalmente

ritagliati è stato reso fisico. Lynn inoltre vuole che la sua architettura contenga informazione digitale intrinsecamente legata ai metodi di fabbricazione. Come esempio delle implicazioni della sua metodologia si prenda il suo servizio da tè per Alessi le cui qualità formali risultano dai solchi numericamente determinati per stampi e superfici ottenuti con tecnica digitale. Quanto a lui, Lynn non è nemmeno un po' imbarazzato dal suo uso massiccio dei processi digitali per arrivare non solo a una nuova estetica ma anche a una nuova forma di ornamentazione architettonica. Per una nuova generazione di architetti è la natura ininterrotta e continua del processo a rappresentare una promessa, laddove il computer non è solo uno strumento concettuale e progettuale ma anche il mezzo di espressione costruttiva.

Con l'aiuto del computer in tutte le sue forme stanno emergendo gli sviluppi di una nuova architettura, un'architettura modulata e influenzata dalle infinite e provocatorie possibilità offerte da questi strumenti tecnologici, al di là della semplice promessa di maggiore efficienza e capacità produttiva. Questi nuovi processi e metodologie associati a storia, teoria, pensiero concettuale, sperimentazione e produzione stanno radicalmente mutando non solo il modo in cui vediamo e pensiamo la spazialità, ma anche i mezzi grazie ai quali possiamo occupare e abitare tale territorio. In una forma o nell'altra, oggi è alla portata di artisti e architetti scoprire ed evocare deliri spaziali digitalmente indotti in cui il fondersi di simulazione ed effetto con la realtà fisica crea la possibilità di una sublime metamorfosi digitale dal pensiero alla sua attualizzazione.

Tradotto dall'inglese da Maria Baiocchi

EDWARD DIMENDBERG

L'ARCHITETTURA ROVESCIATA: SOGLIE URBANE E IMMAGINE DIGITALE

La retorica della convergenza tecnologica prolifera nel mondo contemporaneo. Internet, ci dicono, finirà per inglobare le comunicazioni radio e molte altre forme culturali, man mano che la tecnologia digitale accelera la traduzione di ogni informazione in unità di informazione accessibili ovunque e in qualunque momento. L'ampliarsi delle possibilità di comunicazione, della banda larga e della potenza informatica preannuncia un mondo in cui le strutture economiche, politiche e sociali saranno fortemente diverse da quelle a noi oggi note[1]. Che l'architettura sia stata profondamente trasformata in innumerevoli modi da tali sviluppi – per esempio dalla possibilità offerta a professionisti con diverse specializzazioni di collaborare a distanza in tempo reale alla costruzione delle diverse componenti di edifici personalizzati – è ampiamente noto.

In uno studio di architettura oggi è molto probabile che disegni, piante, fotografie e plastici siano integrati da presentazioni di progetti non ancora realizzati che utilizzano software digitale. Facendo muovere chi guarda attraverso uno spazio ancora da costruire, volando attraverso la sua profondità, producendo primi piani dei particolari e spesso incorporando gli sfondi reali, queste presentazioni di immagini in movimento costituiscono strumenti sempre più centrali nel processo della progettazione. Con il progredire di questa tecnologia e della capacità di dominarla da parte degli architetti, la differenza tra fotografia e visualizzazione digitale in 3D diventerà probabilmente sempre più impercettibile per l'occhio dei non addetti ai lavori. Un giorno scomparirà del tutto. Si potrà avere l'impressione che gli architetti siano diventati registi, tanto dominano il vocabolario cinematico della macchina da presa, del montaggio, della **mise-en-scène** e del suono, per presentare il loro lavoro con una forza e una verosimiglianza senza precedenti.

Ma concludere che architettura e cinema abbiano finito per convergere attraverso l'intermediazione della tecnologia digitale sarebbe affrettato perché trascura quelle pratiche architettoniche contemporanee che incorporano le immagini digitali in modi che spingono la definizione di film sino ai suoi limiti e ignorano poi le profonde differenze tra i media analogici e quelli digitali, una gamma di distinzioni che ne determina la produzione, la circolazione e la recezione con profonde conseguenze architettoniche. Il cinema per lo più, nonostante le immagini digitali, gli effetti speciali e la tecnologia post-produzione, si fonda ancora sulla fotografia. Attori e luoghi sono fil-

mati, la pellicola che ne risulta viene sviluppata e, una volta che è passata al montaggio, viene mostrata, in genere dopo un bel po' di tempo, a un pubblico che siede al cinema. I film sono proiettati su schermi o, sempre di più, li vediamo scorrere sui monitor. Gli spettatori sono separati dallo schermo, la cui piattezza contrasta vivacemente con l'illusione di tridimensionalità trasmessa dall'immagine. Perfino nel caso dell'IMAX e degli schermi panoramici che circondano lo spettatore con il massimo realismo rimane una distanza spaziale tra spettatore e schermo, il cui carattere architettonico si riduce a quello di pura superficie.

Per contro, la produzione digitale di immagini è istantanea. Il computer non ha bisogno di macchina fotografica né di un oggetto per produrre immagini e dunque mina la credibilità della fotografia in quanto documento di uno spazio e di un tempo effettivamente esistenti, la sua "indessicalità", come la definisce il filosofo Charles Sanders Peirce. Le immagini digitali possono essere mostrate sugli schermi televisivi, sui monitor dei computer e sui display video che vanno da dimensioni tascabili a quelle delle facciate di edifici multipiano. Procedendo nella direzione dell'emancipazione dello schermo dal cinema, emancipazione già evidente dopo l'introduzione della TV – di cui si può fruire in casa, in salotto o in uno spazio pubblico –, l'immagine digitale scatena una varietà apparentemente infinita di tecniche di visualizzazione. E qui si potrebbe proporre l'idea dello "schermo liberato" in analogia alla famosa "cinepresa liberata" di cui si era fatto pioniere il direttore della fotografia tedesco Karl Freund in film come **Der Letzte Mann** (F.W. Murnau, 1924).

Proprio come la cinematografia di Freund permise l'esplorazione dello spazio migliorando fortemente la mobilità della cinepresa, finalmente capace di muoversi su e giù o di accompagnare con grazia, all'unisono, i personaggi lungo la strada, così la superficie liberata dell'immagine digitale facilita esperienze altrettanto nuove di tipo architettonico e visuale. Diversamente dal cinema che impone la fissa immobilità dello stare seduti, convogliando l'attenzione dello spettatore sullo schermo, gli ambienti in cui si possono ricevere le immagini digitali non presuppongono la proiezione e l'organizzazione assiale dello spazio che ne deriva. I display di immagini digitali non richiedono la piattezza o l'immobilità dello schermo cinematografico tradizionale e dunque divengono sempre più oggetti tridimensionali. Grazie alla tecnologia ultrapiatta a LED possono prendere innumerevoli forme e l'immagine alla fine è libera di diventare architettura.

Quando osserva le immagini elettroniche sugli edifici di New York, a Times Square o nei quartieri dello spettacolo e dello svago di altre grandi metropoli, lo spettatore è molto probabilmente in movimento. La città e la sua moltitudine di distrazioni concorrenti creano un nuovo contesto del vedere, un contesto senza sedie e senza orari di proiezione fissi, la cui fruizione in comune non è più resa obbligatoria dalle convenzioni teatrali, ma emerge invece dal tumulto e dalla vibrazione della vita di tutti i giorni. E di fatto, mentre i teorici del cinema hanno notato la sua capacità di costruire una "mobilità virtuale" per lo spettatore del film, trasportato dallo spettacolo filmico in tempi e spazi diversi, l'immagine digitale fruita nella metropoli può combinare questa sensazione di movimento apparente con la mobilità reale di entrambi, spettatore e immagine[2]. Se l'oscurità del cinema facilitava la regressione dello spettatore e l'identificazione con l'immagine, cosa accade invece nell'ambiente urbano[3]? Non dipendendo più dalla riproduzione di tempo e spazio reali, quella che il teorico del cinema André Bazin definì notoriamente l'"ontologia dell'immagine fotografica", l'immagine digitale intravista in una stazione della metro, in una vetrina, o come decorazione sugli edifici, si libra nell'aria a trasformare il quadro della città del XXI secolo profondamente come la parete di vetro aveva alterato il carattere dell'ambiente costruito del XX secolo[4].

Qui l'architettura sembra ricapitolare gli sviluppi nelle arti visive e nel cinema mentre al tempo stesso li fa avanzare in nuove direzioni. Che si pensi al primo modernismo di Laszló Moholy-Nagy e alla sua ricerca di nuove superfici per l'immagine cinematica, al ricco e solo di recente riscoperto movimento dell'"expanded cinema" degli anni sessanta e settanta del secolo scorso, o alle immagini proiettate su forme sferiche da Tony Oursler o sui fianchi degli edifici da Krzysztof Wodiczko, è evidente che i tentativi di emancipare dallo schermo cinematografico tradizionale l'immagine proiettata sono in corso da tempo. Anche se architetti come Frederich Kiesler, Erich Mendelsohn e Hans Poelzig hanno progettato cinema negli anni venti del secolo scorso, è raro che il loro lavoro aspirasse a riconcettualizzare l'esperienza del vedere un film.

L'Imperial War Museum North (2002), a Manchester in Inghilterra, di Daniel Libeskind rappresenta forse il tentativo più recente e più sensazionale di favorire una modalità radicalmente diversa per lo spettatore audio-visivo. Al centro del suo programma per un museo dedicato agli orrori della guerra moderna e del conflitto politico, vivide proiezioni di immagini e suoni tratte dalla collezione del museo si manifestano in uno spazio noto come la Big Room. Qui le immagini sono proiettate su pareti come schermi che scompongono la tradizionale forma a scatola della sala cinematografica in una serie di superfici asimmetriche e dai bordi irregolari. Questo, in assenza di un asse centrale o della convenzionale disposizione di sedie in file, sottopone gli spettatori a un bombardamento di stimoli audiovisivi da tutte le parti. I visitatori sono incoraggiati a spostarsi durante la presentazione multimediale, rinunciando alla rassicurazione fornita da una posizione fissa. Questo spettacolo violento (e terrificante) non fornisce indizi architettonici al suo uso ideale, e la presenza nello spazio di cannoni e di altra tecnologia militare intensifica la sensazione di ansia che nasce dall'impossibilità fisica di coglierlo tutto. Circondato da ogni parte dal villaggio globale in guerra, lo spettatore in quello spazio si ritrova in un ambiente vicino alle sfide percettive della metropoli, uno spettacolo sensoriale avviluppante e spesso spiazzante (FIG. 1).

Eppure l'abile integrazione architettonica di immagini mediatiche e contesto urbano reale, indubbiamente una grossa sfida progettuale per il XXI secolo, oggi rimane più un ideale che una realtà. Certo le immagini dei media sono ovunque, ma raramente riescono ad essere qualcosa di più di un'efficace segnaletica commerciale (e a volte neppure quello), a produrre qualcosa di più del bagliore tremulo di uno schermo televisivo intravisto attraverso una finestra. A cominciare dalla fine degli anni ottanta del secolo scorso, molti progetti presentati ai concorsi internazionali di architettura cominciarono a incorporare sulle facciate immagini a scala gigante, quasi sempre senza spiegare il loro scopo e i mezzi di produzione usati. Di conseguenza l'introduzione delle immagini elettroniche in architettura ben presto divenne un cliché[5]. Nei progetti non realizzati della Very Big Library (1989) e del Center for Art and Media Technology (1989), Rem Koolhaas e OMA risposero alla sfida di introdurre immagini mediatiche nell'architettura urbana con l'idea che sarebbero state visibili all'interno dei cubi trasparenti di ciascun edificio. Purtroppo quella dimensione dei due progetti resta poco sviluppata, soprattutto se paragonata con il loro approccio

FIG 1. Daniel Libeskind, Interno della Big Room, Imperial War Museum North, Manchester, UK, 2002 (foto Edward Dimendberg).

FIGG. 2, 3. Architecture Research Office (Stephen Cassell e Adam Yarinsky, direttori), Veduta esterna del Centro di recluta-mento delle Forze armate statu-nitensi a Times Square, New York, 1999 (foto Edward Dimendberg).

complesso (e di conseguenza fortemente autorevole) alla circolazione e delineazione del programma.

Tra i primi e ancora sottovalutati sforzi per assicurare all'immagine mediatica un peso architettonico c'è il Centro di reclutamento delle Forze armate statunitensi progettato dall'Architecture Research Office (diretto da Stephen Cassell e Adam Yarinsky) e realizzato nel 1999 a New York, a Times Square (FIGG. 2, 3). Situato in un'isola pedonale in mezzo a un mare di pubblicità, ora dominata dai consumi globalizzati piuttosto che dai teatri di Broadway o dai film di Hollywood, l'edificio, essenzialmente un piccolo cubo che ospita gli uffici, si dichiara con un vigore effervescente in un sito che divorerebbe qualunque architettura. In un cubo trasparente di acciaio e vetro, le facciate che guardano a est e a ovest contengono tubi luminosi al neon con i colori della bandiera statunitense; sul versante sud, un reticolato metallico sostiene scritte e insegne dell'Esercito, dell'Aviazione e della Marina degli Stati Uniti.

È solo sul fianco nord dell'edificio che diviene evidente il suo grado di coinvolgimento con la tecnologia mediatica. Posto sopra l'entrata sul lato destro, separato da un montante rispetto all'ulteriore segnaletica commerciale e a una finestra sulla sinistra, un grande monitor occupa metà della superficie della facciata. Fotografie dell'edificio fatte in precedenza confermano che il monitor riempie lo spazio un tempo occupato da una finestra attraverso la quale si vedeva una fila di nove televisori più piccoli. Bloccando la trasparenza e l'interpenetrazione ottica dall'interno verso la strada, il grande monitor trasforma questa facciata in uno schermo. E non ci sorprende che il suo video promozionale ricordi un film di guerra hollywoodiano e che esalti abilità, coraggio, e cameratismo delle forze armate americane in modo da attrarre potenziali recluse.

Coperto su tutti e quattro i lati da messaggi commerciali, simboli e immagini, l'edificio è un perfetto esempio di quello che Robert Venturi, Denise Scott Brown e Steven Izenour chiamavano l'architettura del "decorated shed", qui al servizio delle forze armate americane[6]. Il monitor che sostituisce una finestra rafforza astutamente l'idea della comunicazione unidirezionale imposta dall'edificio. Il fatto che lo spazio interno reale deluda se paragonato con il suo esterno semioticamente carico, conferma il grande ruolo delle immagini. Al tempo stesso commento ironico sulla dipendenza della macchina militare americana dal potere delle immagini, associazione confermata dalla sua collocazione in mezzo a migliaia di réclame di prodotti di consumo, l'edificio è anche impassibile ed efficace difensore del suo cliente.

Ma trasformare la parete nello schermo video, un punto di partenza logico e forse inevitabile, rimane il primo passo, non l'ultimo, nel concepire un'architettura dell'immagine digitale. Le strategie progettuali davvero ibride che si avvicinano alle immagini elettroniche come a opportunità di ripensare gli elementi e i programmi architettonici tradizionali sono estremamente rare nell'edilizia contemporanea, e si potrebbe sostenere che solo laddove ha superato la tentazione di funzionare come sfondo o sub-strato, come schermo vecchia maniera, l'architettura può raccogliere la sfida di forzare i limiti della sua identità e ridefinire spazio e cultura in senso più ampio. Nell'ultimo decennio l'emergere di un progetto del genere è apparso evidente soprattutto nel lavoro di Diller Scofidio + Renfro che, in una serie di progetti realizzati o proposti, hanno efficacemente articolato una gamma di forme in cui architettura e immagini si mescolano in modi nuovi e senza precedenti, dando luogo a una pratica anomala di contaminazioni tra architettura, vita urbana, arti visive e mass media.

La chiara traiettoria del lavoro di Diller Scofidio + Renfro rivela un coinvolgimento ancora maggiore con la città, come a intridere i risultati dei loro progetti realizzati fino a oggi della intossicante energia della metropoli. Il processo del progetto urbano in sé e il lavoro sulle immagini digitali, già evidenti nella loro opera precedente, hanno subito una trasformazione man mano che la città si è spostata sempre più al centro delle loro ricerche. In **Jump Cuts** (1995), installato allo United Artists Cineplex Theatre di San Jose, in California, i visitatori vengono ripresi mentre vanno sulle scale mobili interne al cinema. **X, Y** (1997), a Kobe, in Giappone, situato in un locale dove si gioca a pachinko, filma l'interno con una telecamera mobile. In entrambi i casi le immagini video presentano prospettive che guardano in basso in pianta o frontalmente in prospetto. Tranne che in opere sperimentali di registi come Michael Snow, che costruì uno speciale motore rotante per girare **La région centrale** (1970), tali prospettive sono rare nel cinema, e annunciano la possibilità di una visione radicalmente non antropocentrica, non vincolata al corpo umano, un modo per vedere quello che normalmente non vediamo.

In questi progetti è il monitor – non più una parete tradizionale, un elemento di un'installazione d'artista, o qualcosa di esterno attaccato al muro – che diventa architettura. Dissociata dall'orientamento spaziale dell'edificio circostante, l'immagine video può tornare ad essere un elemento architettonico, non una semplice proiezione su sfondo neutro, ma un oggetto portatore di significato. Non operando come pubblicità né come registrazioni leggibili di una telecamera a circuito chiuso, quei lavori creano uno spazio visivo la cui valenza è prima di tutto architettonica. Montati all'esterno del complesso multisala, i display video di **Jump Cuts** comportano un "rovesciamento elettronico dell'edificio" secondo le parole degli architetti[7]. Suggerendo il potenziale della tecnologia digitale di spostare i confini tra interiorità ed esteriorità architettonica, questo progetto richiama anche il restauro della Brasserie del Seagram Building, realizzato dallo studio in collaborazione con Ben Rubin.

La Brasserie fa scorrere una fila di monitor, qui montati sopra il bar dentro il ristorante piuttosto che posti all'esterno del cinema come in **Jump Cuts**. Una videocamera collocata all'esterno registra l'ingresso dei visitatori nel ristorante e in tal modo richiama un altro lavoro degli stessi architetti, **Para-Site** (1989), installato al Museum of Modern Art di New York, lavoro che, come la Brasserie, investigava le soglie tra spazio interno e spazio esterno. I visitatori nella galleria del museo potevano vedere il passaggio dei nuovi arrivati attraverso le porte girevoli del museo e sulle scale mobili verso i piani superiori. Interrogandosi sul significato dell'essere dentro o fuori di un'architettura queste opere suggeriscono come la tecnologia digitale e le trasmissioni video in tempo reale stiano rapidamente trasformando il nostro senso dei limiti architettonici.

Nei loro progetti più recenti, Diller Scofidio + Renfro continuano tale indagine sulla "liminalità", ora spostata nel campo enormemente espanso della città e dei suoi confini spaziali e sociali infinitamente più complessi. Opere attuali come **Facsimile** (2004), o il ridisegno proposto dallo studio per il Lincoln Center di New York, iniettano nel contesto urbano una gamma di immagini che non derivano più da una sola fonte e che non recano nemmeno più traccia di un rapporto con l'edificio che le esibisce. Per rovesciare elettronicamente l'architettura nel senso più forte che si possa immaginare, è necessario guardare oltre l'involucro dell'edificio, se non addirittura spingersi materialmente al di là e comprendere il pubblico cui quelle immagini si rivolgono nel tessuto

della metropoli, uno spazio visivo che mette in discussione la distinzione stessa tra interno ed esterno e in tal modo introduce una nuova modalità di fruizioni delle immagini nella città.

In **Facsimile**, installazione permanente al Moscone Convention Centre di San Francisco, uno schermo a LED alto 5 metri e largo 30 è sospeso a una struttura verticale che scorre su un binario orizzontale. Visibile dalla strada, questo monitor, una delle poche installazioni mobili nella storia dei media audiovisivi, trasforma la zona intorno all'edificio in uno spettacolo permanente, una sala cinematografica senza mura. Gli spettatori, pedoni, automobilisti e abitanti dei palazzi vicini, non devono far altro che procedere nelle loro quotidiane attività per vederne le immagini. Qui l'architettura delle immagini s'impadronisce della vita di tutti i giorni, facendone il suo campo operativo; non chiede all'osservatore alcun particolare sforzo, come per esempio visitare un museo, ma solo la disponibilità a guardare e ad assorbire le sfide percettive di quel che vede (FIGG. 4, 5).

Eppure il fatto stesso del movimento continuo del monitor intorno alla facciata dell'edificio ci assicura che se rimaniamo fermi le immagini ci passeranno accanto. Associata alla mobilità virtuale dello spettatore fornita dall'immagine c'è la mobilità reale del suo display, una collocazione spazio-temporale in continuo movimento per seguire le immagini. Perché, diversamente dalla relativa stabilità architettonica all'interno della quale si verifica la maggior parte del consumo dell'immagine digitale, del cinema, della televisione – stabilità dalla quale si credeva dipendesse l'identificazione dello spettatore con l'immagine e la sua illusione di realtà –, **Facsimile** introduce movimento reale nella città reale. E non è peregrino affermare che costituisce uno dei più impressionanti nuovi contributi alla tecnica audiovisiva dopo l'avvento di internet e del software per il montaggio digitale delle immagini e una delle poche vere innovazioni nel campo della tecnologia audiovisiva, così ossessionata dai mezzi della loro creazione.

Una videocamera, montata sul retro del display mobile che inquadra lo spazio di una sala antistante a quella delle riunioni, trasmette dall'interno dell'edificio immagini live che si alternano a scene costruite e rappresentate prodotte dagli architetti in uno studio del New Jersey. Queste scenografie costruite si svolgono in due contesti, in una stanza-tipo di un albergo e nell'ufficio di una multinazionale altrettanto standard. La comicità delle scene è notevole, a con-

FIG. 4. (in alto a sinistra) Diller Scofidio + Renfro, Monitor di *Facsimile* durante il montaggio sulla facciata del Moscone Convention Centre, San Francisco, 2004 (foto John Lurie). © Moscone Convention Centre.

FIG. 5. (in basso a sinistra) Diller Scofidio + Renfro, Monitor dell'installazione *Facsimile* montato sulla facciata del Moscone Convention Centre, San Francisco, 2004 (foto John Lurie). © Moscone Convention Centre.

FIGG. 6–8. (a destra) Diller Scofidio + Renfro, Fotogrammi della scena nella stanza d'albergo dall'installazione *Facsimile* al Moscone Convention Centre, San Francisco, 2004.

ferma del fatto che Diller Scofidio + Renfro hanno rivitalizzato il genere della "commedia architettonica", ormai moribonda, dopo i film di Jacques Tati. Come nelle opere di questo maestro, si profila l'elasticità degli abituali fruitori dello spazio e si afferma la possibilità di resistenza e di azione creativa anche negli spazi più orchestrati. Un uomo solleva un materasso, una famiglia si riunisce su un letto, una cameriera traccia sulla finestra attraverso la quale guardiamo nella stanza un graffito in cui si legge "Filth". Questi episodi misteriosi in un contesto generico si dipanano con la logica stringente e imperscrutabile dei sogni (FIGG. 6-8). Nell'ambiente della multinazionale, i dirigenti si riuniscono nella sala riunioni e celebrano un misterioso anello che sembra essere il loro prodotto, un impiegato annoiato gioca a golf nel suo piccolo spazio di lavoro, un mare di strisce di carta minaccia di sommergere uno dei suoi colleghi.

Sia il filmato dell'albergo che quello dell'ufficio utilizzano il movimento continuo della videocamera in tandem con quello del monitor per gestire la transizione tra una scena e la successiva. Sincronizzato con il movimento del monitor, altro virtuosismo della tecnica, il movimento laterale da scena a scena ci dà l'illusione di assistere all'azione da una finestra e che ogni scena si svolga in un ambiente contiguo al successivo. La contiguità spaziale è stata simulata dalla tecnologia video, come del resto gran parte del filmato nell'ufficio è stata prodotta con tecniche di animazione digitale piuttosto che con vere e proprie tecniche fotografiche.

Facsimile emula un videoregistratore o un decoder capace di spostarsi tra immagini live e immagini registrate e dunque di rivelarsi come la prima architettura modulabile, sfruttando quello che Paul Virilio descrive come "eccesso di tempo", una ridondanza temporale intrinseca alla tecnologia video per via del gioco che instaura tra sorveglianza, voyeurismo e spettacolo messo in scena[8]. Come il videoregistratore che può creare un "secondo giorno, un giorno di riserva per rimpiazzare quello normale, quello vissuto", i programmi registrati aumentano gli eventi reali che si svolgono nell'atrio dell'edificio o nella città circostante[9]. Mentre tanti edifici moderni espongono testi, pubblicità o immagini, **Facsimile** fa un passo avanti e introduce la dimensione tempo nel suo progetto, invitando gli spettatori a mettere in discussione la dimensione "live" dei mezzi di comunicazione elettronici che li circondano. Osservandone le scene si finisce per mettere in discussione entrambe le

cose, trasparenza della finestra e veridicità dell'immagine digitale. Dunque questo propone una nuova definizione di trasparenza, non più fondata sull'interpenetrazione ottica facilitata da materiali come il vetro, ma adesso riconcepita come pratica sociale che comporta condivisione e scambio dell'informazione. Ne risulta un nuovo patto tra l'architettura e coloro che abitano e osservano.

Essendo tra i pochi che producono immagini video il cui rapporto con l'architettura è ambiguo e ironico più che autopromozionale, Diller Scofidio + Renfro hanno cominciato a produrre immagini in movimento esposte in contesti sempre mobili e in continua metamorfosi. Il loro cinema non è più costretto dentro le mura dell'architettura ma è divenuto San Francisco stessa, e la sua varietà e trasformazione costante farebbero invidia a qualunque regista. Non ci saranno mai due incontri uguali con **Facsimile** e non solo per via del suo fluido ambiente urbano ma anche grazie alla continua alternanza tra scene reali e scene registrate. **Facsimile** si avvicina al montaggio cinematografico mentre introduce una complessità di registri temporali che pochi film o installazioni video, tipicamente costretti a materiale filmato in precedenza o a registrare azioni live, possono raggiungere.

Un simile impulso a caricare lo spazio di una dimensione temporale attraverso l'uso di mezzi di comunicazione digitali è evidente negli ambiziosi progetti dello studio per il rifacimento del Lincoln Center a New York, che comincerà nel 2006 per concludersi nel 2009. Poiché si tratta della più vasta riformulazione di quello spazio pubblico cittadino dopo il completamento del piano regolatore originario da parte di Wallace K. Harrison nel 1966, questa proposta, uno dei primi programmi di progettazione urbana davvero ispirati del XXI secolo, è più vicina al processo con cui si accorda uno strumento per dargli tutta la gamma armonica che alla chirurgia radicale che normalmente passa per restauro urbano. Piuttosto che avvicinare il loro progetto come un'occasione per praticare un intervento urbano stile **tabula rasa** e sostituire il complesso attuale del Lincoln Center con una diversa, ma non meno monomaniacale, serie di scelte stilistiche ed estetiche, Diller Scofidio + Renfro hanno optato per identificare i tratti del complesso culturale che continuano a funzionare bene – come per esempio l'ampia **plaza** – o per riprendere e sostenere gli elementi più deboli, soprattutto il rapporto del luogo con la comunità circostante. "Siamo forse stati i primi – e i soli – architetti a dire loro che ci piaceva il Lincoln Center. Tutti gli altri volevano buttarlo giù", ha raccontato una volta Ricardo Scofidio per spiegare come mai era stato scelto proprio il suo studio[10].

Nei disegni degli architetti il Lincoln Center rimane pienamente riconoscibile ma è carico di una contagiosa vitalità che lo rende più pubblico, più permeabile, più se stesso. Tutto il meglio di questo centro, da sempre un beniamino di newyorchesi e turisti – le folle che si raccolgono fuori dai suoi atri, il fresco spruzzo di acqua nebulizzata in una torrida sera estiva e il sollievo che offre al passante stanco di camminare lungo la griglia urbana di Manhattan –, è stato conservato e rafforzato. La Milstein Plaza, che taglia la 65esima Strada e collega la North Plaza con la Juilliard School, verrà eliminata. All'angolo con North Plaza sorgerà un nuovo ristorante, a forma di parabola e coperto da un prato erboso che offre un rifugio e un gioioso centro di attrazione, rafforzato da un boschetto di alberi potati in modo da evocare l'architettura. La riprogettazione **ex novo** proposta per il vicino specchio d'acqua riflettente fa affondare metà della superficie della lucida pavimentazione nella morbida pendenza della piazza, mentre l'altra metà emerge dal piano, creando un trucco ottico percettivo in cui sembra che l'acqua sfidi la gravità (FIG. 9).

Altre aggiunte, uno stretto ponticello trasparente sulla 65esima Strada, nuovi ingressi al Vivian Beaumont Theatre, alla Film Society e per gli altri occupanti e l'introduzione di un'identità grafica nuova e unitaria, in collaborazione con lo studio di grafica Two by Four, completano queste decisive modificazioni architettoniche e paesaggistiche. Il modernismo che propongono è più morbido, più gentile, meno distaccato o intriso di monumentalità eroica ma impegnato a istituire un dialogo con un pubblico diversificato. Come nota Elizabeth Diller: "la sfida è tradurre il codice genetico del 'modernismo monumentale' in un linguaggio che parli a un pubblico più giovane e più composito dopo svariate generazioni di cambiamento sociale e politico. Ci piacerebbe rovesciare il campus come un guanto portando l'intensità che troviamo nella sala dei concerti fino agli spazi pubblici muti tra quelle sale e le strade tutto intorno"[11].

Il progetto degli architetti propone l'eliminazione di una corsia stradale e il relativo ampliamento del marciapiede sulla 65esima Strada, e la demolizione del Milstein Bridge per permettere alla città di muoversi liberamente e penetrare attraverso la forma del

FIG. 9. (in alto a sinistra) Diller Scofidio + Renfro, Rendering dalla balconata della proposta di ristrutturazione per il Vivian Beaumont Theatre nel progetto di rinnovamento del Lincoln Center, 2006–09.

FIG. 10. (in alto a destra) Diller Scofidio + Renfro, Rendering della facciata in vetro e dell'ingresso dell'atrio con display alla Alice Tully Hall nel progetto di rinnovamento del Lincoln Center, 2006–09.

FIG. 11. (in basso a sinistra) Diller Scofidio + Renfro, Rendering della proposta per la Street of the Arts con display a LED nel progetto di rinnovamento del Lincoln Center, 2006–09.

FIG. 12. (in basso a destra) Diller Scofidio + Renfro, Rendering del display autonomo a LED sulla Street of the Arts nel progetto di rinnovamento del Lincoln Center, 2006–09.

super-isolato dell'attuale campus del Lincoln Center. Inoltre il ruolo centrale che assumono i mezzi di comunicazione digitale qui suggerisce un aggiornamento di questa icona-chiave della forma modernista urbana con l'impiego della tecnologia del XXI secolo. Come nei loro precedenti lavori, Diller Scofidio + Renfro assumono la soglia architettonica, lo spazio di contatto iniziale tra programma e pubblico, come un elemento vitale della loro strategia. Certo, il loro progetto per il Lincoln Center contiene grosse innovazioni architettoniche, tra cui il rinnovamento e il restauro dell'acustica della Alice Tully Hall (Pietro Belluschi, 1969) con nuova facciata e atrio in vetro (FIG. 10) e l'estensione della Juilliard School in un dinamico aggetto a forma di cuneo, dal quale una larga finestra rivela un'aula per le lezioni di danza.

Sotto la proiezione a sbalzo, e inclusa nella facciata di vetro, una serie di monitor mostra le immagini di eventi che si svolgono alla Tully Hall. Nell'angolo esterno il settore informazioni è ospitato sotto la tribuna d'onore; una seconda serie di monitor fornisce poi informazioni interattive per i diversi eventi del Lincoln Center. Sotto, a livello della strada, accessibile attraverso una rampa di scale, ci sono i **touch screens** interattivi che ci informano sulla Juilliard. Confondendo i confini tra informazione, pubblicità e spettacolo, questa architettura interattiva assume la sofisticazione di un pubblico da tempo abituato ad avere a che fare con sportelli automatici delle banche, sistemi informatici in ufficio, internet. Gli aficionados, così come i neofiti, possono ottenere guide dettagliate di programmi presenti e futuri e affacciarsi nelle varie sale. Ognuno di quei luoghi sarà rappresentato da una trasmissione video live di quanto succede sul palco. Performance, prove, set o palcoscenici vuoti verranno rappresentati uno a fianco dell'altro, e tutto in tempo reale. Programmi in più lingue potranno aiutare i visitatori e dunque aprire le porte del centro a un pubblico ben maggiore. Costruendo la tecnologia digitale come un evento tattile e corporeo, un evento che richiede di toccare uno schermo collocato in un certo luogo liminale, Diller Scofidio + Renfro si avvicinano alla tecnologia digitale come a un'opportunità di espandere piuttosto che di contrarre le possibilità dell'architettura.

Un esempio ulteriore dell'effetto rivitalizzante che la tecnologia esercita sul luogo è dato dalla componente digitale più audace della loro proposta per il Lincoln Center, la trasformazione della 65esima Strada, tra Broadway e Amsterdam Avenue, in una "Street of the Arts" con "tappeti" di luce inseriti nella pavimentazione e una serie di display autonomi a LED che trasformano l'isolato in un intelligente ripetitore video, in tempo reale, di quello che succede all'interno del Lincoln Center. L'accesso principale alla North Plaza sarà disegnato come una scala elettronica. L'alzata di ogni gradino porterà un LED dinamico, trasmesso dalla rete in modo da comporre un'insegna ambientale. Questi display conterranno un poster e un monitor interattivo sul lato est, mentre su quello ovest una serie di display a LED trasmetterà le immagini. Scendendo giù per Broadway sarà così possibile cogliere una serie di immagini video disposte in modo sequenziale e regolare, ricche di possibilità narrative (FIGG. 11, 12).

Si potranno vedere i diversi attori di un'opera o i primi piani dei membri di un'orchestra, oppure tutti gli eventi di una serata presentati simultaneamente, così da poter cogliere con un solo sguardo quello che sarebbe impossibile vedere nella vita reale. Che aspetto hanno un'orchestra o un'opera, quando vengono riprese dall'alto in pianta? Potremo scoprirlo su questi display che, tra l'altro, imporranno anche una straordinaria cooperazione tra le undici organizzazioni residenti responsabili dei programmi all'interno del Lincoln Center. Una delle tante componenti invisibili della proposta di Diller Scofidio + Renfro è la complessa mappa di circolazione delle immagini da queste organizzazioni ai sistemi di visualizzazione per il pubblico, una forma di documentazione architettonica che certamente conoscerà grande diffusione man mano che gli edifici futuri continueranno su questa strada, mostrando al pubblico le attività che si svolgono al loro interno.

Diversamente da quelli di **Facsimile**, i display sulla Street of the Arts rimarranno fissi, ma lo spettatore continuerà a muoversi. In assenza di sedie o dell'oscurità prodotta dal cinema, questo contesto in cui incontrare le immagini sarà, come il progetto di San Francisco, completamente pubblico e urbano. Un nuovo spazio di fruizione collettiva dell'immagine e un luogo vero e proprio, che differisce però dal cinema e dal televisore in soggiorno, o dal solitario utente del computer che fissa il monitor. In quanto motore di uno snodo urbano interattivo altamente intelligente, potrebbe dimostrarsi assai invitante per i bambini e per quanti fino a quel momento si erano sentiti esclusi dal Lincoln Center, ivi compresi i residenti del quartiere. Mentre le implicazioni commerciali e distopiche dell'architettura e della vita cittadina inserite nella rete sono divenute il pane quotidiano delle visioni distopiche della fantascienza o dei pronostici utopistici a proposito della città sostituita dal cyberspazio, la potenzialità di questa tecnologia nel migliorare la vita degli abitanti della città in modi piccoli ma significativi è stata spesso ignorata.

Anche se il lavoro di Diller Scofidio + Renfro è stato a volte criticato per la presunta duplicazione delle pratiche di sorveglianza e di controllo, l'infondatezza di queste accuse diviene evidente non appena lo si analizza. La differenza tra la loro opera e la serie di monitor tipicamente sorvegliati da una guardia annoiata è notevole. Diversamente dalla maggior parte dei sistemi di sorveglianza, non viene conservata alcuna registrazione delle immagini trasmesse nelle loro architetture, garantendone così il carattere effimero e non indiziario. La natura pubblica di queste immagini, accessibili a tutti, si differenzia anche dal carattere privato della maggior parte delle registrazioni di sorveglianza, tipicamente osservate lontano da sguardi estranei. Nel caso della Brasserie, le immagini video esposte sopra il bancone del bar sono rese deliberatamente confuse, e questo spiega come mai, dopo esserci stato già tante volte, ancora non mi sono mai riconosciuto in nessuno dei monitor. Oggi pratiche di sorveglianza ben più invadenti e clandestine di quelle presenti nel lavoro degli architetti si verificano in ogni città, conferendo così una sfumatura ironica alle critiche dei loro interventi fortemente visibili e ludici.

Ciò che collega queste diverse indagini dell'architettura è una pratica di rimaterializzazione dell'immagine, il cui valore, nella società contemporanea globalizzata, sembra solo crescere, collocandola in un contesto pubblico, in uno spazio e in un tempo condivisi. Palesandosi in un'epoca di smaterializzazione delle immagini, non più legate a un oggetto specifico, a un mezzo o a un creatore, queste esplorazioni potrebbero fare da contrappeso alla tendenza promossa dalla cultura digitale a separare l'esperienza da un luogo specifico, ristabilendo in tal modo il momento della recezione collettiva, come cruciale locus significante. La tecnologia facilita modi nuovi e più economici di installazioni visive e non è infondato pensare che diventeranno un materiale da costruzione comune, come il marmo, se non il cemento armato, del XXI secolo. I futuri storici dei mezzi di comunicazione potranno certamente volgersi indietro all'era del cinema, della TV e di internet come a brevi episodi nella storia ben più lunga e significativa dei display architettonici delle immagini.

Oggi questo gran dispiego dell'immagine digitale potrebbe essere giunto allo stesso stadio di sviluppo del cinema qualche anno dopo la sua invenzione nell'ultimo decennio del XIX secolo quando era dominato dal tentativo di registrare semplici azioni quotidiane o spettacoli teatrali fino al momento in cui i primi artisti del cinema non intuirono tutte le potenzialità di quel mezzo. È probabile che l'impulso a sostituire il muro con monitor sarà soppiantato da possibilità creative che ancora non sappiamo immaginare. Sicuramente verranno anche nuove sfide, come i pericoli della propaganda e la manipolazione dell'opinione pubblica da parte di un'architettura potenzialmente molto più seducente di qualunque altra forma culturale fin qui nota. Né è chiaro in che modo cambierà la natura della manutenzione architettonica man mano che il software e l'hardware che alimentano l'esibizione delle immagini diventeranno inevitabilmente obsoleti, arrivando prima o poi a un punto di non recupero. Eppure la storia dell'ambiente costruito conferma che un'architettura vitale satura di allusione e di una molteplicità di significati alla fine si farà sentire malgrado tutte le spaventose previsioni in senso contrario. Non c'è ragione di credere che l'incorporazione delle immagini digitali nell'architettura cambi questo dato mentre c'è motivo di pensare che gli sviluppi più eccitanti di tutto questo debbano ancora venire.

1. Su questi sviluppi cfr. W.J. Mitchell, *Me++: The Cyborg Self and the Networked City*, Cambridge (MA) 2003.
2. Sulla mobilità virtuale nel cinema cfr. A. Friedberg, *Window Shopping: Cinema and the Postmodern*, Berkeley 1995.
3. Per la più importante asserzione del cinema come regressione artificialmente indotta cfr. J.-L. Baudry, *The Apparatus: Metapsychological Approaches to the Impression of Reality in Cinema*, trad. di A. Williamson, in *Narrative, Apparatus, Ideology: A Film Theory Reader*, a cura di P. Rosen, New York 1986, pp. 219-238.
4. Cfr. A. Bazin, *Ontologia dell'immagine fotografica*, in *Che cos'è il cinema?*, Milano 1986.
5. Per una formulazione articolata di questa critica cfr. E. Hubeli, *Zentrum für Kunst und Medientechnologie in Karlsruhe, Ausführungsprojekt, 1991*, "Werk, Bauen + Wohnen", November 1991, pp. 2-7.
6. Cfr. R. Venturi, D. Scott Brown, S. Izenour, *Imparando da Las Vegas: il simbolismo dimenticato della forma architettonica*, Venezia 1985.
7. *Jump Cuts*, testo inedito.
8. P. Virilio, citato in Diller + Scofidio, *Flesh: Architectural Probes*, New York 1994, p. 226.
9. *Ibid.*
10. J. Davidson, *Lincoln Center Outlines Its Future*, "New York Newsday", 13 April 2004.
11. Citato in *Lincoln Center Unveils Dynamic Diller Scofidio Design*, DC ForumID14/210.html.

Tradotto dall'inglese da Maria Baiocchi

NANNI BALTZER

"LA SUPERFICIE COME QUELLA DELLA GIADA, NEBULOSA, SEMITRASPARENTE...": FOTOGRAFIA ATMOSFERICA D'ARCHITETTURA

Per decenni uno degli obiettivi della fotografia è stato quello di aiutare l'osservatore a rendere comprensibile la **promenade architecturale**, la funzione, la costruzione e la proporzione dell'edificio. Ultimamente, comunque, la fotografia ha mostrato anche quanto l'architettura possa essere misteriosa, complessa, mutevole e "d'atmosfera". Se si estende all'impiego della fotografia di architettura l'affermazione di Roland Barthes "Poiché la fotografia è contingenza pura e poiché non può essere altro che quello (è sempre un **qualcosa** che viene rappresentato) – contrariamente al testo che, attraverso l'effetto improvviso di una sola parola, può far passare una frase dalla descizione alla riflessione – essa consegna immediatamente quei 'particolari' che costituiscono precisamente il materiale del sapere etnologico"[1], allora tale affermazione non ha più un valore così assoluto.

Si può constatare che la fotografia atmosferica di architettura non si limita all'architettura postmoderna. Contravvenendo al credo che nell'architettura moderna "l'atmosfera [fosse] disprezzata, fino a divenire addirittura tabù, poiché la si associava alla psicologia soggettiva (romanticismo e irrazionalità), frivolezza, femminilità, artificialità e artificio"[2], molte fotografie ricche di effetti atmosferici ritraggono proprio delle icone del Modernismo, tra cui, per esempio, la Casa del Fascio di Giuseppe Terragni, Casa Tugendhat o il padiglione di Barcellona di Mies van der Rohe, la Villa Savoye di Le Corbusier o Casa Wittgenstein. Dunque, non è affatto vero che questa architettura "pura" e bianca produce un'atmosfera esclusivamente neutra e quindi di scarso effetto scenografico, al contrario.

Sempre più spesso ci imbattiamo in opere architettoniche che si trasformano nel tempo, come ad esempio la nuvola **Blur** di Diller + Scofidio all'expo.02 - Arteplage a Yverdon-les-Bains in Svizzera; la **Curtain Wall House** (FIGG. 2-4) di Shigeru Ban, la cui facciata è costituita da una tenda, che, a seconda del clima, viene tenuta aperta o chiusa e che rimane in equilibrio statico o sventola nell'aria; oppure ancora le facciate "mediali" della **Wind Tower** di Toyo Ito, che a seconda delle condizioni atmosferiche e del livello di rumore in strada mutavano il loro colore grazie a un software (si veda a questo proposito anche il saggio di Edward Dimendberg pubblicato in questo volume con riferimento alle facciate digitali di Diller Scofidio + Renfro). Soprattutto però, sempre più fotografi tentano di catturare l'atmosfera che promana dagli edifici (sia che si tratti di costruzioni cosiddette "anonime", sia che invece si tratti di icone della storia dell'architettura), che non sono "mutevoli" a priori, ma che tuttavia sono permeati – come avviene per ogni spazio – da un'atmosfera in costante mutamento. Si potrebbe definire tale genere di fotografia una pittorica, neo-romantica, nebulosa ed etera fotografia che mostra gli edifici come un **paesaggio** condizionato dagli eventi climatici. Non vi è quindi da stupirsi che fotografi, parallelamente alla fotografia atmosferica d'architettura, mostrino un rinnovato interesse nei confronti del paesaggio e del romanticismo.

UN NUOVO ROMANTICISMO

Untitled VII (1998, FIG. 1) di Andreas Gursky mostra le tracce effimere dell'atmosfera climatica, minacciosi cirri temporaleschi grigio-argentei, in una fotografia del formato di un dipinto di 186 x 224 cm. Nonostante le dimensioni dell'opera, non può sfuggire il rimando dell'allievo di Bernd e Hilla Becher a una delle più famose serie della storia della fotografia, ossia alle minuscole stampe alla gelatina al nitrato d'argento: le **Equivalents** di Alfred Stieglitz (FIGG. 5-7). Nell'arco di circa otto anni, dal 1923 al 1931, Stieglitz ha fotografato sezioni di cielo, spettacolari preludi temporaleschi e passaggi di formazioni di nembi. Sorprendentemente, le dimensioni così diverse delle fotografie di Gursky e di Stieglitz alterano solo in minima parte l'effetto del soggetto rappresentato: in entrambi i casi, gli squarci, incredibilmente pittorici, del cielo rimandano agli studi sulla sfera celeste e sulle condizioni atmosferiche tanto amati all'epoca del romanticismo.

Pochi anni prima di iniziare la serie delle **Equivalents**, Stieglitz era direttore di "Camera Work" (pubblicata dal 1903 al 1917), una delle più importanti riviste di fotografia dell'epoca, e, insieme a Edward Steichen, uno dei più importanti esponenti del cosiddetto "pittorialismo", il cui obiettivo era la realizzazione di una "pittura fotografica". Nonostante il fatto che le **Equivalents** per la loro astratta chiarezza e la loro quasi sobria documentarietà riescano a stupire ancora oggi, le opere di Stieglitz facevano riferimento non solo al pittorialismo ma anche a opere risalenti a più di cent'anni prima come ad esempio gli studi di J.M.W. Turner sulla nebbia, la pioggia, i temporali, la cui drammaticità spesso scorre in una superficie cromatica quasi bidimensionale, come afferma Graham Reynolds: "[sembra che esse] arrestino la visione sulla superficie nebulosa"[3]. Anche le nuvole di

FIG. 1. Andreas Gursky, *Untitled VII*, 1998. © Andreas Gursky. Courtesy Monika Sprüth et Philomene Magers.

Stieglitz possono apparire piane, talvolta al punto che si potrebbero scambiare per la superficie delle marine.

Guardando la fotografia delle nuvole di Gursky, viene inevitabilmente alla mente anche un contemporaneo di Turner, John Constable (1776-1873) e con lui i suoi **Cloud Studies**, eseguiti durante i suo vagabondaggi nella campagna inglese di Hampstead tra il 1821 e il 1822. Per lungo tempo, Constable concentrò la sua totale attenzione sulle nuvole e ogni giorno andava "skying" (FIGG. 8, 9). A differenza di Turner che annotava le sue osservazioni atmosferiche nel suo atelier, Constable lavorava **plein air**, sotto il cielo, dipingeva le nuvole nelle loro varie dimensioni, ponendole in relazione spaziale con la superficie blu del cielo. Constable schizzava il cielo a olio su carta, mentre qua e là cadevano sul colore fresco gocce di pioggia dell'incipiente temporale. Come di consueto tra i pittori paesaggisti dell'epoca, Constable segnava data, ora e luogo e, talvolta, anche il nome scientifico delle nuvole sul retro. Gli "sky studies" sono dei veri e propri bollettini atmosferici, proprio come quelli di un centro meteorologico e la serie consente di seguire l'andamento del tempo nell'arco di un determinato periodo[4]. È per questo motivo che essi, oggi, si rivelano straordinariamente moderni, oggettivi e realistici, pur rappresentando al contempo, per Constable, il documento di un sentimento romantico alla vita, testimonianza di caducità e solitudine.

Untitled VII non rappresenta la prima citazione genealogica di un'opera pittorica da parte di Gursky; si pensi, per esempio, a **Düsseldorf, Airport II** del 1994 (FIG. 10), quasi una citazione letterale di **Mönch am Meer** (Monaco in riva al mare, 1810 circa, FIG. 11) di Caspar David Friedrich. I contorni definiti si dissolvono nell'atmosfera nebulosa, si perde l'importanza degli oggetti, l'uomo sta da solo di fronte all'indefinita, sconfinata vastità. Quando Friedrich (1774-1840) dipinse **Mönch am Meer**, la tecnica fotografica stava per affermarsi. La prima immagine fotografica permanente, ancora oggi esistente, è datata 1827 e mostra un'opera architettonica: la tenuta di Nicéphore Niépce a Saint-Loup-de-Varennes, Francia. L'architettura, in ragione della sua immobilità, si dimostrava un soggetto particolarmente adatto ai lunghi tempi di esposizione e così l'"eliografia" divenne il mezzo di documentazione **par excellence** (si pensi all'archiviazione del **patrimoine** eseguita dalla Mission héliographique commissionata dal governo

FIGG. 2–4. (in alto) Shigeru Ban, *Curtain Wall House*. © Hiroyuki.

FIG. 5. (a sinistra, terza dal basso) Alfred Stieglitz (1864–1946), *Equivalent*, serie 107, 1931, stampata nel 1947 dalla Lakeside Press, Chicago, riproduzione foto- meccanica (mezzo tono), 11,6 x 9 cm, acquisto del museo. © by SIAE 2004.

FIG. 6. (a sinistra, seconda dal basso) Alfred Stieglitz, *Equivalent* 27C, 1931, stampata nel 1947 dalla Lakeside Press, Chicago, riproduzione fotomecca- nica (mezzo tono), 20,7 x 16,5 cm, acquisto del museo. © by SIAE 2004.

FIG. 7. (in basso a sinistra) Alfred Stieglitz, *Equivalent*, 1929, stampa alla gelatina al nitrato d'argento, 11,9 x 9,2 cm, parte acquisto e parte dono di An American Place, ex-collezione Georgia O'Keeffe. © by SIAE 2004.

francese). Fin dall'inizio essa tuttavia, entrò in conflitto con la pittura, con la quale si contendeva lo spazio artistico. Pittori insoddisfatti o falliti sperimentavano con la fotografia, sviluppavano procedimenti e scoprivano materiali che avvicinassero il più possibile la fotografia alla pittura. Con **Düsseldorf, Airport II**, Gursky riesce a superare questo conflitto tra le due discipline, rappresentando, quasi duecento anni più tardi, la visione romantica del mondo di Friedrich, avvalendosi di strumenti fotografici.

Se la parafrasi di Gursky del monaco di Friedrich può essere letta come una traduzione nell'era tecnologica (pur con tutte le sue implicazioni critiche), in **Focus** (2003, FIG. 12) del più giovane Frank van der Salm la lattiginosa bruma del mare ha assorbito qualsiasi voce critica. Evidentemente a van der Salm non interessa una dichiarazione interpretabile, come invece avviene per Gursky in **Düsseldorf, Airport II**, né una contestualizzazione storica della propria fotografia; all'artista olandese interessa essenzialmente l'effetto prodotto dal rettangolo bianco.

Il contemplatore coglie solo in un secondo tempo le sottili linee più scure, leggermente curve, e non gli risulta immediatamente evidente se queste linee, sottili come capelli, siano il risultato di un oggetto ritratto e dunque ne testimonino la sua materialità, o se, invece, siano un effetto della tecnica fotografica. Rimane un mistero se qualcosa si trovasse di fronte all'obiettivo di van der Salm e, se sì, di che cosa si trattasse. La foto, per l'osservatore, è tutta superficie e, contemporaneamente, lascia intuire che vi sia "qualcosa dietro". La superficie è "semplice", banale, monocroma, "pura", ciò che invece le si cela dietro è di una sconcertante complessità: in qualità di osservatrice fiuto, dietro questa apparente semplicità, un gioco raffinato. Lo scatto di Frank van der Salm è di algida modernità, ma, al contempo, è estremamente romantico. Il tratto delicato, appena sopra il margine inferiore rimanda – ancora una volta – al basso orizzonte del **Mönch am Meer** di Friedrich.

Untitled VII di Andreas Gursky e **Focus** di Frank van der Salm, rappresentano, seppur in un'ottica diversa, due paradigmi della nuova fotografia di atmosfera. Architettura e paesaggio, romanticismo e pittorialismo, atmosfera e superficie oggi vanno a braccetto. Il paesaggio di nuvole di Gursky preannuncia il revival della fotografia pittorialistica, che, evidentemente, procede di pari passo con una certa predilezione per la rappresentazione del paesaggio; all'opposto di tale fenomeno si colloca il paesaggio

nebuloso di van der Salm in cui tali tematiche vengono riflesse nello specchio dell'architettura – infatti la sua opera **Focus** non è altro che un elemento del rivestimento dello stadio di Basilea di Herzog & de Meuron.

Contrariamente a quanto avviene in **Düsseldorf, Airport II** di Gursky, in Frank van der Salm manca la figura umana: per uno spettatore ignorando la natura dell'oggetto rappresentato – un rivestimento realizzato per mano dell'uomo – manca persino qualsiasi tipo di riferimento all'essenza di un'esistenza umana. Questo nuovo genere di vuoto non si osserva solo nell'odierna fotografia d'architettura. Philip Ursprung scrive: "In un'economia globale soggetta alla supremazia dell'"ultimo momento" – e cioè soggetta a una sorta di simultaneità permanente – e nelle società soggette all'eterna lotta tra domanda e offerta, sono proprio quelle cose sature di vuoto che diventano, paradossalmente, un lusso"[5]. Concedersi il lusso del vuoto, creare spazi liberi in un tempo in cui, per lo meno nel mondo occidentale, essi rappresentano un bene raro, è una concetto che riguarda sempre più le sfere intellettuali. Mentre concedersi il lusso di lasciare spazi vuoti per noi occidentali è un fenomeno recente, esso appartiene già da secoli alla concezione di vita dei giapponesi. Sulle porte scorrevoli dell'**Entoku-in** a Kyoto (originariamente sedici porte scorrevoli, 1589), del pittore giapponese del XVI secolo Tōhaku, viene trasmesso un senso di totale avvolgimento grazie allo spazio vuoto che avviluppa generosamente il paesaggio, schizzato rapidamente a china su carta karakami, che scompare dietro banchi di nuvole e che si estende su diverse porte (FIG. 13).

Le fotografie di icone di architettura di Hiroshi Sugimoto appaiono, sotto questo aspetto, paradossali. Utilizzando la tecnica dello sfocato, le scioglie dal loro contesto esaltandone così la loro singolarità. Non solo la Villa Savoye (FIG. 14) appare come un oggetto solitario, ma anche, per esempio, lo scatto del Seagram Building di Mies van der Rohe nega ogni dettaglio concreto dello spazio circostante, elevando l'edificio dal rumoroso, caotico e soffocante distretto metropolitano di Manhattan. La sfocatura è come un batuffolo di cotone che avvolge gli edifici, e malgrado essi siano ancorati alla memoria collettiva, rimangono indefiniti nel vero senso del termine, perché la precisione comprometterebbe l'aura che promanano: "i modelli preparatori talvolta posseggono un'aura che è molto più in grado di comunicare il

FIG. 8. (a destra, seconda dal basso) John Constable, *Cloud Study with Tree Tops and Building*; iscrizione sul *verso*: "Sepr. 10. 1821, Noon. gentle Wind at West. Very sultry after a heavey [sic] shower with thun-der. accumulated thunder clouds passing slowly away to the south East. very bright and hot. all the foliage sparkling with the [sic] and wet", olio su carta, 24,8 x 30,2 cm. © Victoria and Albert Museum, London.

FIG. 9. (in basso a destra) John Constable, *Cloud Study*; sul *verso*: "31st Sepr 10–11 o'clock morning looking Eastward a gentle wind to East", olio su carta montata su tela, 48 x 59 cm. © Ashmolean Museum, Oxford.

FIG. 10. Andreas Gursky,
Düsseldorf, Airport II, 1994,
C-print, 186 x 230 cm.
© Andreas Gursky. Courtesy
Monika Sprüth et Philomene
Magers.

FIG. 11. (in alto) Caspar David Friedrich, *Mönch am Meer*, 1808–10, olio su tela, 111 x 173 cm. Berlino, Staatliche Museen zu Berlin – Alte Nationalgalerie / bpk (foto Jörg P. Anders).

FIG. 12. (in basso) Frank van der Salm, *Focus*, 2003, Duraflex su dbond, 150 x 104,5 cm. Courtesy MKgalerie.nl, Rotterdam, The Netherlands.

progetto architettonico di quanto non lo sia una copia fedele"[6]. Il commento di Herzog sul rapporto diretto tra imperfezione e aura si aplica anche alla fotografia. Gli edifici nelle fotografie di Sugimoto vengono isolati dal contesto anche attraverso quest'aura che li avvolge, e il vuoto, che in Tōhaku acquista il significato del **panta rhei** (tutto scorre), in Sugimoto si converte in una sospensione del tempo.

Mentre nell'arte atmosferica, che attualmente gode di un buon successo, l'osservatore sente sul proprio corpo l'ambiente e le condizioni climatiche (si pensi, ad esempio, all'allestimento **The Weather Project**, 2003–04, di Olafur Eliasson alla Tate Modern di Londra, dove i visitatori trovano riparo dalla pioggia e dal buio sotto un sole artificiale, fingendo di essere in spiaggia, di fare un picnic, di dormire e di giocare), questo in fotografia, ovviamente, non è possibile (FIG. 15). Per la fotografia vale il contrario: l'osservatore deve recuperare sul piano ottico ciò di cui viene privato a livello fisico. Certe fotografie riescono – a dispetto dell'opinione diffusa secondo cui un edificio sarebbe comprensibile meglio in realtà che non in fotografia – a far capire meglio un'architettura, rispetto a quanto non sarebbe possibile comprendere trovandosi sul posto. La mediazione dell'obiettivo (o anche, come per esempio in Ruff, del computer) apre all'osservatore gli occhi di fronte a manifestazioni che non di rado, nella viva realtà, gli sfuggono. In tal senso non è dunque un caso che le fotografie atmosferiche spesso vengano concepite in serie (come le **Equivalents** di Stieglitz), poiché i fenomeni atmosferici si percepiscono attraverso i loro mutamenti. Inoltre l'atmosfera ha bisogno di un supporto: se il corpo umano, in quanto tale, non viene chiamato in causa, allora si deve fare ricorso a qualcos'altro. In fotografia, il cui strumento principe è la luce, si rivela particolarmente adatto ad assolvere tale compito un supporto trasparente, come, ad esempio, le superfici vetrate nella serie di scatti **Menil House (Patio)** (FIGG. 16-18) di Luisa Lambri: la foschia si spinge fino alle lastre di vetro, lasciando intravedere solo un verde indistinto; quindi l'umidità aumenta e la foschia si diffonde sempre di più, addensandosi in gocce che scorrono. Attraverso le striscie formate dall'acqua si vedono le piante tropicali.

"LA SUPERFICIE COME QUELLA DELLA GIADA, NEBULOSA, SEMITRASPARENTE..."

Tutto è superficie, si tramuta in superficie, in un paesaggio della superficie[7]. Ralph Melcher scrive: "La fotografia d'architettura contemporanea è essenzialmente il tentativo di creare in forma d'immagine una costellazione di superfici; essa dunque non si occupa di riprodurre uno spazio, un posto, un luogo o un edificio"[8]. Gli scatti di Luisa Lambri della **S-House** di Kazuyo Sejima sono fotografie di questo genere: paesaggi di nebbia che non vogliono spiegare lo sviluppo dell'edificio, bensì, in linea con l'impostazione concettuale delle porte scorrevoli di Tōhaku, sono una documentazione sensoriale del vuoto. Le fotografie della Lambri non ci dicono nulla del numero delle stanze, delle relazioni tra i singoli spazi o delle proporzioni; per converso, esse ricostruiscono per noi l'atmosfera di una stanza o dell'edificio. La serie di scatti di Luisa Lambri di un altro edificio di Sejima, un complesso di appartamenti, ci mostra una parete a pannelli composta da strette porte di legno variamente aperte. Senza questa serie di fotografie della Lambri potremmo vedere le porte in una sola posizione, magari tutte chiuse; ciò produrrebbe un'impressione del tutto diversa, ossia quella di una parete di legno, statica, "rigida". La serie di scatti ci mostra invece quanto questo rivestimento mobile in legno possa assumere aspetti ludici e variabili e con ciò possa trasformarsi addirittura in un quadro astratto. Lo stesso vale per gli scatti della Lambri della Sammlung Goetz di Herzog & de Meuron: le fotografie – opaline con riflessi incredibilmente delicati, ben marcati e astratti nella forma – non ci forniscono alcuna informazione in merito alla grandezza o alla collocazione dell'edificio che sorge su un prato in mezzo agli alberi. Ma grazie al legame ottico che viene a instaurarsi tra le chiare pareti di vetro e il cubo di luce definito dalla vegetazione circostante, si ha l'impressione di poter sentire il profumo fresco e "verdeggiante" del giardino. La Lambri riesce a far filtrare fuori dagli edifici che fotografa il punto focale (nella Sammlung Goetz quell'angolo dell'edificio che, grazie al riflesso della luce, consente di relazionarsi sia verso l'interno che verso l'esterno) e a veicolare su di esso tutta l'attenzione del suo lavoro. I singoli scatti si differenziano gli uni dagli altri per piccoli cambiamenti nello stesso oggetto o per l'impercettibile cambio di angolazione della fotografa, che ruota attorno all'individuo che fa da fulcro in un moto coreograficamente strutturato. La successione di più scatti dello stesso oggetto, preso da diverse angolazioni e distanze, consente all'osservatore di stabilire con esso sempre delle prospettive diverse.

FIG. 13. Tōhaku, *Landscape on Sliding Doors*, quattro di sedici porte scorrevoli dipinte, 1589, inchiostro su carta karakami, 177 x 116 cm ciascuna. Kyoto, Entoku-in (ex Sangen-in, Daitokuji).

Il concetto di "flatness", utilizzato da Clement Greenberg per descrivere i dipinti di Pollock, intende connotare una superficie che non rimanda a null'altro se non al dipinto stesso. Gerda Breuer riprende tale concetto per le fotografie di Andreas Gursky[9]. Si potrebbe andare oltre e definire pure le "piatte" immagini di architettura autoreferenziali. Eppure proprio queste rimandano, come nessun'altra immagine, a qualcosa che sta oltre, ossia agli spazi e ai paesaggi che vi sono sottesi. La loro "flatness" **potrebbe** essere sufficiente, il loro fascino, tuttavia, evidenzia il fatto che esse rimandano a ben altro, a quella terza dimensione nascosta, alla profondità, a degli oggetti, alla loro funzione, al loro significato. Così la facciata di una casa non è solo piatta, bensì, sotto certi aspetti, è in grado di colportare un messaggio; uno degli esempi più significativi è rappresentato dalla Biblioteca di Sainte Geneviève di Henri Labrouste a Parigi, dove i nomi, scritti sulla pietra della facciata, rimandano ai libri che si trovano al suo interno; un altro esempio è costituito dalla Biblioteca Eberswalde di Herzog & de Meuron, dove le immagini riprodotte su lastre di cemento e vetro rimandano al contesto dell'edificio, dunque ben oltre la superficie della facciata, già di per sé pregna di significato.

Il fascino delle fotografie atmosferiche, di cui stiamo parlando, è dato dal fatto che esse condensano sulla superficie il mistero che vi è celato dietro. Ciò che giace sotto la superficie rappresentata è riconoscibile solo nei contorni e nelle allusioni indistinte. I deboli riflessi sulla pietra nera, la sfocatura lattiginosa delle finestre, le ombreggiature sul pavimento lucido fanno scaturire in queste fotografie una profondità e un'aura di mistero, analogamente a quanto descrive Jun'ichirô Tanizaki quando paragona il tradizionale budino di fagioli, un popolare dessert giapponese, a una pietra semipreziosa: "Solo a metà trasparente, e come rannuvolata, la pasta somiglia alla giada. Dall'interno si sprigiona un chiarore di sogno, quasi una sorgente di luce solare, come se la liscia superficie la avesse risucchiata e inabissata nel centro del dessert. Quale, fra i dolci occidentali, potrebbe rivaleggiare con questo impasto, e con il suo sapore così complesso?"[10].

LE OMBRE DEGLI SPAZI VUOTI

Jun'ichirô Tanizaki, il difensore dell'estetica tradizionale giapponese, scrive nel suo vademecum **Libro d'ombra**: "La luce viva ha dovuto attraversare ombre di spioventi e verande, prima di raggiungere il suo scialbo filtro di carta; stremata ora, languente, e senza più forza di illuminare, si limita a disegnare su un fondo buio i vaghi contorni dello **shoj**"[11]. Questa luce sfinita che Tanizaki descrive come se fosse un essere umano, è appena abbastanza luminosa per "caricare" la carta delle tradizionali porte giapponesi al punto che esse diventino qualcosa di più che semplici chiusure. Nella descrizione di Tanizaki, l'immaterialità della luce conferisce alle pareti di carta una materialità tattile. La luce non si limita a rendere visibile un oggetto, bensì è in grado di mutare completamente, in determinate circostanze, la natura ottica di un oggetto. La luce, nei suoi vari livelli di intensità, fa scaturire l'ombra; trattare la luce richiede capacità particolari, per nulla ovvie. Il segreto, secondo Tanizaki, consiste nel saper trattare l'ombra: "Se snidassimo l'ombra da ogni cantuccio del **toko no ma**, non resterebbe che un vuoto spazio disadorno. Tale beltà il genio dei nostri avi seppe conferire a una nicchia colma di nulla e di buio, da rendere inutile, e troppo inferiore, ogni altro ornamento"[12].

Nell'edificio La Defense (UNStudio, Almere, Olanda) l'ombra (e rispettivamente la luce) diviene elemento decorativo della facciata, chiunque si trovi a passare davanti all'edificio, qualsiasi oggetto, diviene parte integrante di questo "dipinto murale". Nella foto (FIG. 19) l'ombra dell'architetto Ben van Berkel viene assorbita dalle lastre di vetro ricoperte di pellicola. I suoi contorni si sfocano, egli si scioglie nella superficie; in un'altra fotografia la materialità della costruzione si dissolve in modo insolito nel proprio riflesso. **La Defense** si trova in costante mutamento del proprio stato di aggregazione che, a seconda delle condizioni di luce, modifica la sua consistenza da dura e compatta a volatile e trasparente; il visitatore che si trova a passeggiare tra i meandri dei cortili, percepisce all'interno del complesso il paesaggio esterno, che vira dal giallo al rosso ocra, a seconda delle condizioni atmosferiche.

Jean Nouvel, negli anni ottanta, ha progettato un sistema per l'**Institut du Monde Arabe** di Parigi, in grado di regolare selettivamente l'ingresso della luce all'interno e, in tal modo, di garantire il mantenimento dell'ombra. I prismi installati nella facciata producono **patterns** predefiniti dal meccanismo e la luce aumenta o diminuisce a seconda dell'apertura dei prismi. Nella **Dominus Winery** di Herzog & de Meuron (fig. 20), il gioco d'ombra è del tutto irregolare e si basa non su un meccanismo ma sulla casualità. Il

FIG. 14. (in alto a sinistra) Hiroshi Sugimoto, *Villa Savoye*, 1998, stampa alla gelatina al nitrato d'argento, 147 x 119 cm. © Hiroshi Sugimoto.

FIG. 15. (in alto a destra) Olafur Eliasson, *The Weather Project*, Tate Modern, Londra, 2003–04 (foto Nanni Baltzer).

FIGG. 16–18. (in basso a sinistra) Luisa Lambri, *Untitled (Menil House, #07, #10, #04)*, 2002, stampe laserchrome, 104 x 130 cm ciascuna. Courtesy Luisa Lambri e Studio Guenzani,

Milano. Realizzate da The Menil Collection, Houston.

FIG. 19. (in centro a destra) Ben van Berkel, *La Defense*, Almere, Olanda, 1999–2004 (foto Nanni Baltzer).

FIG. 20. (in basso a destra) Margherita Spiluttini, *Dominus Winery, Napa Valley, Herzog & de Meuron*, 1998, C-print, 120 x 150 cm. © Margherita Spiluttini.

muro composto da pietre amorfe accatastate e trattenute da un'inferriata, permette flussi irregolari di luce che danno vita a fantasie lucenti a macchia di leopardo, gettate su pareti e pavimento nel buio del corridoio adiacente. Questo ornamento cambia a seconda del tempo e dell'ora, scomparendo di sera e riapparendo al mattino, mentre, durante il giorno, i puntini di luce si muovono continuamente seguendo l'andamento del sole, del tutto in sintonia con la natura dell'atmosfera.

Il libretto di Tanizaki si conclude così: "Ho scritto queste pagine perché penso che, almeno in certi ambiti, per esempio in quello dell'arte, o in quello della letteratura, qualche correzione sia ancora possibile. Vorrei che non si spegnesse anche il ricordo del mondo d'ombra che abbiamo lasciato alle spalle; mi piacerebbe 'abbassare le gronde, offuscare i colori delle pareti, ricacciare nel buio gli oggetti troppo visibili', spogliare di ogni ornamento superfluo quel palazzo che chiamiamo Letteratura. Per cominciare, spegniamo le luci. Poi, si vedrà"[13].

La fotografia atmosferica si trova sulla strada migliore per scongiurare la scomparsa del mondo delle ombre, lamentata da Tanizaki[14]. Dopo l'architettura, anche per la fotografia non vale più il paradigma che un ambiente debba essere perfettamente illuminato perché si ottenga una buona fotografia d'architettura. Piuttosto, "abbassare le gronde, offuscare i colori delle pareti, ricacciare nel buio gli oggetti troppo visibili" intenzionalmente, e la fotografia atmosferica conserva il mondo di Tanizaki dei fluidi immateriali di luce solare e di ombra, e anche quelli di nebbia, vapore e foschia.

FOTOGRAFARE L'ARCHITETTURA

La fotografia per l'architettura non solo è importante, ma in alcuni casi ne può determinare il successo o il fallimento. Malgrado la mobilità odierna, le informazioni sull'architettura vengono ancora oggi veicolate tramite immagini fotografiche. Gernot Böhme scrive a proposito del valore della fotografia d'architettura: "E poi, quando l'edificio è eretto, quando il progetto è stato completato, la rappresentazione fotografica dell'opera è tanto importante, sotto un certo aspetto, più importante dell'opera stessa. […] Quindi non dovrebbe sorprendere se, in fase progettuale, non si pensi già alla fotografia che verrà poi scattata"[15].

Fredric Jameson compie un ulteriore passo avanti: non si limita solo a valutare l'effetto del risultato, bensì osserva che già la premessa si esprime a favore della fotografia: "L'appetito per l'architettura oggi, di conseguenza […] deve essere in realtà l'appetito per qualcos'altro. Io credo che si tratti di un appetito per la fotografia: ciò che noi vogliamo consumare oggi non sono gli edifici stessi, che intravediamo appena quando percorriamo l'autostrada. […] Il vero colore arriva quando guardiamo la fotografia, la lastra patinata, in tutto il suo splendore. 'Tout, au monde, existe pour aboutir au Livre!' Bene, almeno nel libro di fotografie!"[16].

Molti architetti sono consapevoli di tutto ciò da tempo e non solo pubblicano i loro progetti, bensì collaborano anche direttamente con i fotografi. È nota la collaborazione tra Herzog & de Meuron e Thomas Ruff; per la 5. Mostra internazionale di architettura del 1999 a Venezia il contributo degli architetti Herzog & de Meuron non consisté in modelli, piante o schizzi bensì in fotografie di loro edifici scattate da Ruff come pure da Margherita Krischanitz, Balthasar Burkhard e Hannah Villiger. Rapporti di collaborazione come quello tra Hélène Binet e Wiel Arets e Daniel Libeskind, tra Heinrich Helfenstein e Gigon & Guyer e tra Florian Holzherr e Peter Zumthor, si basano su differenti obiettivi ed esigenze di entrambe le parti e lasciano spazio alle rispettive libertà d'azione. Non sempre il rapporto risulta come nel caso della collaborazione tra Rem Koolhaas e Hans Werlemann nell'acquisto delle fotografie, negativi compresi (e con questi dei diritti), da parte dell'architetto, per assicurarsi il controllo assoluto sull'utilizzo.

Ora, la considerazione che la fotografia, in qualità di mezzo pubblicitario e di veicolazione, sia di importanza primaria se non decisiva, non rappresenta una novità; tuttavia tale considerazione diviene interessante quando si tratta di fotografia atmosferica d'architettura. Perché la fotografia di un'aura, di una "substance"[17] è certamente ben più difficile della fotografia di angoli retti o sghembi, di facciate chiare o scure, di cemento o pietra. Sebbene Philip Ursprung ritrovi negli edifici di Norman Foster l'obiettivo mirato della fotogenia e vi vede sotteso un "gioco anacronistico di trasparenza e opacità, di distorsione e riflesso"[18], tuttavia non gli riconosce la capacità di progettare simultaneamente l'atmosfera e la sua possibilità di resa fotografica: "La 'substance' scivola via dalle mani di Foster, malgrado il complesso impiego di specchi e riflettori"[19].

L'affermazione di Philip Ursprung in merito al fatto che la "substance" sembri "opporsi alla proiezione e alla riduzione sulla superficie e che non sia rappresentabile né sul piano verbale, né su quello figurativo"[20], a mio giudizio non è sempre condivisibile. Le fotografie di Luisa Lambri, Hiroshi Sugimoto, Thomas Ruff, Naruki Oshima, Andreas Gursky oppure di Frank van der Salm mostrano che tutto ciò è senz'altro possibile. E cioè – ed è questa la cosa sorprendente – determinati fotografi non solo riescono a fissare la "substance" di un'architettura atmosferica e di una facciata-paesaggio di Herzog & de Meuron, bensì addirittura quella di ciò che viene continuamente definita pura bianca architettura moderna.

of projections and optics, published in 1646. The illustrations of the magic lantern in the 1671 edition are the earliest extant of this device; Kircher was long credited with its invention [...]. Kircher is a truly Faustian figure, who practised his catoptrical arts with smoking lamps, compound crystals, and various camera obscuras, equipped with lenses and slides of his own device. This first movie theatre opened in the Jesuit college in Rome, where it was attended by cardinals and grandees who gathered to witness, what was known, in jest, 'writes a fellow Jesuit, ,as the enchantments of the reverend father'. But the later Jesuit's uneasiness is well grounded, for Kircher significantly chose to project supernatural images, and in this, he comes perilously close to the goety, or black magic, denounced by the Inquisition in his own day".

1. R. Barthes. *La camera chiara. Nota sulla fotografia*, Torino 1980, p. 30 (ed. orig. *La chambre claire: Note sur la photographie*, Paris 1980).
2. P. Buchanan, *Gedanken über Atmosphäre und Moderne*, "Daidalos", 68, Juni 1998, p. 82.
3. G. Reynolds, *Turner's Late Sky Studies*, in *Exploring Late Turner*, a cura di L. Parris, New York 1999, p. 18, cit. in *Constables's Clouds. Paintings and Cloud Studies by John Constable*, catalogo della mostra, a cura di E. Morris, Edinburgh 2000, p. 146.
4. Constable si interessava di nuvole, per il loro intrinseco valore simbolico di cambiamenti, sviluppi e di fasi di transizione; il tempo e l'atmosfera in sé e per sé lo affascinavano fortemente, anche dal punto di vista scientifico; nella sua biblioteca, tra gli altri libri, c'era anche il famoso volume di T. Forster, *Researches About Atmospheric Phaenomena*, 2a ed., Baldwyn 1815.
5. P. Ursprung, *Weisses Rauschen: Zur räumlichen Logik der Event-Architektur*, in *Die Stadt als Event. Zur Konstruktion urbaner Erlebnisräume*, a cura di R. Bittner, Frankfurt am Main 2001 (uscito in realtà nel 2002), pp. 212-233: p. 227.
6. J. Herzog, *Interview by Theodora Vischer with Jacques Herzog*, in *Architectures of Herzog & de Meuron, Portraits by Thomas Ruff*, New York 1994, p. 29.
7. Non è certamente casuale che Stieglitz in molte delle sue *Equivalents* abbia lasciato aperto lo spazio sopra e sotto, facendo così diventare il cielo nuvoloso una superficie ribaltabile.
8. R. Melcher, *Kunstcharakter und Künstlichkeit. Die Architekturfotografie als künstlerische Bildgattung*, in *In Szene gesetzt. Architektur in der Fotografie der Gegenwart*, a cura di G. Adriani, Karlsruhe 2002, p. 71.
9. G. Breuer, *Pictures of Paradox. The Photographs of Andreas Gursky*, in *Reconstructing Space. Architecture in Recent German Photography*, a cura di M. Mack, London 1999, p. 23.
10. Jun'ichirô Tanizaki, *Libro d'ombra*, trad. di A. Ricca Suga, Milano 2002, p. 36.
11. *Ibid.*, p. 47.
12. *Ibid.*, p. 46.
13. *Ibid.*, p. 90.
14. L'ombra non è sempre stata così mansueta come in Tanizaki, e forse non è un caso che in tedesco si parli di "mondo dell'ombra", quando si tratta di truffatori. Marina Warner nel suo libro *Fantastic Metamorphoses, Other Worlds. Ways of Telling the Self* (New York 2002, pp. 172-175) descrive in maniera straordinaria quanto le ombre potessero essere inquietanti e pericolose indicando il testo di Athanasius Kircher *The Great Art of Light and Shadow*: "his study
15. G. Böhme, *Atmosphere as the Subject Matter of Architecture*, trad. di C. Schelbert, in *Herzog & de Meuron: Natural History*, a cura di P. Ursprung, Montreal 2002, pp. 399, 401 (ed. orig., *Atmosphären als Gegenstand der Architektur*, in *Herzog & de Meuron: Naturgeschichte*, a cura di P. Ursprung, Baden 2002, p. 412).
16. F. Jameson, *Postmodernism; or, The Cultural Logic of Late Capitalism*, Durham (NC) 1991, pp. 98-99.
17. Vedi H. Lefebvre, *The Production of Space*, trad. di D. Nicholson-Smith, Oxford 1991, p. 37 (ed. orig., *La production de l'espace*, Paris 1974, p. 257). Ringrazio Philip Ursprung per la segnalazione.
18. Ursprung, *Weisses Rauschen*, cit., p. 218.
19. *Ibid.*
20. *Ibid.*

GERNOT BÖHME

ATMOSFERE: LA RELAZIONE TRA MUSICA E ARCHITETTURA OLTRE LA FISICA

LE RELAZIONI SCONTATE

Tra architettura e musica esiste una relazione che, nella sua comune accezione, è già stata dibattuta sotto molteplici aspetti e che può venire costantemente rievocata. Più precisamente, tale relazione si presenta in due forme distinte. Si tratta cioè, in primo luogo, di menzionare il rapporto metaforico che viene a sussistere tra architettura e musica: in tal caso, si parla, per esempio, dell'architettura di una fuga di Bach; mentre, viceversa, dell'Alhambra a Granada, si può affermare che la sua architettura sia concepita come una fuga di Bach. Tali espressioni metaforiche potrebbero creare una certa confusione nel caso in cui s'intenda trattare di una delle due discipline, ricorrendo ai termini presi in prestito dall'altra. Per converso, tuttavia, ciò potrebbe sottendere una verità più profonda. Nell'esempio appena menzionato, comunque, si tratta di un'affinità strutturale, di modulazione, permutazione, immagine riflessa di un modello di base.

La seconda relazione scontata tra musica e architettura consiste nel fatto che la musica – di norma – viene eseguita in spazi edificati, e dunque le qualità acustiche degli spazi assumono particolare importanza relativamente alla possibilità dell'esecuzione musicale al loro interno. In tal senso, quindi, l'acustica in quanto parte specialistica della fisica, viene a essere un'importante disciplina a supporto dell'architettura, laddove quest'ultima si occupi della progettazione di spazi il cui obiettivo principale sia il conseguimento della performance acustica, cioè di buone qualità sonore, di udibilità ecc. La relazione, in questo caso, è di norma univoca, ossia si richiede all'architetto di realizzare spazi al cui interno sia possibile eseguire performance musicali di buona qualità. È da accogliere con estremo favore il fatto che, da qualche tempo, i musicisti o, per meglio dire, i compositori, interpretino tale relazione anche nella prospettiva opposta, ossia compongano opere che rispondano alle caratteristiche acustiche di spazi preesistenti. Ricorrendo a un'espressione di Gerhard Müller-Hornbach, in tal modo essi concepiscono lo spazio architettonico come uno strumento ampliato nello spazio, e per esso compongono. Ciò nondimeno, intendo precisare che anche in questo caso si tratta di una relazione tra architettura e musica ancora una volta intesa nella sua accezione comune; infatti, lo spazio, concepito in questi termini, viene inteso quale dato fisico, con particolare riguardo alle sue qualità acustiche. Non si parla ancora dunque della musica che, analogamente all'architettura, crea spazi, né, quindi, del punto di incontro delle due discipline, il centro verso il quale potrebbero convergere, ossia del tema dello spazio.

IL CENTRO: LO SPAZIO

La vera e propria accezione non comune della relazione tra architettura e musica diviene un tema nel momento in cui si concepisce la musica quale arte dello spazio, analogamente a come l'architettura viene intesa in quanto arte dello spazio. A tutt'oggi tale interpretazione risulta sorprendentemente affatto comune a entrambe le discipline; essa, al contrario, viene a essere una tesi stimolante, in quanto consente non solo di dare una nuova lettura del preesistente, sia nel campo della musica, sia in quello dell'architettura, bensì contempla in sé un grande potenziale di innovazione per il futuro.

Innanzitutto la tesi: la musica è arte dello spazio. Questa tesi si pone in contrasto con una tradizionale concezione di musica, secondo la quale quest'ultima sarebbe essenzialmente arte del tempo. Il noto musicologo Carl Dahlhaus ha sviluppato tale pensiero al punto da affermare che la musica sarebbe "creazione del tempo" ovvero "tempo creato"[1]. Tale concezione, naturalmente, non è errata; al contrario, va osservato che essa richiama una dimensione molto importante della musica, ma diviene erronea se intesa quale determinante essenziale della musica, per lo meno in una prospettiva storica. Che l'essenza della musica consista nel ricondurre a unità il susseguirsi di una successione di toni, ossia nel conferirle una forma, è una caratterizzazione che ben si adatta a grandi periodi della storia della musica europea, ma che non è più valida né rispetto agli sviluppi della Nuova Musica né per quelle concezioni di musica che nel frattempo sono comparse sulla scena musicale internazionale, in particolare quelle di matrice asiatica. Per questi ultimi casi, ciò che è venuto meno è l'assunto che un brano musicale abbia, per sua stessa struttura interna, un inizio definito e una fine – elementi tradizionalmente determinati da armonia, tonalità e cadenza – e che presenti un ordine di sequenze necessario alla sua ricezione. Nel frattempo vi sono componimenti in cui il divenire musicale consiste nel manifestarsi di singoli toni, rumori o configurazioni su uno sfondo d'atmosfera o di silenzio e, più oltre, anche pezzi musicali che riempiono lo spazio in modo tale che l'ascoltatore, attraverso il movimento all'interno dello spazio, può esperire differenti ordini di successione (Gerhard Müller-Hornbach); e infine vi sono composizioni musicali la cui essenza è data proprio dalla loro stessa struttura **open-endeness** (Claus-Steffen Mahnkopf, **Hommage à Thomas Pynchon**). Con ciò si è fatto riferimento a casi, in cui i musicisti hanno abbandonato lo strumento creazione del tempo quale mezzo di composizione. Per converso, invece, grazie all'evoluzione della Nuova Musica, in particolare in ragione del ricorso a mezzi elettronici di produzione e riproduzione, anche lo spazio stesso è divenuto tema delle composizioni musicali. Tuttavia, nel momento in cui si esprime tale concezione e dunque, al contempo, si punta proprio all'elemento innovatore insito in questa prospettiva, si corre naturalmente il pericolo di considerare il nuovo incluso nella tesi "la musica è arte dello spazio" quale concezione nota e superata. Naturalmente gli esecutori hanno sempre fatto riferimento agli spazi, nel senso che hanno sempre dovuto tenere conto del rimbombo, dell'eco e della risonanza degli spazi. Vi sono persino esempi precoci, in cui la struttura spaziale assumeva rilevanza già in fase di composizione, per esempio i componimenti per cori ripartiti di musica barocca da chiesa. In tal caso, tuttavia, si aveva sempre a che vedere con spazi preesistenti, mentre non si ha ancora consapevolezza della musica in quanto essa stessa creatrice o strutturatrice di spazi. Tale idea innovativa sembra essere stata concepita per la prima volta nel 1913 da Marcel Duchamp, che su un foglietto di appunti scriveva dell'esigenza di creare una **scultura acustica**. Questa **Composizione** di Marcel Duchamp è stata messa in scena, o per meglio dire, eseguita – ancorché in maniera inadeguata – dall'Ensemble Recherche in occasione di un simposio su Duchamp, a Darmstadt nel 2001. L'Ensemble ha tentato appunto di realizzare l'idea di Duchamp essenzialmente attraverso la ripartizione dei musicisti nello spazio architettonico. Tale interpretazione certamente non è errata, tuttavia rimane aperta la questione – risolvibile, per altro, solo in termini empirici – se in tal caso si possa affermare di aver dato vita a una **scultura acustica**. Che cosa sarebbe o cosa è una **scultura acustica**? Per chiarirlo è necessario far riferimento a esperienze dell'ascolto musicale, certamente note, per lo più subliminali; o, rispettivamente, a modelli della retorica tradizionale, che però finora a stento sono stati presi in seria considerazione nel loro significato letterale. In tal senso si tratta di riflettere sul fatto che i toni vengono definiti **alti** e **bassi** o, in greco antico, **barys** e **oxys**. Alto e basso sono connotazioni spaziali, che tuttavia non trovano alcuna giustificazione per esempio nella strutturazione spaziale dei toni o nel tocco degli strumenti. Tali espressioni, piuttosto, rimandano marcatamente alla vera e propria modalità di ricezione acustica dei toni. Questa modalità risulta maggiormente evidente nel momento in cui si faccia ricorso ai termini greci **barys** e **oxys**. **Barys** significa grave, esteso, **oxys**, invece, acuto e appuntito. Queste espressioni

sono evidentemente espressioni di un'esperienza tonale nello spazio, per lo meno, comunque, di un'esperienza tonale sinestetica. Se si tiene conto di queste connotazioni linguistiche, si scopre che noi ascoltiamo i toni, le configurazioni musicali e, più in generale, la musica proprio sulla base di categorie spaziali, e cioè non già in quanto suoni provenienti da fonti ripartite nello spazio o in quanto suoni che semplicemente riempiono lo spazio, bensì in quanto presenza con una specifica struttura spaziale in mutamento. I toni e le configurazioni musicali possono elevarsi e abbassarsi, possono sfumare, possono essere acuti ed estesi, lacerati, muoversi nello spazio, essere poco nitidi o puntuali e, in generale, presentarsi in molteplici strutture spaziali. Si potrebbe tributare all'evoluzione dei mezzi tecnici di produzione e ricezione il fatto che la struttura spaziale sia divenuta un tema sia della produzione sia della ricezione musicale. Da una parte, grazie all'ascolto in cuffia si è potuta realizzare una sorta di presenza e di percezione nel puro spazio acustico, ovverosia in uno spazio nudo di oggetti o strutture oggettuali; dall'altra parte, grazie al **sampling** e alla coordinazione di altoparlanti distribuiti nello spazio si è potuti giungere a un controllo razionale di movimenti tonali e alla strutturazione di immagini acustiche nello spazio.

È dunque sorprendente constatare come spesso affermare che l'architettura sia arte dello spazio sia una tesi connotata da un'accezione nient'affatto comune e, conseguentemente, iscriva in sé un potenziale innovativo. Affermare che l'architettura abbia a che vedere con lo spazio e che la strutturazione dello spazio ne sia dunque costituente essenziale, troverebbe senz'altro riscontro unanime. Il punto è che, per tradizione, il concetto di architettura in quanto arte dello spazio risente dell'influenza della tradizionale ontologia europea, tutt'oggi dominante, che si rifà ad Aristotele. Tale modello ontologico concepisce ciascun esistente secondo uno schema di forma e materia e, su questa base, l'architettura viene intesa essenzialmente quale strutturazione di masse – per cui gli edifici vengono a essere macrosculture percorribili. In contrapposizione a tale idea di architettura, nel XX secolo si è venuto a fatica sviluppando un concetto di architettura, secondo cui il costituente di questa disciplina sarebbe essenzialmente la strutturazione di spazi, per non dire la creazione di spazi. Significativa a tale proposito è una formulazione di Peter Zumthor, secondo cui in architettura vi sarebbero due modi fondamentali per strutturare gli spazi: da una parte la delimitazione di uno spazio nel corpo architettonico; dall'altra la circoscrizione di un settore spaziale, correlato con lo spazio infinito tramite un corpo aperto[2]. Nel formulare tale concetto, Zumthor si richiama probabilmente a spazi come una galleria o un loggiato da una parte e una piazza dall'altra. Il concetto di Zumthor naturalmente costituisce solo uno spunto iniziale ed eventuali letture alternative non debbono essere intese quali totali divergenze. Già la seconda modalità menzionata da Zumthor può venire interpretata secondo una chiave differente dall'originaria. Uno spazio aperto circoscritto, come, ad esempio, quello di piazza San Pietro a Roma o del bastione semicircolare a Schwetzingen, non solo creano uno spazio, bensì, come chiarisce lo stesso Zumthor, rimandano all'aperto, ossia aprono all'esperienza lo spazio proprio nella sua ampiezza. Se si abbracciano questi concetti, o per meglio dire se si condivide il piano esperienziale che da essi scaturisce, ci si trova di fronte a un intero spettro di ulteriori modalità architettoniche di strutturazione dello spazio. Che rapporto ha con lo spazio, per esempio, una roccaforte medievale situata sulla cima di un monte, che effetto ha sullo spazio un cane che abbaia in lontananza o un aeroplano nel cielo? Che genere di esperienza spaziale ha trasmesso **Man Walking to the Sky** di Jonathan Borofsky davanti al Fridericianum a Kassel[3]? Quelli appena menzionati non sono tutti esempi architettonici, tuttavia ciò che li connota si realizza ricorrendo all'utilizzo di mezzi architettonici. Una roccaforte sulla cima di un monte o di un colle concentra lo spazio. Se ci si trova immersi in quel particolare paesaggio, si percepisce senz'altro molto bene la centralità e la condensazione dello spazio nelle vicinanze della roccaforte. Un cane che abbaia in lontananza o un aeroplano che vola, invece, articolano la vastità dello spazio. L'esperienza della vastità spaziale viene veicolata proprio in ragione del fatto che in tale vastità appaia qualcosa di puntiforme. La scultura di Jonathan Borofsky, esposta a Documenta 9, trasmetteva visibilmente una certa tensione al movimento. Questa tensione al movimento del soggetto, che tende a precipitare in cielo, sarebbe riuscita a trasmetterla certamente anche solo la posizione obliqua della stessa trave; la performance dell'artista è consistita solo nel focalizzare l'attenzione su tale tensione al movimento. La veicolazione della tensione al movimento, la concentrazione degli spazi, l'apertura della vastità spaziale attraverso l'articolazione: tutte queste sono modalità di trattamento dello spazio, che, sostanzialmente, sono sempre state dominio dell'architettura. Si può soltanto aggiungere che l'architettura, nella seconda metà del XX secolo, ha incominciato a trasformare tale trattamento dello spazio nel suo vero e proprio tema di pertinenza. A tale svolta concettuale ha contribuito naturalmente in misura notevole anche l'impiego di nuovi materiali da costruzione, a incominciare dalle costruzioni in acciaio, cemento armato, plexiglas, plastica; d'altra parte è altresì vero che anche la lussuosa evoluzione del capitalismo esprime la sua svolta verso l'economia estetica[4]. Riassumendo possiamo affermare che oggi lo spazio per l'architettura non rappresenta più un dato precostituito; essa, piuttosto, identifica il suo compito essenzialmente nella creazione e nella strutturazione di spazi e di esperienze spaziali. Ma di che genere di spazi si tratta e cosa si intende con il termine **spazio**, inserito in tale discorso?

ATMOSFERE

Il pensiero europeo sullo spazio si riconduce, essenzialmente, a due tradizioni. L'una trova la sua matrice in Aristotele e concepisce lo spazio quale **topos**, luogo. Dal punto di vista matematico la topologia è la disciplina delle relazioni che avvengano nel luogo, nello spazio circostante il luogo ed essa non conosce metrica. La seconda concezione di spazio trova la sua origine in Cartesio e concepisce lo spazio in quanto **spatium**, in quanto distanza e distacco. In un'ottica matematica lo spazio qui è essenzialmente determinato da una metrica, cioè dal fatto che per esso le relazioni spaziali possono venire intese sulla base di parametri quantitativi. Tali concetti di spazio hanno ambedue in comune l'idea che si tratti di spazi nei quali si trovino collocati dei corpi e che siano concepiti in relazione ai corpi. Da questi due concetti di spazio si distingue lo spazio della presenza fisica[5]. Quest'ultimo è uno spazio che noi esperiamo tramite la nostra presenza fisica, lo spazio dunque che percepiamo fisicamente o sul nostro proprio fisico. Tale spazio è costituito essenzialmente da strettezza e ampiezza. A differenza delle altre due categorie spaziali matematiche menzionate, esso è anisotropo, ossia centrato, determinato dall'assoluto qui, nel quale ci si trova. Le possibilità della strutturazione musicale o architettonica – le idee menzionate nella seconda parte del presente contributo – sono da ricondursi essenzialmente allo spazio della presenza fisica. Le strutture spaziali, di cui si è trattato, sono eminentemente strutture destinate a un soggetto esperienziale, a un ascoltatore nella musica e a un soggetto fisicamente presente nell'architettura. Da ciò risulta evidente che gli sviluppi sia in musica sia in architettura, sviluppi in base ai quali entrambe queste discipline possono venire definite in quanto arti dello spazio, si riferiscono a quelle evoluzioni nel percorso che fanno riferimento essenzialmente al soggetto nella sua presenza fisica; ossia comprendono le possibilità dell'esperienza spaziale del soggetto quale momento essenziale di composizione e costruzione.

Lo spazio fisico non è né il luogo che un soggetto occupa con il suo corpo, né il volume dato da tale corpo. Lo spazio fisico per l'uomo rappresenta la sfera della sua presenza sensoriale. E quest'ultima trascende costantemente i confini del suo corpo. Tale situazione si può agevolmente descrivere, ricorrendo a un esempio mutuato da Cartesio: un cieco che saggi il terreno con un bastone e si accorga della presenza di un ciottolo, non lo percepisce direttamente sulla superficie del suo corpo, sulla pelle della sua mano che regge il bastone, bensì nel luogo dove il ciottolo stesso si trova, sul suolo, sull'estremità del bastone, appunto. Lo stesso vale per l'architettura. La percezione di strettezza e ampiezza negli spazi non è la percezione di strettezza e ampiezza del nostro corpo, bensì piuttosto il restringersi o l'ampliarsi della nostra percezione che esce nello spazio stesso. E nella musica, cosa avviene?

In musica l'ascolto in cuffia costituisce un evidente esempio del fatto che ci troviamo, siamo collocati in ciò che percepiamo a livello sensoriale. Esistono persone che dal punto di vista fisico, o meglio, neurofisiologico, intendono tale tipo di ascolto come **musica nella testa**; ciò, tuttavia, dipende esclusivamente dal fatto che essi guardando dall'esterno, per così dire, l'ascoltatore come soggetto sperimentale, devono poter localizzare i toni che sentono da qualche parte nello spazio fisico. Lo stesso ascoltatore, tuttavia, sente i toni **all'esterno**, egli stesso si percepisce collocato in uno spazio riempito dai toni. È di estrema importanza il fatto che l'ascolto inteso in tal senso, altro non sia se non l'ascolto senza l'ausilio della cuffia, e solo tramite questa **esperienza** si riesce a dimostrare che lo spazio dell'ascolto è esso stesso uno spazio di presenza fisica, e, in quanto tale, totalmente indipendente dall'esistenza di oggetti concreti. L'ascoltatore ascolta in un certo senso **all'esterno**. Egli avverte l'ampiezza dello spazio e tale ampiezza viene articolata e strutturata in un determinato modo dai toni che percepisce. Lo spazio fisico o lo spazio che noi riusciamo a esperire tramite la nostra presenza fisica, non acquisisce dunque le sue peculiarità in ragione dei parametri di strettezza e ampiezza, di direzione, centralità, concentrazione e articolazione; la sua peculiarità è piuttosto di ordine emozionale. Già ampiezza e strettezza, in quanto parametri fisicamente percepiti, non hanno un grado neutro di emozionalità, bensì, proprio in quanto tali, hanno in sé una connotazione umorale. In generale, si può affermare che noi, nel nostro stato [**Befindlichkeit**], percepiamo in quale spazio siamo [**sich finden**]. Uno spazio, sia esso strutturato secondo parametri architettonici o parametri musicali, in un certo senso provoca un'impressione su di noi. In questo caso affermiamo che lo spazio possiede **atmosfera**. Con questo termine, in architettura e in musica si aprono, sia sul piano concettuale sia su quello pratico, prospettive di ampio respiro[6]. Ciò possiede una doppia connotazione, positiva da un lato e critica dall'altro. La positività consiste nel fatto che si impara a comprendere meglio gli effetti emozionali prodotti dalla musica e dall'architettura. Finora si è infatti tentato di spiegare che la musica agisce sui sentimenti, ricorrendo con scarsa efficacia alle teorie associative o al supposto carattere pittorico della musica. Se invece si parte dal presupposto che la musica modifica lo spazio della presenza fisica, allora si condivide pure l'assunto della modificazione dello stato anche in architettura. L'architettura, di norma, viene erroneamente descritta come arte visiva. Se invece la si intende in quanto arte dello spazio, allora significa che la sua autentica modalità esperienziale è la percezione fisica, attraverso la quale la strutturazione architettonica degli spazi penetra anche direttamente la categoria di collocazione. La medesima teoria, tuttavia, può divenire anche strumento critico nei confronti della manipolazione emozionale dell'uomo, secondo quanto avviene, per esempio, con la musica utilizzata quale **arredo acustico** di spazi – nei centri commerciali, nelle metropolitane, negli studi dentistici – o con l'architettura di particolari edifici quali chiese e tribunali, in grado di esercitare sul visitatore un'influenza umorale di fondo e dunque una determinata predisposizione alla reattività o alla passività. Musica e architettura, dunque, non sono solo mezzi di elevazione e di appagamento della vita, bensì strumenti del potere.

1. C. Dahlhaus, *Musikästhetik*, Köln 1967, p. 113.
2. P. Zumthor, *Thinking Architecture*, Basel 1999.
3. L'opera attualmente è collocata – meno felicemente – di fronte alla vecchia stazione di Kassel.
4. Si veda, a tale proposito, il mio saggio *Zur Kritik der ästhetischen Ökonomie*, "Zeitschrift für kritische Theorie", 12, 2001, pp. 69-82.
5. Si veda a tale proposito H. Schmitz, *Der leibliche Raum*, vol. 3, parte 1, *System der Philosophie*, Bonn 1967. Si veda inoltre il mio saggio *The Space of Bodily Presence and Space as a Medium of Representation*, www.ifs.tu-darmstadt.de/gradkoll/Publikationen/space-folder/pdf/Boehme.pdf
6. Si veda G. Böhme, *Anmutungen: Über das Atmosphärische*, Ostfildern 1998; Id., *Acoustic Atmospheres*, "Soundscape", 1, 2000, pp. 14-18 e Id., *Atmosphären als Gegenstand der Architektur*, in *Herzog & de Meuron: Naturgeschichte*, a cura di P. Ursprung, Baden 2002, pp. 410-417.

Tradotto dal tedesco da Elena Israela Wegher

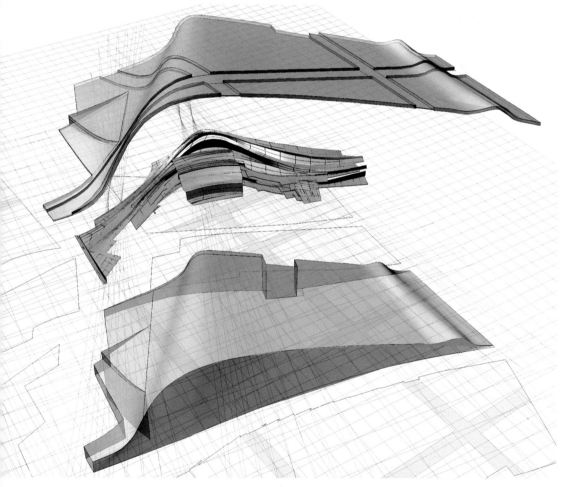

Eisenman Architects, Teatro
de la Música, Ciudad
de la Cultura de Galicia,
Santiago de Compostela,
Spagna, 1999 a oggi.

KURT W. FORSTER
LA LORO "VOCE DEL PADRONE". NOTE SULL'ARCHITETTURA DELLE SALE DA CONCERTO DI HANS SCHAROUN E FRANK O. GEHRY

Pochi dei tipi edilizi a noi familiari sono così insoliti da ridursi a una manciata di esempi, ma nonostante il loro esiguo numero le sale da concerto sollevano interrogativi che vanno ben oltre il loro scopo dichiarato. Si potrebbe pensare che il loro ruolo pubblico sia troppo limitato e le loro variazioni tipologiche troppo ristrette per esercitare un gran potere sull'architettura in generale, ma entrambe queste supposizioni sono state superate dalla recente costruzione di straordinare sale in località diverse.

Le sale da concerto sono a modo loro palcoscenici. Ancora oggi molti teatri continuano a ospitare orchestre e nella maggior parte dei casi i teatri dell'opera hanno preceduto la costruzione di strutture autonome dedicate ai concerti. Per gli spettacoli musicali venivano adattati edifici preesistenti, come per esempio la Gewandhaus a Lipsia o la Symphony Hall a Boston mentre altri, come la polifunzionale Royal Albert Hall di Londra, erano costruiti in forma di arena. Le sale da concerto possiedono una naturale affinità col palcoscenico, ma il loro dramma è tutto interiorizzato. Come i teatri, richiedono una distanza estetica, ma invece di definirla tramite l'inquadratura visiva lo fanno tramite l'acustica. Si tratta di una distinzione che risulta dall'evoluzione storica delle sale da concerto e, più di recente, dalle nuove forme di creazione musicale e dai diversi ideali acustici. E non è un caso, allora, che gli anni cinquanta del secolo scorso siano stati un decennio di ripensamento decisivo sia delle dimensioni spaziali della musica che degli specifici obiettivi musicali delle sale. I momenti determinanti di tale evoluzione apparvero dapprima isolatamente ma poi ben presto confluirono dando luogo all'avvento di edifici originali le cui caratteristiche avrebbero stimolato e sfidato la pratica musicale. Con l'arrivo della tecnologia di registrazione a pista multipla e del ruolo emergente delle stazioni radio nel sostenere la sperimentazione musicale, la dimensione spaziale della musica guadagnò terreno nuovo. L'avvento degli stereo a un prezzo ragionevole e della quadrifonia nella riproduzione del suono, oltre alla generazione e alla registrazione sintetica del suono, consolidò la nozione di un "paesaggio sonoro". Compositori come Karlheinz Stockhausen aprirono la strada con ensemble spazialmente separati, in **Gruppen** (per tre orchestre) del 1955–57, ampliando l'idea del **Canticum Sacrum** di Igor Stravinskij del 1955, con i suoi effetti antifonali a San Marco, a Venezia. Con **Carré**, Stockhausen portò l'ensemble a quattro orchestre e cori nel 1959–60, e Pierre Boulez in seguito avrebbe raffinato la distribuzione spaziale degli strumentisti e il loro feedback elettronico circolare al-

l'IRCAM di Parigi, che da allora ha esercitato un'influenza mondiale nello sviluppo della nuova musica.

In nessun momento i contenitori architettonici per la musica furono così radicalmente ripensati come durante gli anni in cui cominciò a emergere l'idea di tali "paesaggi sonori". Che questi sviluppi paralleli in musica e in architettura si siano verificati in modo indipendente uno dall'altro non ne diminuisce in alcun modo il significato. Decenni più tardi, gli esperimenti degli anni cinquanta avrebbero stimolato il processo di progettazione della Walt Disney Concert Hall. Sono molto poche le sale da concerto di forte impatto realizzate prima che Frank O. Gehry vincesse il concorso per quella di Los Angeles nel 1989. Il risultato finale deve tanto alla collaborazione con Pierre Boulez quanto al contributo dei professionisti delle scienze acustiche[1]. In quanto spazi pubblici, le sale da concerto sono andate allontanandosi sempre più dalla tipologia dei teatri, tendendo alla forma e alla condizione delle arene. Invece che all'illusione ottica che inquadra il palcoscenico, la musica si è avvicinata all'agone dell'azione i cui effetti sull'immaginazione funzionano altrettanto bene (o meglio) se l'ascoltatore tiene gli occhi chiusi. Non che lo spettacolo offerto da una sala da concerto sia di scarso interesse, anche durante l'esecuzione, ma la sua percezione assume un carattere diverso. È proprio quel suo carattere intangibile che ci fa includere la progettazione delle sale da concerto tra le sfide più grosse in architettura. In poche parole, è compito dell'architetto trasportare gli ascoltatori riuniti nella sala alla soglia di un'esperienza che trascende l'architettura utilizzando gli strumenti dell'architettura stessa che li circonda.

Sia in relazione alle caratteristiche della collocazione che a quelle dell'acustica, l'Opera di Sidney rappresenta il primo esempio del ripensamento radicale di una sala da concerto, pur essendo più un teatro dell'opera che un luogo specializzato per i concerti. La proposta di Jørn Utzon, che vinse la gara del 1955, passò per un lungo processo di riprogettazione da parte degli ingegneri di Arup e dunque non fu completata prima del 1973[2] (FIGG. 1, 2). Pensata come punto di riferimento nel contesto urbano e posta sul largo promontorio del porto, la caratteristica più significativa dell'Opera di Sidney è la sua sequenza di gusci ricurvi. Utzon li aveva tratti dall'ideogramma cinese per nuvola e tetto, ma di certo il fatto che suo padre fosse ingegnere navale deve aver lasciato un'impronta altrettanto profonda sui ripidi scafi delle volte dell'Opera. Ma ci sarebbe stato un altro evento di valore profetico: fin dall'inizio Utzon pensò al sito e agli auditorium come a un "paesaggio

FIG. 1. (in alto a sinistra) Jørn Utzon, Schizzi dell'idea per la Sydney Opera House, da M. Prip-Buus in R. Weston, *Utzon: Inspiration, Vision, Architecture*, Hellerup, Bløndal, 2002.

FIG. 2. (in alto a destra) Jørn Utzon, Sydney Opera House, veduta aerea (foto David Mesents), da M. Prip-Buus in R. Weston, *Utzon: Inspiration, Vision, Architecture*, Hellerup, Bløndal, 2002.

FIG. 3. (in basso) Rem Koolhaas/ OMA, Casa da Música, Oporto, Portogallo, luglio 2004 (foto Alessandro dell'Orto).

continuo"[3] capace di creare non solo una piattaforma lungomare dotata di potente carattere pubblico, ma anche di plasmare un continuum tra esterno e interno. Questo tratto sarebbe tornato in molte delle sale da concerto successive, conferendo loro una natura fortemente individuale per trasformarsi solo di recente in una sorta di cliché. Gli esempi più brillanti di questo tipo sono il Kultur- und Kongresszentrum sul lago di Lucerna (1993–2000) di Jean Nouvel e la Casa da Música a Oporto (1999–2004; FIG. 3) di Rem Koolhaas che riescono, entrambi, a combinare visibilità urbana e inquadrature straordinariamente inedite dei loro famosi contesti naturali. Come rovesciando il cliché per spremerne ogni energia residua, le sale da concerto di Lucerna e di Oporto trascinano il pubblico in foyer inattesi e lunghe **promenades** prima di "alzare il sipario" sul paesaggio dall'interno.

Per quanto separati possano essere tanti aspetti della loro evoluzione, ci sono stati momenti in cui musica e architettura si sono maggiormente avvicinate: uno di quei momenti vide la creazione del Padiglione Philips di Le Corbusier all'Esposizione internazionale di Bruxelles nel 1958 (FIG. 4). Le Corbusier affidò il progetto a Iannis Xenakis. Formatosi come ingegnere e già attivo come compositore, Xenakis assunse la direzione dello straordinario progetto del Pavilion. La sua forma rimase isolata dalle mode contemporanee forse perché si sprigionava da una fonte inattesa. Proprio come quelle delle nuvole di Utzon, le curve logaritmiche di Xenakis nascevano in un'altra regione dell'immaginario rispetto alle forme architettoniche abituali di quel periodo. Le curve paraboliche e iperboliche delle strutture a tenda abolivano ogni distinzione tra muro e tetto, volume e superficie. Invece, un continuum di superfici avvolge l'interno, fornendo cavità per un insieme di immagini proiettate di estratti di film, e di luci colorate (tutte provenienti da fonti separate ma coordinate) operisticamente contenute nel **Poème électronique** di Edgard Varèse (FIG. 5).

Definito colloquialmente come uno "stomaco" nello studio di Le Corbusier, l'interno del Pavilion ricordava una buia caverna per ruminazioni sulla civiltà (e i suoi disagi) avviluppando i visitatori in uno spazio acustico dalle caratteristiche misteriose. La distorsione del suo involucro creò uno spazio pressoché unico, mai più ripetuto in altri edifici, e solo di recente ricomparso in progetti generati da simili algoritmi. Un altro passo nella stessa direzione del concetto realizzato nel Padiglione Philips, ma pionieristico rispetto alle sale teatrali, fu fatto da Frederick Kiesler. Negli anni cin-

quanta, Kiesler ritornò sulla sua idea, messa a punto tra le due guerre, delle superfici "infinite" e sviluppò, insieme ad altri progetti, quello dell'Universal Theatre nel 1959–60[4] (FIG. 6). Voleva ottenere quella che Hans Scharoun aveva definito come l'**Organform** di un edificio, ovvero uno spazio così totalmente unitario in sé da suggerire un perfetto incontro tra autonomia e performance. Il terzo caso, che è anche il più significativo per questa categoria di edifici, di fatto si andò delineando contemporaneamente agli altri, a partire dal 1956. L'architetto Hans Scharoun descrive la Philharmonie di Berlino come dotata "della struttura di un paesaggio, con l'auditorium visto come una valle, e ai suoi piedi l'orchestra circondata da un largo vigneto che s'inerpica su per le morbide curve delle colline vicine. Il soffitto, che ricorda una tenda, incontra quel 'paesaggio di terra' come un 'paesaggio di cielo'"[5]. Sempre intento a guardare ai suoi edifici da contesti lontani, capaci di andare ben al di là del sito e dello scopo prefissati, Scharoun attingeva a un ricco serbatoio di progetti immaginari sviluppati durante il regime nazista, quando la sua attività di architetto era stata violentemente ridotta. Quegli studi prendevano preferibilmente la forma di ariosi acquerelli con spazi e profili di tetti privi di peso e di vertiginosa altezza. L'esuberanza che trasudava dal loro tessuto visionario suggeriva associazioni spontanee con la musica, non dissimili dai disegni pulsanti di ritmo che Erich Mendelsohn schizzava su carta mentre ascoltava la musica (FIGG. 7-11).

Nei disegni di Scharoun la stabilità dell'edificio si mescola con il potere propulsivo della musica. Volte fluttuanti e passerelle aeree vertiginose sono l'essenza dei progetti di Scharoun, che prendono la forma di grandi sale da riunioni di un tipo o dell'altro, asserendo il loro scopo sociale. Con il loro pathos ricordano progetti come la cattedrale di Karl Friedrich Schinkel pensata come monumento alla guerra di liberazione, o il desiderio di un'opera neo-medievale di significato collettivo come quella che Bruno Taut e Walter Gropius avevano immaginato dopo la prima guerra mondiale. La forza e la purezza delle Alpi unita alle riforme sociali e agli obiettivi collettivi avevano stimolato Taut e gli altri nella loro ricerca di un'architettura piena di promesse. Scharoun non solo si unì al gruppo di artisti Gläserne Kette (catena di vetro), ma prese anche parte a svariati concorsi con progetti nati dallo spirito di quel gruppo. I suoi acquerelli fanno pensare alle pesanti stoffe di Wassili Luckhardt e alle sale cristalline che avvolgevano le masse[6]. Lottando ciecamente per un obiettivo futuro, Scharoun aveva girato

A partir de ce moment, la logique, serait-elle stochastique, cesse de fonctionner. L'arbitaire de l'intuition prend la parole. Dans la ronde ininterrompue des croquis ci-dessous, le processus qui m'a fait aboutir au premier projet et à la première maquette est éloquent de par lui-même.

Par contre pour la fixation du deuxième projet, le mariage entre la plastique et les outils mathématiques deviendra une démonstration solide de la complémentarité des facultés humaines, réponse probante à ceux qui qualifient le calcul-outil de pédanterie sèche et à ceux qui ne voient dans l'intuition contrôlée que des divagations arbitraires.

Étude en plan :

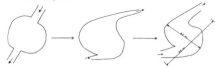

Le croquis n° 11 est la forme définitive du premier projet. Elle est composée de deux conoïdes adjacents D et A de P.H., les K et G d'un cône de raccordement L et de deux triangles vides, les accès.

Dans le n° 11 la troisième pointe (+ 11 m) est créée. Elle équilibre plastiquement l'orientation brutale des deux premières (+ 17 et + 13 m). De plus elle crée une torsion générale de volume en direction de la première pointe.

La solution est-elle autoportante?

Probablement avec quelques retouches.

Le 15 octobre 1956, je présentai le croquis n° 11 à Le Corbusier et lui en proposai la formule.

Recherche spatiale :

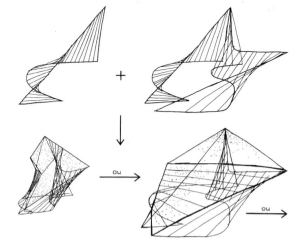

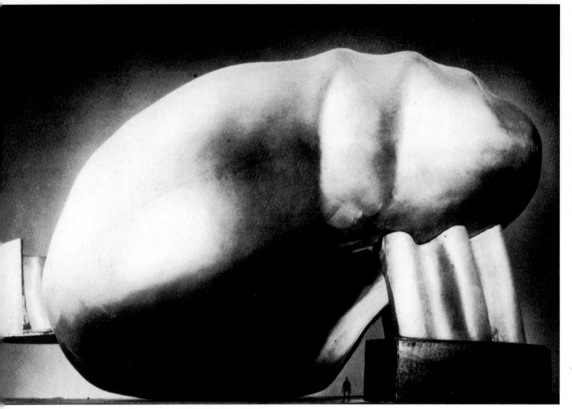

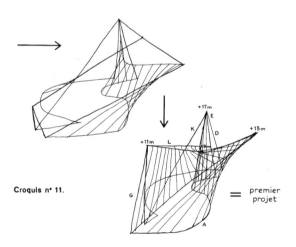

Croquis n° 11.

= premier
projet

per tanti anni intorno all'idea di un edificio-simbolo prima che gli si presentasse l'occasione di realizzarlo alla metà degli anni cinquanta.

Ormai famoso per l'acuto senso del più vasto contesto di un progetto, Scharoun non si stancò mai di esprimere la sua convinzione secondo cui la forma di un edificio deve poter vibrare nella città e nella società per la quale è pensata. Non abbandonò mai l'idea che un edificio debba assumere la forma di un "organo" vivo e il suo massimo obiettivo possa essere raggiunto solo grazie a quella capacità[7]. In quanto riflesso della sua ambizione di essere un costruttore magistrale (per la città e per la società), la sua dichiarazione richiama convinzioni ampiamente diffuse al principio del XX secolo, ma in quanto programma d'azione postbellica, immagina nuove forme e preconizza esperienze in precedenza impossibili. La Philharmonie di Berlino si sarebbe rivelata uno **Jahrhundertwerk** – un traguardo secolare nel travaglio del grande architetto e di una città devastata – ma poi sarebbe rimasta curiosamente in ombra fino al recente fiorire delle sale da concerto.

L'ambizione di Scharoun era alta e travolgente: alta per ciò che si prefiggeva, travolgente per il respiro concettuale e la vasta immaginazione. Questo potrebbe spiegare come mai le opinioni sui meriti della Philharmonie siano rimaste così a lungo divise. Alcuni la videro come un epigono dell'espressionismo, già **passé** quando Scharoun la progettò, altri vi riconobbero un'opera profetica e lamentarono lo scarso o nullo impatto avuto sull'architettura postbellica in Germania e altrove. La Philharmonie fu generalmente considerata strana, fuori registro nel suo tempo, grandiosa per il suo splendido isolamento o inutile per quello stesso motivo. Solo dopo che Frank O. Gehry ebbe scelto quello di Scharoun come punto di partenza per il suo lavoro alla Walt Disney Concert Hall, la Philharmonie si liberò dalle connotazioni negative. Lo scopo di Scharoun era duplice: creare una vera **Stadtwahrzeichen**, o pietra miliare urbana, e una sala adatta alla musica in un secolo che aveva rinnovato quell'arte fin nella sua definizione. Il profilo della copertura dell'edificio, con la sua massa imponente, ricorda quello di una montagna lontana. Illuminate nella notte, le due punte gemelle si vedono in lontananza al di sopra degli alberi del Tiergarten. Magica nel suo impatto a distanza, la Philharmonie non è certo meno fascinosa dentro, dove gli spazi distributivi assumono un loro crescendo man mano che il pubblico emerge dal cavernoso piano terra e sale su per le scalinate a sbalzo per poi voltarsi a guardare il foyer in tutta la sua altezza, sempre sentendo il richiamo delle

tante porte di ingresso alla sala. Una volta dentro, le pendenze dei posti a sedere sono distribuite in modo concentrico tale da creare una sorta di anfiteatro naturale. Scharoun usava fare riferimento ai vari settori di posti a sedere come ad altrettante "terrazze di un vigneto"[8] e riconosceva l'importanza centrale del fatto che l'intera sala fosse avvolta in una speciale "atmosfera"[9]. Un golfo sembra separare la dimensione topografica della sala dalla sua atmosfera evanescente, ma chi assiste al concerto le sperimenta come naturalmente convergenti in un terzo elemento: la musica.

Gli affollati foyer con scale, capiscala e gallerie che si biforcano, producono un contrasto di grande efficacia quando il trambusto che precede il concerto genera la "quiete festosa dell'auditorium" stesso. Scharoun voleva un "rapporto dinamico e teso" tra la sfera turbolenta ancora legata alla città e la maestosa valle che si dispiega sotto il pubblico riunito per ascoltare la musica[10]. Ma soprattutto va riconosciuta la grande abilità di Scharoun nel compattare le esigenze concorrenti nello stesso lavoro mantenendone i diversi attributi in un teso equilibrio: il suo edificio-simbolo della città è anche un'arena per la musica, che lascia fluire il pubblico dai foyer vibranti di voci e di folla nel pacifico guscio della sua grandiosa sala dove le dimensioni danno l'impressione ottica di essere quelle di un paesaggio mentre l'orecchio percepisce con chiarezza impressionante ogni suono come se provenisse da un punto molto vicino. L'unica altra sala da concerto che abbia raccolto la sfida di Scharoun è a mio parere quella di Frank O. Gehry, la Walt Disney Concert Hall di Los Angeles (FIGG. 12-14). Un'affinità non solo casuale emerge dalle condizioni che entrambi gli architetti hanno dovuto affrontare: la Philharmonie è stata il primo edificio pubblico che Scharoun abbia avuto modo di progettare per Berlino, e sapeva bene che avrebbe decretato il successo o la fine della sua carriera di architetto. Analogamente la Walt Disney Concert Hall faceva baluginare a Frank O. Gehry l'incerta promessa del primo grosso progetto su scala urbana nella sua città d'adozione. Gli eventi che accompagnarono il concorso e il percorso successivo del progetto si sarebbero dimostrati al tempo stesso incerti e promettenti, mettendo alla prova energie e resistenza di tutti per ben quattordici anni.

La costruzione della Philharmonie di Berlino, nonostante il cambiamento del sito e le complesse negoziazioni, richiese solo la metà del tempo che ci sarebbe voluto per la Walt Disney Concert Hall. Mentre Berlino veniva divisa dal Muro del 1961 e la posizione eccentrica della Philharmonie la marginalizzava ancora di più, Los Angeles lottava per superare la peg-

FIG. 7. Hans Scharoun,
Philharmonie, Berlino. Primo
schizzo per il progetto vincitore
del concorso, 1956, matita colo-
rata su carta da lucido, 50 x 32
cm. Berlino, Hans-Scharoun-

Archiv, Stiftung Archiv der
Akademie der Künste, KW 31/1.

FIG. 8. (in alto a sinistra) Hans Scharoun, *Untitled*, 1939–45, penna e inchiostro con guazzo, 20,8 x 28,9 cm. Berlino, Hans-Scharoun-Archiv, Stiftung Archiv der Akademie der Künste, zF 11.

FIG. 9. (in alto a destra) Hans Scharoun, Philharmonie, foyer e corridoi (foto Reinhard Friedrich, 1963). Berlino, Hans-Scharoun-Archiv, Stiftung Archiv der Akademie der Künste, WV 222/3.

FIG. 10. (in basso a sinistra) Hans Scharoun, Philharmonie, il lato ovest di notte (foto Heinz Köster, 1963). Berlino, Hans-Scharoun-Archiv, Stiftung Archiv der Akademie der Künste, WV 222/84.

FIG. 11. (in basso a destra) Hans Scharoun, Philharmonie, la hall, interno (foto Reinhard Friedrich, 1963). Berlino, Hans-Scharoun-Archiv, Stiftung Archiv der Akademie der Künste, WV 222/7.

giore eredità della zonizzazione e della segregazione. In entrambe le città la nuova sala da concerto ben presto assunse lo status di edificio-simbolo trascinandosi dietro in modo quasi magnetico altri progetti: a Berlino, la Nationalgalerie di Mies van der Rohe e la Staatsbibliothek dello stesso Scharoun, seguite dalla Kammermusiksaal elaborata dal suo collaboratore Edgar Wisniewski, aiutarono a sostenere un settore disperatamente frammentato della città divisa; a Los Angeles, la cattedrale di Rafael Moneo (1996–2002) rappresenta un magnifico complemento e contrappunto all'opera di Gehry. L'ipotesi in qualche modo superficialmente audace secondo cui buoni edifici attraggono automaticamente buoni edifici sembra per una volta aver trovato conferma.

La proposta di Gehry che vinse la gara per la Walt Disney Concert Hall non lascia dubbi sul fatto che l'architetto pensasse all'edificio come a due parti fortemente distinte: un grande auditorium e uno spazioso foyer vetrato. Quelle due componenti conservarono associazioni fisiche talmente forti da spingere a indagare nell'opera precedente di Gehry per trovare un indizio circa la loro origine. E non c'è bisogno di cercare lontano, perché sia nella forma che nella struttura, l'articolazione della sala e le superfici vetrate del foyer ricordano un serpente avvolto nelle sue spire e un pesce come si vede nell'enigmatico plastico prodotto da Gehry in risposta a un invito di Leo Castelli nel 1983[11] (FIG. 15). Quei due corpi rappresentano per Gehry quello che i solidi platonici significavano per alcuni architetti moderni: "forme semplici che stimolano sensazioni", secondo la dichiarazione fatta da Le Corbusier negli anni venti[12]. Per Gehry, il volume strettamente acciambellato che è necessariamente scuro e lo spazio trasparente che media tra interno ed esterno come rendendo ciascuno uno "stato alterato" dell'altro, costituisce qualcosa di paragonabile all'**Organform** di Scharoun. La similarità di questi concetti risiede nel fatto che entrambi si basano sull'esperienza perché entrambi gli architetti tradiscono un senso immediato, quasi tattile di ogni forma che scelgono e una comprensione vivida del suo significato. Nel plastico per Castelli, e quasi un decennio dopo nella proposta per la Walt Disney Concert Hall, Gehry avanza un'idea tanto radicale da implicare una vasta gamma di possibili realizzazioni: lo spazio-pesce può essere fluido, ma può anche solidificarsi in una pelle squamosa, e quella del serpente acciambellato è un'immagine di forte chiusura, quasi una costrizione.

Le proprietà apparentemente secondarie della luce e del colore influenzano immediatamente lo stato elementare di volume e spazio, rendendo l'uno cavernoso e pulsante, l'altro fluido e luminoso. È vero, il progetto definitivo si lascia alle spalle quella prima idea, ma a la sua laboriosa trasformazione, cui Gehry ha lavorato per tutto il decennio successivo, si traduce in quella specie di metamorfosi in cui si conservano i fili del tessuto precedente. Quei fili oggi possono essere intessuti in altro modo, come quando l'auditorium si dispone in una tranquilla simmetria lungo l'asse dominante, o quando le facciate si dispiegano e lasciano cadere il mantello di pietra originariamente prescritto, per trasformarsi in membrane prive di peso, di cui quasi si avverte il respiro. L'impressione di leggerezza e luminosità ora pervade l'intero edificio, con i suoi spazi che fluiscono verso il basso e i suoi muri ondeggianti mossi come tende. Le sonorità della sala sono alte, suoni di diversa intensità sembrano rimanere sospesi a mezzaria, puri e dotati di un senso di differenziazione tutto contemporaneo. La sala non produce una vellutata miscela di corde o lo scoppio assordante degli ottoni, ma lascia che ogni sonorità risuoni libera da sola e tra le altre. La Walt Disney Concert Hall è forse una tra le sale da concerto più favorevoli alla nuova musica, e offre generosamente al pubblico una quantità di terrazze e di piattaforme esterne.

Qualità decisive della Walt Disney Concert Hall che non si sarebbero mai tradotte in realtà se all'architetto fosse mancato il coraggio: ma Gerhy, che non si è mai precluso una strada e non ha mai lasciato una possibilità inesplorata, ha vissuto alla lettera la speranza per il futuro dell'architettura espressa da Scharoun poco prima di morire: "è nostro desiderio che movimenti vitali non vengano soffocati da una prematura rigidità […], che non ci sia precipitosa perfezione nemmeno nell'ambito della tecnologia. Che invece della perfezione prevalga l'improvvisazione per indicare la strada dell'ulteriore evoluzione"[13]. Il desiderio di Scharoun, credo, è stato esaudito e lo spirito di improvvisazione, così come lo concepiva, è tornato nella libera capacità dei volumi di esaltare i nostri sensi e di iniziare il pubblico all'esperienza della musica. Divise da decenni di evoluzioni divergenti, le sale da concerto di Scharoun e Gehry condividono lo stesso spirito di improvvisazione, in qualche modo profondamente simile alla pratica dell'improvvisazione musicale, che allenta consapevolmente il controllo per creare l'occasione in cui la grazia della coincidenza s'incontra con la competenza al di là delle regole. Non esiterei ad accogliere la Disney Hall con le stesse parole con cui Theodor W. Adorno rese giustizia all'opera di Scharoun, definendo la sala "bella perché al fine di creare condizioni ideali per la musica orchestrale, diviene simile alla musica senza prendere in prestito nulla dalla stessa"[14].

1. Per la storia della Walt Disney Concert Hall cfr.: K.W. Forster, *The Snake and the Fish on the Hill*, "Zodiac", 2, 1989, pp. 182-195; *Choreographie des Zufalls/Choréographie du hasard*, "archithese", 1, 1991, pp. 16-29; C. McMichael Reese, *Eine verblüffende Inszenierung*, "archithese", 1, 1991, pp. 40-60; J. Gilbert-Rolfe, *La Walt Disney Concert Hall e il suo soggetto mobile*, nel presente volume alle pp. 128-139. Frank O. Gehry e Pierre Boulez fecero amicizia negli anni novanta; le idee di Boulez influenzarono fortemente il pensiero di Gehry negli anni in cui elaborò e sviluppò la Disney Hall (1989-1997). Boulez ha diretto regolarmente la Los Angeles Symphony Orchestra e altri gruppi, come il suo Ensemble Intercontemporain, all'annuale Ojai Festival in California con una serie di concerti che ebbero un seguito straordinario.
2. Cfr. R. Weston, *Utzon: Inspiration, Vision, Architecture*, Hellerup 2002, pp. 112-201. L'Opera di Sidney rimane l'esempio giovanile e isolato di un'idea grandiosa e la sua realizzazione richiese, per ragioni non solo strumentali, la partecipazione di ingegneri eccezionali. Non è un caso che l'impresa londinese Arup sia salita alla ribalta per il suo ruolo di "traduttrice" di una proposta impossibile nella realtà strutturale dell'Opera di Sidney, guadagnandosi in tal modo un prestigio mondiale che continua, a tutt'oggi, inalterato.
3. *Ibid.*, p. 117.
4. Cfr. *Friedrich Kiesler: Architekt-Maler-Bildhauer, 1890-1965*, a cura di D. Bogner, Wien 1988, pp. 172-176.
5. Citato in P. Blundell Jones, *Hans Scharoun*, London 2000, p. 178.
6. Cfr. anche *ibid*, pp. 24-45.
7. *Hans Scharoun: Zeichnungen, Aquarelle, Texte*, a cura di A. Wendschuh, Schriftenreihe der Akademie der Künste 22, Berlin 1993, p. 173. Da un manoscritto del 1954 in cui Scharoun scrisse: "Wir meinen, das uns zur Zeit Erreichbare ist die Organform des Bauwerkes, der Stadt und der Gesellschaft" (Crediamo che ciò che possiamo ottenere oggi sia la forma organica dell'edificio, della città e della società), si noti il rapporto "organico" che collega, in ordine ascendente, edificio, città e società. Scharoun amava pensare che l'*Organform* sarebbe stata raggiunta al suo tempo.
8. Secondo E. Janofske, *Architektur-Räume: Idee und Gestalt bei Hans Scharoun*, Braunschweig 1984, p. 80, Scharoun avrebbe sempre fatto riferimento alle "Weinbergterrassen" nel riferirsi alla disposizione dei sedili nella sala, enfatizzando così ancora di più l'aspetto paesaggistico.
9. Cfr. P. Pfankuch, *Hans Scharoun: Bauten, Entwürfe, Texte*, Berlin 1974, p. 279.
10. Per quanto afferma Scharoun in merito, cfr. Blundell Jones, *Hans Scharoun*, cit., p. 179.
11. Cfr. Forster, *The Snake and the Fish*, cit.
12. Amédée Ozenfant, Jeanneret [Le Corbusier], *Sur la Plastique: 1. Examen des conditions primordiales*, "L'esprit nouveau", 1, octobre 1920, p. 43.
13. H. Scharoun, *Ständige Wandlung* (1970), in *Hans Scharoun: Zeichnungen*, cit., p. 173: "So ist es heute unser Wunsch, dass es zu keiner zu frühen Erstarrung der lebenskräftigen Bewegung, der lebendigen Wandlung kommen möge, zu keiner voreiligen Perfektion – auch nicht im Technischen. Dass vielmehr statt Perfektion Improvisation gelten möge, die den Weg der Entwicklung offen hält. Dies ist auch mein Wunsch aus der Sicht des Architekten".
14. T.W. Adorno, *Gesammelte Schriften*, vol. 7, *Ästhetische Theorie*, Frankfurt am Main 1970, pp. 72-73: "Schön ist die Scharounsche Philharmonie, weil sie, um räumlich ideale Bedingungen für Orchestermusik herzustellen, ihr ähnlich wird, ohne Anleihen bei ihr zu machen".

Tradotto dall'inglese da Maria Baiocchi

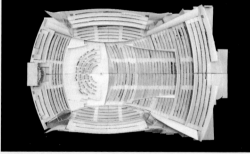

FIG. 12. (in alto) Frank O. Gehry, Walt Disney Concert Hall, prima proposta. © Gehry Partners, LLP.

FIG. 13. (in centro a sinistra) Frank O. Gehry, Walt Disney Concert Hall, modello finale. © Gehry Partners, LLP.

FIG. 14. (in centro a destra) Frank O. Gehry, Walt Disney Concert Hall, modello, spaccato. © Gehry Partners, LLP.

FIG. 15. (in basso) Frank O. Gehry, *Folly the Prison*, modello di progetto. © Gehry Partners, LLP.

JEREMY GILBERT-ROLFE
LA WALT DISNEY CONCERT HALL
E IL SUO SOGGETTO MOBILE

Ritengo che le autostrade della California meridionale abbiano svolto nell'architettura di Frank O. Gehry un ruolo formativo pari a quello della normativa anti-sismica californiana. La normativa anti-sismica implica che ogni edificio deve consistere in una struttura con muri esterni o facciate ad essa attaccati. Tale regola è stata il primo fattore a indurre Gehry a inventare a partire dai materiali e, in seguito, a sviluppare un approccio in cui l'ectoplasma dell'edificio potesse in pratica risultare indipendente dal suo interno, in quanto anziché costituire un sostegno, era esso stesso sostenuto. In questo senso, la normativa anti-sismica ha dato impulso a tutta la sua carriera. Tuttavia, è dalle autostrade più che da ogni altra cosa che Gehry ha tratto un'idea di movimento legata al differimento più che alla convergenza, idea che è diventata caratteristica della sua opera. Ho proposto questo paragone per la prima volta nel 1990 in occasione di una conferenza sulla Loyola Law School: la struttura, che l'architetto aveva appena completato e che per combinazione è molto simile alla Walt Disney Concert Hall, presenta una scalinata interna che mi sembrava rispondere al principio di un flusso costante costituito da velocità differenti, che è la condizione dell'autostrada[1]. In Gehry queste differenze si fanno molto più elaborate, in quanto sono costituite da piani e forme che funzionano come tipi d'intensità a complessità variabile, anziché come gradi di mobilità comparabile. La mia conferenza si intitolava "Intersections", poiché in corrispondenza delle intersezioni, degli svincoli autostradali, i movimenti convergono senza arrestarsi, ed è proprio in questo modo che gli elementi di Gehry si congiungono o si sorpassano.

Ci sarebbe voluto qualche altro anno prima che Gehry adottasse l'ectoplasma metallico curvo (anche se avrei avuto numerosi esempi di curvatura e di convergenza da prendere in esame se avessi fatto riferimento alla versione premetallica della Walt Disney Concert Hall dell'epoca), ma sono ancora più convinto che a questo punto sia davvero fruttuoso guardare alla sua opera in questi termini. Nella mia conferenza mi sono concentrato sui modi in cui l'autostrada e l'architettura di Gehry propongono unità di parallelismo più che di interruzione, serie di correnti anziché una o più griglie, e ho voluto dimostrare che il rivestimento metallico spinge il paragone anche più oltre, rendendolo più esplicito. L'autostrada è una condizione di movimento costante che può funzionare solo tramite curve dolci, in quanto è un continuum in cui si presuppone che tutti si stiano già muovendo. Nell'autostrada si entra a una certa velocità e non a partire dalla stasi: si accelera e si rallenta, l'arresto rappresenta un guasto del sistema. In maniera analoga, a me pare, nella Walt Disney Concert Hall non vi è nulla, né all'interno né all'esterno, che si componga di curve dolci che non convergano, in cui si possa collocare la stasi. Tale condizione si trova soltanto nell'auditorium stesso, dove si resta sospesi.

L'idea del flusso come concatenazione di movimenti che non convergono mai davvero è identica alla concezione della società di Gehry e al modello sociale generato dall'autostrada: quest'ultima è anche il fattore che permette alla Contea di Los Angeles e alle tre contee ad essa adiacenti di essere una periferia priva di centro urbano, tranne che nel senso più astratto del termine. Ho descritto Los Angeles come capitale delle periferie, e l'ho definita decentrante in quanto quasi tutti i pendolari della California meridionale non si trasferiscono dalla periferia al centro, bensì da una periferia all'altra, e persino chi risiede a Los Angeles evita in genere il centro o non ne ha alcuna necessità[2]. Più che una città, Los Angeles è una zona di differimento, in cui l'idea di centro è strutturalmente rinviata o ovviata da un'urbanistica periferica, e i cui abitanti trascorrono gran parte del tempo nelle auto, spazi semiprivati da cui i guidatori comunicano mediante cellulari con altre persone che potrebbero stare anch'esse guidando in qualche altro luogo. Questi sono i termini generali con cui ho ipotizzato che Los Angeles realizzi il mondo raffigurato (riconfigurato) da quel tecnocapitalismo che tanto allarmava Heidegger. Prospettando collegamenti oramai osservati da chiunque, Heidegger identificava il nascente tecnocapitalismo globale del dopoguerra con l'America e l'americanismo. Da un lato, tale condizione trasformava il mondo in null'altro che nel materiale grezzo – che il filosofo definiva con il termine "risorsa" – che una tecnologia avrebbe impiegato per i propri scopi, senza alcun interesse per il suo fine originario. Dall'altro, e per lo stesso motivo, avrebbe potuto produrre soltanto un soggetto sradicato, "inautentico", contrapposto al suo ideale tipo silvano. Ho definito Los Angeles "l'incubo di Heidegger", poiché la città realizza la sua profezia e in quanto – e sarebbe stato questo il suo incubo – chi ci vive è ben lieto di essere sradicato e privato delle proprie origini. D'altronde, ciò che fa di Los Angeles l'incubo di Heidegger ne fa anche la capitale non solo delle periferie, ma anche del

FIG. 1. Frank O. Gehry, Veduta
dell'ingresso principale della
Walt Disney Concert Hall.
Courtesy Gehry Partners, LLP.

presente quale sintomo del futuro. È in questo senso che ritengo che la vita a Los Angeles abbia offerto a Gehry, ben lieto di abitare nell'"incubo di Heidegger", una certa comprensione del mondo contemporaneo, una visione che non avrebbe maturato se fosse vissuto, poniamo, a New York. Lo sradicamento, o infondatezza – per cui preferisco il termine "delocalizzazione", in quanto si tratta di un'indifferenza al luogo più che di uno struggimento dovuto al distacco –, caratteristico di quello che Heidegger detestava del tecnocapitalismo, è la sostanza che compone l'opera di Gehry. Nella mia conferenza del 1990 ho anticipato, e in seguito ho sviluppato, la possibilità che Gehry comprenda e reagisca alla visione di un mondo in cui la soggettività è formata dall'automobile e dall'autostrada anziché dai piedi e dalle strade[3]. Rifiutando le pretese genealogiche degli aristocratici irlandesi di rappresentare l'idea o lo spirito dell'Irlanda per il fatto che non avevano mai fatto nulla per nessuno tranne che per se stessi, e respingendo quelle dei contadini di lingua gaelica con il motivo che erano superstiziosi e puzzavano, James Joyce si dichiarò solidale con gli abitanti di Dublino, che parlavano in inglese e non sapevano chi fossero. A mio avviso, Gehry ha costruito la Disney Concert Hall per i soggetti felicemente delocalizzati di Los Angeles, e spingerei il paragone all'estremo affermando che in tal modo l'architetto ha rimpiazzato l'esaltazione con la raffinatezza da un lato e con il populismo dall'altro. Né il Getty Centre di Richard Meyer, un complesso pressoché italiano che sviluppa le potenzialità mediterranee della zona, né il quartier generale della Disney di Michael Graves con le sue cariatidi a forma di sette nani, tentano di utilizzare in alcun modo il senso del tempo e dello spazio – l'**aisthesis**, per così dire – derivanti dalla loro collocazione sul territorio di Los Angeles. L'edificio di Meyer si incentra sul proprio potenziale di ubiquità, mentre quello di Graves vuole esaltare la sua identità di sede del cinema. La Walt Disney Concert Hall si compone delle sensazioni destate dalla vita nella città.

La soggettività cui, a mio avviso, Gehry è particolarmente sensibile risiede a Los Angeles oppure vi è felicemente prodotta, in quanto è indifferente alla sua collocazione in termini di origini e di continuità. Di norma, un soggetto di Los Angeles trascorre molto tempo in uno spazio privato aperto al pubblico, ascoltando qualunque cosa scelga alla radio o tra i CD mentre si sposta tra periferie che si fondono impercettibilmente l'una nell'altra: una soggettività resa possibile dall'abitudine di dissociare la comunicazione sia dalla

posizione che dal movimento. L'incubo di Heidegger non è realizzato in nessun luogo più pienamente che sull'autostrada dall'autista, per cui la posizione spaziale è irrilevante rispetto a qualunque cosa venga detta al telefono. La versione di vita urbana di Los Angeles è fatta quasi sempre di mobilità priva di posizione specifica: quando si parla da un'auto, non si dice mai dove ci si trova, ma solo se il traffico si muove o no. Anziché attraverso un riferimento spaziale fisso dotato della certezza del contadino di Heidegger, che conversa con il vicino oltre il cancello tra le loro proprietà, l'essere è noto a se stesso attraverso una relazione generalizzata con un flusso che collega periferie dalla somiglianza inesorabile, o rassicurante – la concreta indifferenziazione dei luoghi della California meridionale –, mentre la distruzione del vicino e del lontano quali antinomie strutturanti operata dal telefono, quando i contadini cominciarono ad averne uno, è stata spinta a un nuovo livello di indeterminazione dal telefono cellulare. Se si possiede un cellulare, si possiede lo stesso numero ovunque ci si trovi: il prefisso ha solo a che fare con la compagnia ed è indipendente dalla posizione, aspetto, questo, che per alcuni rappresenterebbe l'intima essenza del problema del capitalismo dal punto di vista umano.

D'altro canto, i fautori dei telefoni cellulari considerano tali strumenti essenziali più che problematici. In altri termini, se l'incubo di Heidegger consiste in gran parte degli oggetti che piacciono del capitalismo e dell'alienazione a essi associata, allora sono proprio questi la quintessenza di ciò che piace di Los Angeles. La mobilità delocalizzata del soggetto, resa possibile dall'auto e dal cellulare, non è che la punta bipartita di un iceberg di oggetti cui nessuno ha intenzione di rinunciare. Inoltre, anche se tale aspetto appare meno rilevante, mentre gran parte dell'America consiste nel presente, nel XIX, in una traccia o due del XVIII e molto di rado anche nel XVII secolo, Los Angeles esiste quasi per intero nel XX secolo e in quel po' di tempo che da allora è trascorso: un presente progressivo rinnovato di giorno in giorno dalla delocalizzazione tecnologica della natura e della storia. Sotto questo aspetto, concretizza ciò che il resto del mondo, intralciato dalle risorse naturali e dalle storie che si estendono oltre l'invenzione del motore a combustione interna, può solo aspirare a simulare. La città vanta le auto più pulite d'America, a celebrare la sua natura di oasi artificiale che ruba l'acqua a zone bucoliche distanti centinaia di chilometri. E a differenza di chi visita il Lincoln Center a

New York, chi si reca alla Walt Disney Concert Hall ci arriva senza passare davanti a nulla che sia stato costruito più di cinquant'anni fa.

Con altrettanta certezza si può affermare che quasi nessuno arriverà alla Walt Disney Concert Hall a piedi. Quasi tutti la raggiungeranno in autostrada coprendo una distanza compresa tra venticinque e ottanta chilometri – dove gli ottanta chilometri coincidono più o meno con il massimo della distanza che gli abitanti di Los Angeles non considerano eccessiva – e ascoltando musica o parlando al cellulare lungo il tragitto. A Los Angeles non si va comunque molto a piedi, e in generale solo i poveri e i turisti europei preferiscono coprire le distanze più brevi camminando invece che guidando. I piedi sono dedicati solo alle attività non collegate al lavoro, che si sposta alla velocità tecnologica dell'automobile e del telefono cellulare. Il progetto di Gehry doveva necessariamente rivolgersi a chi lo avrebbe raggiunto in auto, e il suo interno a chi riserva gli spostamenti a piedi alle occasioni speciali.

L'automobile è uno spazio privato e pubblico al tempo stesso, come il sé o il corpo. Trovarsi in un'auto significa essere dentro stando fuori, mentre il rapporto con il mondo è sempre distanziato e comparativo, oltre che osservato in velocità. Il Lincoln Center si vede a distanza, e una volta che si esce dal taxi c'è tutto il tempo di osservarlo più da vicino, mentre la Walt Disney Concert Hall si avvista appena prima dell'ingresso al parcheggio. Terminata quest'operazione, ci si trova dentro l'edificio senza aver trascorso molto tempo al suo esterno. Ci si è spostati da un interno all'altro senza passare neanche un istante a prendere contatto diretto con un esterno, cosa che i californiani fanno per abitudine dovunque si rechino e che mi induce a pensare al suo atrio come a un ingresso per persone che già si trovano all'interno. Per guardare l'edificio dall'esterno, i visitatori possono recarsi nel giardino, vedendolo così all'aperto ma dentro, oppure uscire in strada. È opportuno che lo facciano, perché in tal modo, una volta entrati nell'auditorium, potranno scoprire quanto l'esterno dica poco dell'interno. Una volta entrati nell'auditorium, l'aspetto che l'edificio offre di sé a chi si trova nelle auto viene dislocato, o differito, dall'esperienza di un interno che non ha a che fare con la guida, ma con il camminare e con il sedersi, dove tutti i movimenti che contano avranno luogo attorno e attraverso l'individuo e dove, non appena l'esperienza architettonica cederà il passo alla musica, risulteranno invisibili.

Com'è ovvio, i visitatori escono davvero a guardare l'edificio dall'altro lato della strada e passeggiano nel giardino. Farlo è importante, in quanto gli esterni della Walt Disney Concert Hall sono il primo atto di una manifestazione architettonica che presenta l'idea della musica in un contesto e in termini riconoscibili dagli abitanti della città. Il secondo atto è l'atrio, insieme a ciò che si trova tra esso e l'auditorium, che costituisce il terzo atto. L'edificio sgorga da un lastrone che in teoria potrebbe sostenere qualunque tipo di struttura, ma a differenza di tutti gli altri edifici della strada, la Walt Disney Concert Hall è ampia e allo stesso tempo priva di peso. Antitesi di quanto è stabile e fermo a terra, l'edificio ha per patria Los Angeles in quanto getta le fondamenta nella libertà dalle fondamenta generata dal movimento, in pratica nei movimenti tra i movimenti che sono anche movimenti tra piani più che tra solidi. Prima di optare per il rivestimento metallico, Gehry aveva usato il vetro per minare e mobilitare la stabilità della pietra e dell'acciaio, ma la finezza del metallo gli ha permesso di spingersi molto oltre per privare gli edifici della loro pesantezza. L'architetto sostiene spesso che la carta è struttura, che se si può costruire qualcosa con la carta, si può costruire la stessa cosa con una versione più ampia e impermeabile del materiale. Io ritengo che il metallo renda eterea la struttura non solo perché accumula e riflette la luce, ma anche perché il suo ectoplasma è sottile quasi come la carta. Quando ci si avvicina, si vedono le irregolarità create dai chiodi. Secondo la normativa anti-sismica californiana, le facciate devono essere fatte in modo da potersi staccare durante un terremoto senza fare troppi danni. Se sotto certi aspetti si può affermare che la carriera di Gehry è originata da questa normativa – le reti metalliche e i tetti in plastica rientrano ampiamente entro i loro vincoli –, la sua superficie metallica spinge le variazioni sul tema a un nuovo livello di poetica. È evidente che le sue facciate sono tanto leggere che nel corso di un terremoto cadrebbero leggere come coriandoli. In tal modo, la loro inconsistenza si combina con la riflettività per mettere in gioco il cielo – e la stessa assenza di peso – quale proprietà di un ectoplasma consistente ormai di movimenti e piani tanto quanto lo è di forme o, a mio avviso, di più.

La leggerezza e la sottile mobilità della superficie metallica si potrebbero e dovrebbero considerare stereotipate. La Walt Disney Concert Hall è un'immagine di movimento privo di peso costruita per una

FIG. 2. Frank O. Gehry, Atrio della
Walt Disney Concert Hall.
Courtesy Gehry Partners, LLP.

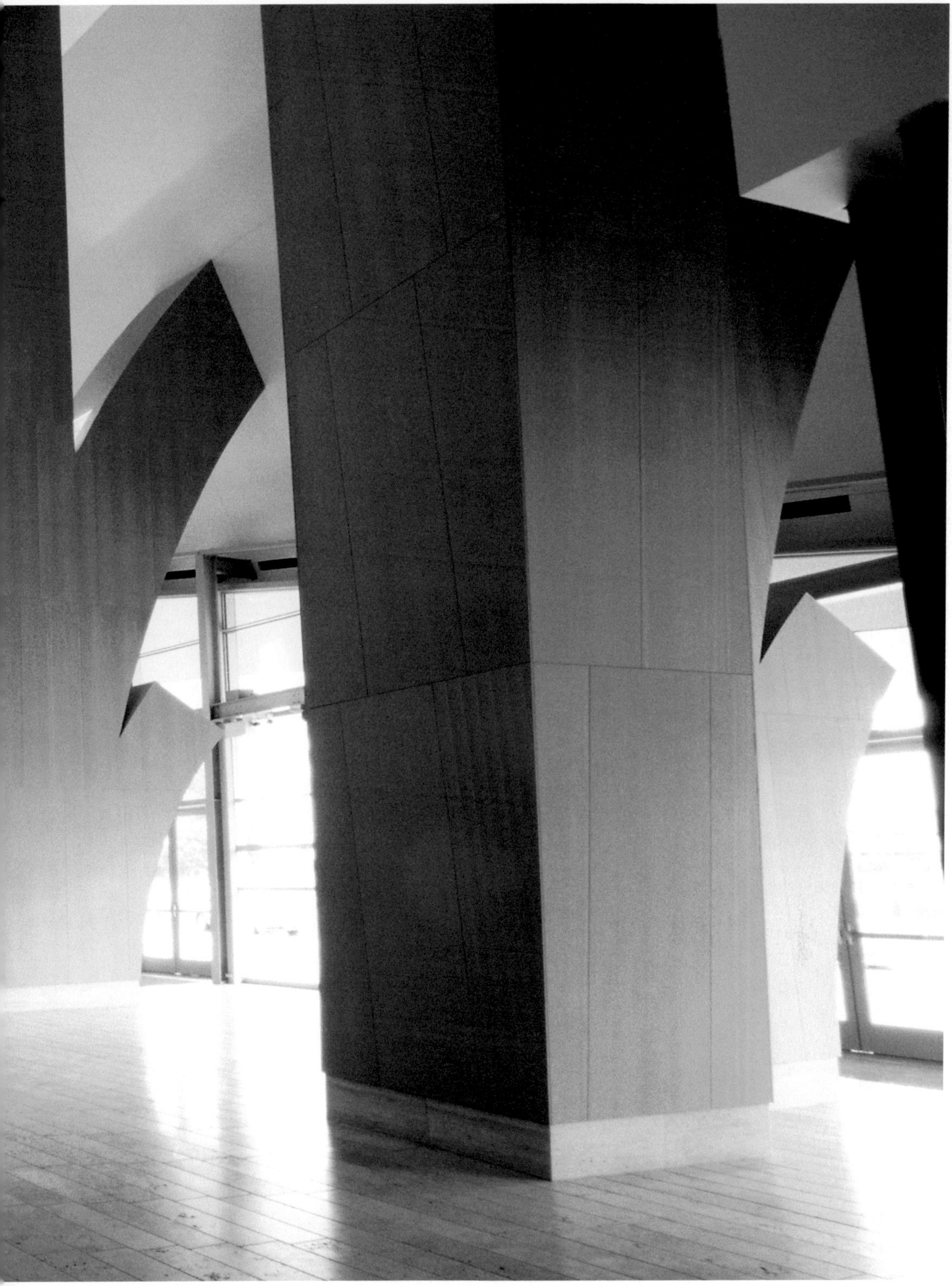

città nota in tutto il mondo come origine suprema delle immagini prive di peso e colme della luce di qualunque cosa si possa trasformare in spettacolo. Tuttavia, come per il mio precedente paragone con il quartier generale della Disney di Graves, non vuol dire che la Walt Disney Concert Hall abbia proposto un'immagine di sé tipicamente associata a Los Angeles. Chi ha accusato Gehry di tentare di "disneyficare" l'Europa non appena ha cominciato a costruire nel continente ha ignorato il modo in cui l'architetto ravviva ciò che la Disney rende banale, e non vi è luogo dove questo risulti più lampante che in quella parte del mezzanino in cui la compagnia che ha dato il nome all'edificio espone esempi della sua grafica[4]. È significativo che a dispiacere ai suoi critici europei, per giunta ancor prima che cominciasse a impiegare il rivestimento metallico, è stato il fatto che le sue strutture, come i corpi, le auto e molti dei giochi e degli edifici di Disneyland, per non parlare dei personaggi di Disney, fossero fatte tanto di curve quanto di linee rette. Tuttavia, i termini di paragone superficiali di queste analogie così affascinanti per i pudichi fautori di tutto quanto è per definizione non americano avrebbero dovuto attrarre la loro attenzione verso le stesse differenze che essi hanno insistito a ignorare. Gli edifici di Gehry non pretendono che esista un'America mitica di valori eterni venuti alla luce nella loro forma definitiva durante il XIX secolo. Jean Baudrillard ha affermato che è Disneyland la realtà, mentre la distesa suburbana che la circonda è la simulazione[5]. In questi termini, la Walt Disney Concert Hall è l'inverso di un inverso, come di norma accade negli edifici di Gehry. Quella che uno dei primi europei difensori dell'opera di Gehry ha definito la sua "spettacolarità" è la funzione di una persistente eterogeneità che non ha nulla in comune con l'omogeneità onnipresente e prevedibile della Disney e di quello che essa rappresenta. Baudrillard ha anche affermato che lo Utah esiste per dimostrare l'esistenza di Dio e la California per provare l'esistenza della felicità, ma se questo è vero, la Walt Disney Concert Hall non è un'immagine di ciò che la quotidianità aspira a imitare, del piacere come luogo del futuro o di un passato mitologico, bensì è un'immagine della quotidianità reincarnata in una forma spettacolare progettata per accogliere e incoraggiare la digressione e la contemplazione che può aver luogo nel presente, nell'evento stesso[6].

Questa osservazione non è fuori luogo, in quanto, parlando di Gehry e Los Angeles, intendo sottolineare che quanto l'architetto ha tratto e creato dalla California meridionale è una poetica pratica che non si può considerare provinciale e andrebbe invece interpretata come espressione di un tecnocapitalismo delocalizzato di cui, guarda caso, Los Angeles è l'esempio forse più avanzato, con tutte le ambiguità del caso. Quello che Gehry trae da Los Angeles, un elemento che non origina dall'industria cinematografica, è ciò che lo rende per definizione un architetto internazionale più che nazionale. Ciò che rende Los Angeles la massima espressione mai esistita dell'incubo di Heidegger, della condizione del mondo contemporaneo, non è il fatto che qui si trova Hollywood, ma che questa è la capitale delle periferie e, pertanto, della delocalizzazione. Gehry è l'architetto del soggetto delocalizzato. Soggetti del genere si trovano su scala internazionale, e tutti guardano di tanto in tanto i film di Hollywood. Tuttavia, la Walt Disney Concert Hall è progettata per quelli che vivono a Los Angeles, e quindi è un luogo in cui la problematica − sociale e dunque architettonica − della città posturbana e dei suoi abitanti si può elaborare più a fondo che in qualunque altro luogo, vale a dire che si può rendere più pienamente visibile.

Come accennavo nella mia conferenza su Gehry e l'autostrada, Kurt W. Forster è stato il primo a farmi notare che quella di Gehry è un'architettura inutile relativamente all'idea di verità sui materiali, in quanto i materiali non mettono in forse l'edilizia contemporanea. In un secondo momento anche Gehry ha affermato una cosa del genere. I materiali non rappresentano più una sfida. È solo una questione di denaro. L'opera deve trarre impulso da qualcos'altro. Nel suo lavoro di ventidue anni alla Walt Disney Concert Hall, Gehry ha avuto l'opportunità di costruire per un pubblico che conosceva. Dato che l'architettura è diventata una questione di vincoli imposti dai codici sismici californiani − tra cui l'imposizione di una facciata distaccabile − più che di limiti materiali, dal momento, cioè, che è divenuta un'estetica vincolata e plasmata non tanto da ciò che può essere sostenuto, quanto da ciò che può sostenere il movimento estremo, l'architetto ha avuto ventidue anni per sviluppare una teoria del contemporaneo in un ambiente esemplare da questo punto di vista e in quanto a Los Angeles del passato esiste ben poco. D'altro canto, parlando della Concert Hall con in mente quel tipo di pubblico e la sua quotidianità, parlandone cioè nei termini di quelli che Gilles Deleuze e Félix Guattari definiscono tipi "psicosociali" − potrei proporre il nome di "persona autostradale" per definire il soggetto di Los Angeles –, non vorrei tralasciare come Deleuze e Guattari sottolineino che l'insieme estetico – un incontro tra **personae** concettuali" (la filosofia come insieme di forze che possono essere o sono personificate) e "figure estetiche" (percetti e affetti) – non sia riducibile allo psicosociale[7]. Ritengo importante ribadire questo punto, ove mi sto concentrando su un aspetto dell'opera che non la riassume, ma è nondimeno una proprietà che la attraversa e ne è, a mio avviso, elemento rilevante. Tale aspetto va collocato nel più ampio contesto della possibilità di descrivere la Walt Disney Concert Hall quale evento che manipola i due tipi di figura estetica – il "percetto" e l'"affetto", che sono tempo e spazio riconsiderati come precedenti l'evento e al contempo da esso prodotti – in una sequenza in cui l'affetto giunge a cedere il passo al percetto nel momento in cui l'architettura cede il passo alla musica[8].

Ho fatto riferimento a Deleuze e Guattari, ma avrei potuto anche citare un altro filosofo kantiano in debito con Henri Bergson, Maurice Merleau-Ponty, e il suo concetto della "carne del mondo"[9]. La carne di Merleau-Ponty inizia dove il corpo incontra il proprio esterno, un incontro o una continuità che lega il percettore e il percepito e non è prodotto esclusivamente da nessuno dei due, e che in modo analogo procede dall'affetto alla presa sul sociale. A Los Angeles, la carne del mondo è fatta di mobilità e delocalizzazione, qualità reincarnate nella Walt Disney Concert Hall considerata come programma architettonico creato a partire dai movimenti di cui consiste il luogo che occupa. In tale contesto si potrebbe anche citare una frase di Deleuze su Spinoza che ho già menzionato in precedenza a proposito di questo edificio: "Nel concreto, se si definiscono i corpi e i pensieri come capacità di avere e subire effetto, molte cose cambiano"[10]. Come è ormai noto, la Walt Disney Concert Hall è stata all'inizio concepita in pietra e vetro e solo in un secondo momento è stata riconcepita in metallo, ma in entrambe le versioni è composta da piani che diventavano più ondulati verso la strada che non nel nucleo della struttura. Gli edifici di Gehry sono fatti di singolarità più che di ripetizioni, e il passaggio dall'esterno all'interno consta di variazioni di intensità che diventano variazioni tipologiche. L'ingresso alla Hall è fatto di movimenti curvi a orientamento orizzontale che circondano e conducono quelli angolari a orientamento verticale. Attraversati questi due tipi di movimento – dalla cur-

vatura e dalla velocità a essa correlata agli angoli e alle interruzioni che fanno arrestare e ripartire i movimenti, spesso in qualche punto vicino o posteriore a quello dove si erano arrestati –, si accede all'auditorium vero e proprio. Qui si trova un interno dolcemente curvo correlato al movimento implicito più che a quello esplicito reso disponibile dalla quiete, alla posizione seduta più che alla deambulazione, all'ascolto più che all'osservazione.

All'esterno, le parti di metallo e pietra del complesso sono legate dall'interpenetrazione ma non dalla continuità (di qualunque genere di movimento), mentre la continuità (di movimento e superficie, ma senza ripetizione formale) unisce gli elementi rivestiti in metallo. Il rapporto tra l'esterno e l'auditorium è fatto di una discontinuità estremamente lavorata – una disgiunzione così logica che non si può davvero definire disgiuntiva anche se si può solo percepire in quanto tale – che si correla direttamente alla musica e alla relativa esecuzione e percezione a Los Angeles. Il passaggio dall'esterno all'auditorium conduce da un contesto definito da rapporti di interpenetrazione ma non di continuità a uno di dissociazione accompagnata dalla familiarità. L'interpenetrazione priva di continuità è la condizione vissuta dal guidatore dell'automobile che ascolta musica in uno spazio privato spostandosi in uno spazio pubblico a velocità che gli richiedono di intrattenere un collegamento riflessivo con il mondo esterno, che è simultaneamente rimosso e immediato; è la condizione duplicata dall'immediatezza delocalizzata attraverso cui comunica con gli altri in qualunque altro spazio di localizzazione o movimento il suo cellulare è in grado di raggiungere: una questione tecnica che ha solo a che fare con il denaro, proprio come la sfida dei materiali in architettura.

Il traffico autostradale consta di convergenze e curve morbide, a differenza del movimento sulla griglia di quelle che i californiani chiamano "strade di superficie" – uno scomodo sistema di arresti e partenze ad angoli retti che ricorda decisamente l'epoca in cui era difficile costruire edifici curvi ed è quanto mai adatto ai temi dell'omogeneità più che a quelli dell'eterogeneità. Le modalità di funzionamento della velocità e del movimento degli edifici di Gehry dovrebbero risultare leggibili al pubblico della Walt Disney Concert Hall e a nessun altro, allo stesso modo in cui gli abitanti di altri momenti storici – fondati su centri con soggetti centrati – intendevano gli elementi radicali dell'interpenetrazione tra interno ed

FIG. 3. Frank O. Gehry, Atrio della
Walt Disney Concert Hall.
Courtesy Gehry Partners, LLP.

esterno di Ludwig Mies van der Rohe e di Frank Lloyd Wright (una riflessione che ci fa tornare a Merleau-Ponty). L'architettura di Gehry era fatta di intersezioni tra movimenti inarrestabili piuttosto che di una progressione tra arresti e partenze secondo i dettami di una griglia, già molto prima della Walt Disney Concert Hall o dell'adozione del rivestimento metallico. Tuttavia, in questo caso essa implica in particolar modo che "la continuità entro cui si manifestano le singolarità" potrebbe essere una descrizione della musica, che l'espressione descrive il tempo e il modo in cui gli eventi hanno luogo al suo interno influenzandolo in qualche maniera. Le curve conducono verso angoli retti all'esterno dell'edificio, e i movimenti più veloci cedono il passo a quelli più lenti quando, una volta entrati al di sotto della volta, si vedono le vere linee verticali e orizzontali. Il passaggio dagli ampi movimenti a una serie di non convergenze descritte dai piani metallici dell'esterno, che danno impulso a una raffica di singolarità non appena si oltrepassa l'ingresso, culmina nell'imposizione di simmetria dell'auditorium e, attraverso quest'ultima, nella sua riconciliazione tra la curvatura e il rettilineo. Tale fenomeno assolve una funzione alquanto diversa dal dettaglio visivo situato oltre le sue porte, progettate per trasferire l'attenzione dal visivo all'uditivo.

L'auditorium è stato paragonato a una barca. Come il metallo solleva l'edificio e lo colma d'aria, giocando con la gravità se non addirittura distaccandolo dalla struttura – il movimento deriva da una sfida alla gravità –, l'auditorium sospende il pubblico, pronto a un'ulteriore sospensione operata dal suono. Ma è della California meridionale che stiamo parlando. Sì: laggiù c'è l'Oceano Pacifico, e sappiamo che a Gehry piace andare in barca quasi quanto gli piace ascoltare musica, eppure è indiscutibile che gli interni fatti di dolci curve che meglio conosciamo sono gli abitacoli delle automobili, dove l'autista è comodamente orientato verso ciò che gli si trova davanti. L'abitante medio della California meridionale dovrebbe sentirsi a proprio agio nell'auditorium della Walt Disney Concert Hall, nel senso che vi dovrebbe ritrovare qualcosa di rassicurante e familiare. La sala ricorda da lontano gli spazi in cui i californiani del Sud si trovano in genere seduti quando si dedicano al movimento e all'ascolto della musica, ma qui il movimento è solo una proprietà della musica, con il sostegno dell'interno. L'auditorium fa parte dell'edificio dove si registra il picco massimo di dissociazione ar-

chitettonica da qualunque cosa avvenga all'esterno, dove la deambulazione diventa posizione seduta e dove l'evento architettonico cede il passo a quello musicale diventando simmetrico. Il corpo è simmetrico quando è statico, e quando si guida non si vuole essere consapevoli dell'interno dell'automobile. Se dentro l'auditorium quasi tutti i movimenti sono musicali, l'esterno è musica inarrestabile incarnata nei piani: il passaggio dall'uno all'altro conferma che la Concert Hall è un edificio progettato per vivere un'esperienza musicale che è meglio vivere sul piano musicale. In quanto tale, la struttura non ha nulla a che fare con l'architettura delle strade circostanti, in genere modesta, o con le autostrade e le centinaia di chilometri di in-architettura cui conducono, tranne per il fatto che è stata costruita per le persone che guidano lungo queste ultime e che vivono qui. Se di solito queste persone vedono i luoghi in cui vivono dall'interno di lucidi ectoplasmi di metallo curvo, circondate dal movimento mentre ascoltano musica, nel momento in cui prendono posto nella Walt Disney Concert Hall vengono staccate dall'idea dell'interno che si sono portate dietro, idea che per loro è stata reinventata quale opportunità di esperienza diretta più che di distanza e differimento.

1. La conferenza si tenne al Southern California Institute of Architecture ed è stata pubblicata in J. Gilbert-Rolfe, *Intersections*, in Id., *Beyond Piety: Critical Essays on the Visual Arts, 1986-1993*, New York 1995, pp. 330-339.
2. J. Gilbert-Rolfe, *Born to Be Mild*, in Id., *Beyond Piety*, cit., pp. 344-347.
3. J. Gilbert-Rolfe, F. Gehry, *Los Angeles and the Idea of the Center*, in J. Gilbert-Rolfe, F. Gehry, *Frank Gehry: The City and Music*, London 2001, cap. 3, *passim*.
4. Gilbert-Rolfe, Gehry, *Frank Gehry*, cit., pp. 45-46 e *passim*.
5. J. Baudrillard, *Simulacres et simulation*, Paris 1981.
6. Gilbert-Rolfe, Gehry, *Frank Gehry*, cit., p. 27.
7. G. Deleuze, F. Guattari, *Qu'est-ce que la philosophie?*, Paris 1991 (trad. it.: *Che cos'è la filosofia*, Torino 1996).
8. Gilbert-Rolfe, Gehry, *Frank Gehry*, cit., pp. 93-93 e *passim*.
9. M. Merleau-Ponty, *Le visible et l'invisible*, Paris 1964 (trad. it.: *Il visibile e l'invisibile*, Milano 1969).
10. G. Deleuze, *Spinoza: philosophie pratique*, Paris 1981 (trad. it.: *Spinoza. Filosofia pratica*, Milano 1991). Vedi anche Gilbert-Rolfe, Gehry, *Frank Gehry*, cit., p. 94.

Tradotto dall'inglese da Floriana Pagano

IÑAKI ÁBALOS
METAMORFOSI PITTORESCA

FIG. 1. Lee Friedlander, *Central Park*, 1991, da *Viewing Olmsted*, a cura di Phyllis Lambert, Montreal, Canadian Centre for Architecture, 1996. © Lee Friedlander.

FIG. 2. Le Corbusier, Schizzo di *La ville radieuse*, 1935. © Fondation Le Corbusier, by SIAE 2004.

I. DUE IMMAGINI?

Da una parte Olmsted, Frederick Law Olmsted e il Central Park, la sua opera più emblematica, vista un secolo dopo il suo concepimento attraverso l'occhio di un grande fotografo contemporaneo, Lee Friedlander (l'immagine appartiene al libro **Viewing Olmsted**, un omaggio a Olmsted, costituito da tre reportage sulla sua opera, realizzati da altrettanti fotografi e pubblicato da Phillys Lambert) (FIG. 1). Dall'altra parte, uno schizzo di Le Corbusier, uno dei tanti disegni con i quali amava illustrare le sue teorie della città moderna, e che tracciava mentre parlava durante le conferenze o per illustrare i suoi libri (FIG. 2).

Le due immagini presentano elementi indiscutibilmente simili: in primo piano una vegetazione che potrebbe sembrare "naturale", dominata da alberi imponenti che inquadrano prati ondulati, attraversati da sentieri o che costeggiano un lago. In secondo piano, intrecciate all'ambiente naturale in modo certamente pittoresco, emergono delle costruzioni altissime che il nostro occhio addestrato riconosce immediatamente: da una parte i grattacieli di New York, tra la Fifth Avenue e la 59a con l'hotel Plaza in primo piano, dall'altra quelli della Città per tre milioni di abitanti, i giganteschi grattacieli cruciformi che Le Corbusier iniziò a immaginare verso il 1920 e che un po' alla volta diedero origine al concetto di "Città Verde".

Il nostro sguardo passa dall'una all'altra e si compiace nel giocare con le analogie e le differenze. È difficile smettere di guardare e di fare confronti, stabilendo connessioni, parallelismi, paradossi e similitudini. Olmsted e Le Corbusier: due mondi che oggi si toccano ma che non si toccavano prima, due modi di pensare la città a partire da due culture e su basi tecniche differenti e che tuttavia ora, come per incanto, paiono avvicinarsi tra loro, non soltanto in queste due immagini ma anche per il modo in cui oggi si concepisce la tradizione moderna nel suo insieme. L'eroe americano e l'eroe europeo, la città democratica americana del XIX secolo e la città industriale europea del XX secolo, sono rappresentati in sintesi come qualcosa di simile in queste due illustrazioni. Ma perché questi fenomeni che all'epoca furono assolutamente divergenti ci si presentano oggi vicini tra loro? Ci saranno sicuramente più motivi, ma quelli che mi preme mettere in evidenza sono i seguenti. 1. Per l'interesse che ognuna delle immagini mostraverso ciò che è complementare al proprio punto di riferimento principale. 2. Per l'interesse che ciascuno dei due autori ebbe nel costruire una visione della città moderna basata sull'interazione tra natura e artificio. 3. Per il bisogno comune, manifestato da tale interesse, di mettere in relazione gli ideali estetici del pittoresco settecentesco con i cambiamenti metodologici e di scala dovuti all'industrializzazione. 4. Per la responsabilità che ebbero entrambi nel costruire un nuovo modo di formare i professionisti e nel differenziare la pedagogia relativa al progetto architettonico da quella relativa al progetto paesaggistico. 5. Per il modo in cui entrambi idearono processi atti a individuare e identificare nuove idee (per come, in sostanza, costruirono un "laboratorio" del proprio tempo). 6. Per la distanza simmetrica che sentiamo rispetto ai due mondi che essi crearono. 7. Per la capacità che ora possediamo di individuare un nuovo "laboratorio", a partire da quella distanza simmetrica.

Prima di tutto, però, è necessario chiederci chi siamo "noi"; un modo colloquiale con il quale abbiamo dato inizio a questo saggio. Siamo certamente coloro che hanno appreso l'architettura attraverso la lezione dei maestri moderni. Ma siamo anche coloro che devono imparare di nuovo, e rapidamente, a dimenticare e a tornare a ricordare la modernità e tutto ciò che essa portava con sé di liberazione e condanna. Siamo coloro che potranno andare avanti solo se sapranno costruire un altro panorama, che non sia alieno né corollario del moderno, e invece capace di correggere le ingenuità e le perversioni che ha ereditato, capace di dimenticare e di contenere il XX secolo.

Torniamo all'immagine duale del bosco che si dirada aprendo davanti ai nostri occhi una veduta frammentaria di ciò che è senza dubbio una metropoli moderna, con edifici emergenti, che emulano la forza verticale degli alberi che circondano la scena. Senza alcun dubbio, l'obiettivo di Olmsted era la natura, la ricostruzione idealizzata di un frammento del paesaggio pastorale del fiume Hudson in un'area erosa, senza alberi né manto erboso né drenaggio naturale. E circondato da una città che imponeva la sua presenza ai confini rettilinei del parco (di fatto, il progetto di Olmsted per Central Park mascherava e nascondeva, con una folta macchia, la griglia della città del 1811 e la geometria antipittoresca dei suoi confini). Olmsted era impegnato a costruire al centro della città uno spazio naturale la cui funzione principale, secondo il pensiero dei trascendentalisti, era educativa: un luogo, cioè, nel quale si rendesse manifesto che le leggi etiche e morali dell'uomo e quelle della città erano emanazione delle leggi fisiche della natura. La perfetta armonia humboldtiana secondo cui si concepiva allora la natura costituiva il modello a immagine e somiglianza sul quale si rifacevano le leggi della democrazia. Si trattava, insomma, di un vero e proprio foro, luogo in cui risplende la cosa pubblica. Ma la cosa pubblica era diventata emanazione della natura. Entrambi i concetti, la cosa pubblica e la natura, con Olmsted restavano legati a una concezione democratica della città, a un movimento che compensava le altre forze più impulsive e intuitive del capitalismo, che avevano dato origine a una città basata su un meccanismo ottimizzatore – il quartiere residenziale e il centro commerciale, la casa unifamiliare e il grattacielo di uffici. Questo meccanismo duale, secondo Olmsted, ne reclamava un altro, quello della natura e dello spazio pubblico, organizzati in un sistema di tendenza riformista e progressista, infiltrato nel magma capitalista.

Così stavano le cose e fu sicuramente necessario pensarle in quel modo perché si potessero realizzare, eppure oggi le vediamo in modo diverso. Il motivo per cui oggi ci piace Central Park non ha a che fare con i profondi concetti che servirono a Olmsted per progettarlo, e neppure con la bellezza del suo tracciato – un po' convenzionale e irrisolto, oltre che basato su principi comparativi troppo tradizionali –; esso dipende piuttosto dall'armonia con cui alberi ed edifici sono cresciuti insieme, gli uni alimentando gli altri, per dare luogo a un'esperienza unica e universale, divenuta poi una sorta di codice genetico della città moderna, asiatica, latinoamericana o europea che sia: il vero pittoresco contemporaneo; alberi ed edifici che crescono assieme: l'unica modalità di spazio pubblico nel quale possiamo muoverci senza sentirci manipolati, un insieme che riconosciamo e identifichiamo come "il nostro mondo".

Olmsted non lo sapeva del tutto, ma lo sapeva "quasi"; egli capì soltanto in forma astratta, cioè etica, il bisogno reciproco, l'attrazione reciproca fra parco e grattacieli all'interno della metropoli. Non intuì che questa attrazione era l'attrazione per un nuovo tipo di bellezza, una drastica riformulazione della bellezza e dei concetti del pittoresco condotta prima di saperla interpretare (Robert Smithson sì lo fece: molto tempo dopo, quando, in seguito alla sua celebre passeggiata a Central Park, nominò Olmsted il primo "land-artist". Egli inaugurò con incredibile lucidità questa nuova visione, e ne divenne probabilmente il migliore critico e il migliore discepolo).

Le Corbusier, per contro, era affascinato dalla scala brutale dei grattacieli nordamericani del passaggio del secolo, e dalle tecniche industriali che li rendevano realizzabili, come dai metodi scientifici che tali tecniche presupponevano: il montaggio in serie, la linea di assemblaggio, i principi tayloristi, tutta quell'effervescenza del capitalismo che lo rendeva simile a una forza selvaggia e contraddittoria, ma di portentosa bellezza, che egli seppe identificare con una lucidità altrettanto incontestabile. Ideò un'immagine ancora più poderosa di quella che stava ricevendo dal nuovo continente: un grattacielo che replicava se stesso con una scala inedita, vere e proprie città del lavoro che, diradate in maniera isotropa, componevano un paesaggio da fantascienza, una città-macchina taylorista quasi sublime.

A questo primo impulso, Le Corbusier ne contrappose poi subito un altro, di natura ben diversa: il vuoto tra le torri non poteva essere meramente passivo; era, certamente, il luogo della mobilità meccanizzata, ma fu anche identificato progressivamente come uno spazio duale, naturale e pubblico, un immenso parco che non restava più confinato entro i limiti dei parchi tradizionali, ma si espandeva in maniera indifferenziata dando corpo a un mezzo urbano nuovo e unico (la morte della strada è indissolubilmente associata con quest'idea). L'espressione massima del macchinismo, portava associato con sé, nella testa, un nuovo "selvaggismo". Non si trattava di parchi o giardini ma della natura stessa: la massima espressione della società industriale integrava due idee fino ad allora incompatibili, natura virginale e grattacieli tecnologici, facendole diventare indissolubili, la stessa cosa. Per questo non è casuale che egli adottasse come slogan ricorrente delle proprie teorie urbanistiche la formula "Città Verde", che d'altra parte eludeva ciò che era preminente in esse, oltre che oggetto principale delle sue ricerche: il grattacielo come presenza primaria e assoluta della città moderna.

C'è una certa simmetria nello sforzo condotto da Olmsted per costruire un frammento di natura virginale dentro la città dei grattacieli, e in quello di Le Corbusier di proporre il grattacielo come edificio che permette una nuova sintesi tra le forze primarie della natura e del macchinismo. Entrambe sono idee provocatorie, nuove, originali, presentate dai loro autori, tutti e due grandi divulgatori, come scoperte offerte alla società per liberarla dai suoi mali. Entrambe fanno interagire, più o meno coscientemente, la natura primigenia e i grattacieli, ed entrambe sono nate concentrandosi su un unico tema, capendone le leggi e modificando le scale e i campi di applicazione, dopo averlo isolato e usato come fosse materiale nuovo, spostato rispetto ai suoi campi di dominio abituali (rispettivamente aristocratici per il parco e speculativi per i grattacieli). Dobbiamo fare, però, un'osservazione: così come la fotografia di Friedlander è una ricomposizione che abbiamo fatto nostra trasformando ciò che Olmsted immaginava che avremmo visto, l'immagine di Le Corbusier, con la quale ora ci intratteniamo, è uno schizzo con un punto di vista insolito, che somiglia appena all'insieme di rappresentazioni che egli produsse negli anni e che diedero luogo ai famosi giganteschi diorami, oggi icone della modernità. In essi il punto di vista era elevato al di sopra della chioma degli alberi per mostrare il loro motivo centrale di interesse: lo splendore unico dei grattacieli cartesiani in formazione militare, il trionfo formale dell'industrializzazione, la bellezza del macchinismo. La storia gira, perfino intorno a chi ha piena coscienza dei propri atti e delle loro ripercussioni, come Le Corbusier, e qualsiasi appassionato di architettura sa che questo magnifico schizzo ha oggi raggiunto una diffusione maggiore dei diorami dimostrativi. Per valutare la sua amplissima diffusione (che difficilmente Le Corbusier poté prevedere, visto che il bozzetto non è incluso nell'**Œuvre complète**), basti ricordare che il disegno è l'unico schizzo a mano, presente fra le più di settecento illustrazioni di **Spazio, tempo e architettura** di Sigfried Giedion[1]. Mentre stiamo lì, protetti dall'ombra degli alberi guardando le curve del terreno e i sentieri, la Città Verde di Le Corbusier non ci appare più come l'incubo macchinistico e megalomane di un mezzo fascista, illuminato e assolutamente positivista, e torniamo a vivere un'esperienza unica e universale a un tempo: passeggiare all'interno del codice genetico della città moderna, un amalgama di natura e artificio, di architettura e spazio pubblico, di città e paesaggio, che corrisponde all'immagine ben precisa di quello che possiamo chiamare "il nostro mondo".

Risultato paradossale: ciò che ci attrae dell'immagine del Central Park non sono i grattacieli che Olmsted non aveva mai immaginato potessero sbocciare con tanta forza; ciò che ci attrae dell'immagine della Città Verde è questo bosco che attraversiamo, restando estranei alla incommensurabile scala di alcuni grattacieli che, collocati qui e là, passano quasi inosservati, nascosti dallo spessore di un fogliame

che, al di là della sua enunciazione, non aveva interessato granché Le Corbusier. Questa deviazione dello sguardo fra lo sfondo e l'oggetto (o la figura), questo spostamento di interesse fra gli autori e il pubblico attuale (noi), questa identificazione di entrambe le figure in un unico insieme che abbiamo chiamato "il nostro mondo", è ciò che d'ora in avanti chiameremo "la tradizione": ciò che abbiamo ereditato, la relazione fra le antiche chimere e le forme quotidiane di vita del presente, la distanza e i nessi tra gli uni e gli altri sogni. Questa tradizione, già lo abbiamo detto, è un amalgama, frutto della fusione di una restaurazione ecologica colossale – "artista che lavorava con tempi geologici" fu definito Olmsted da Smithson – e di una rivoluzione tecnologica e tipologica senza precedenti, entrambe capaci di generare nelle nostre menti una trasformazione topologica del mezzo urbano, ora capace di sintesi prima imprevedibili, di grandi concentrazioni e vuoti enormi che compongono un'unica identità. Un'interazione tra natura e artificio che mai avrebbero potuto immaginare quei primi autori del XVIII secolo, che, affrontando il concetto del "sublime" come ciò che l'uomo non può realizzare, proposero un'estetica del pittoresco che poteva essere applicata indifferentemente a una valle e a una città, a un albero e a un edificio, a un fiume e a un'autostrada.

2. UN VIAGGIO LUNGO DUE SECOLI

> To build, to plant, whatever you intend, / To rear the Column, or the Arch to bend, / To swell the Terras, or to sink the Grot; / In all, let Nature never be forgot. / Consult the Genius of the Place in all, / That tells the Waters or to rise, or fall, / Or helps th'ambitious Hill the Heav'ns to scale, / Or scoops in circling Theatres the Vale, / Calls in the Country, catches opening Glades, / Joins willing Woods, and varies Shades from Shades, / Now breaks, or now directs, th'intending Lines; / Paints as you plant, and as you work, Designs.
> – Alexander Pope, *Epistle to Lord Burlington*, 1731

La sala sta sospesa in aria e ruota su se stessa dando corpo a un "panottico" dal quale è possibile dominare tutto il visibile. Percepiamo il sole e una vista splendida sul mare, un grande parco, il deserto o il cosmo: tutto si confonde nella distanza, o forse si tratta di un unico paesaggio, muto in cui siamo immersi. I nostri pensieri si spiegano, danzano e si elevano in forme elicoidali che si confondono con un

FIG. 3. (in alto a sinistra) J.M.W. Turner, *Rain, Steam and Speed: The Great Western Railways*, 1844. Londra, The National Gallery (foto © The National Gallery, London).

FIG. 4. (in alto a destra) Robert Smithson, *Spiral Jetty*, 1970, fotogramma del film *The Spiral Jetty*. © Robert Smithson, by SIAE 2004.

FIG. 5. (al centro) Olafur Eliasson, *The Weather Project*, Tate Modern, Londra, 2003–04 (foto Nanni Baltzer).

FIG. 6. (in basso a sinistra) Le Corbusier, fotografia da Back

Bay Fens, progettato da Frederick Law Olmsted nel 1887. © Fondation Le Corbusier, by SIAE 2004.

FIG. 7. (in basso a sinistra) Le Corbusier, schizzo.

vapore appena percettibile, legato alla luce. E noi ci alimentiamo di questo soffio-manna (FIGG. 3, 4).

Stando lì, sentiamo di essere gli abitanti di un limbo straordinario, un insieme di innocenza e privilegio. Siamo al di là di ciò che fa soffrire, del doloroso attrito della vita fisica, attanagliata dalla sofferenza e dall'odio. La nostra sala ci trasporta, si muove, cresce, si sgonfia, si ancora e si amplia; è la nostra pura volontà fatta corpo, architettura, aria che prende forma, memoria e senso, ciò che somiglia a una felicità carezzevole, un sacco amniotico che ci impedisce di toccare il mondo.

Come era prevedibile, la sala svanisce quando tutto si avvicina a una perfezione senza dramma. Tutto ciò che essa ci dava, sparisce lentamente ma con fermezza, lasciandoci senza protezione, impauriti, esposti alla fatalità capricciosa del mondo e alla sua malvagità. Statici e nudi. Ormai non sentiamo che la notte paurosa; quella solitudine gratificante si trasforma in terrore e insignificanza: siamo vulnerabili, ogni possibile idea di armonia diventa repulsiva, intollerabile.

Intollerabile è la lunga notte che si avvicina e alla quale neppure nei sogni migliori pensiamo di sopravvivere. Tuttavia, ammantata di dolore, l'oscurità persistente, per quanto ci appaia incomprensibile, finisce per dissolversi, e là in fondo, in lontananza, la non-luce condensata nel vapore di piccolissime particelle costruisce un punto luminoso come all'imboccatura di un tunnel, e richiama il nostro sguardo, spingendo a muoverci, ad avanzare, non sappiamo bene se catturati dalla luce o dall'oscurità.

Eccoci là, ipnotizzati come automi, mentre ascoltiamo una litania che viene da lontano, antica di anni e anni (la nostra infanzia, la nostra adolescenza e la nostra maturità ne sono attraversate, come i paesaggi, le malattie, le affinità, gli errori, il lavoro). Stupiti, sentiamo su di noi un effetto sorprendente: il suo ripetersi ci conforta senza colpire negativamente il nostro umore, spingendoci verso la luce.

La litania è parte della luce, non il suo oscuramento. Attraversiamo la luce con decisione, e da questa nuova soglia contempliamo un panorama il cui effetto sorprendente si moltiplica, attraverso un silenzio cosmico che ha sostituito il cantilenare della litania. Pensiamo per un attimo a trattenerne il disegno nella memoria, ma desistiamo immediatamente; l'importante, ormai, non è ciò che potremo vedere. L'importante è che ora abbiamo capito come ci guarda un grande occhio-sole-elica fatto di vita sensibile, capace di osservarci e disegnarci, di darci la vita. È lui che ci costruisce e ci parla, lui che ci ha presi in suo possesso (FIG. 5).

Siamo osservati, forse da molto tempo, da quello che innocentemente ci eravamo impegnati a costruire. Ci osservano e parlano con noi. Ma siamo stati sordi alle sue voci. Quell'amalgama confuso ereditato dai moderni, pura interazione di forze naturali e artificiali che si replicano a vicenda, vive di vita propria e ha dato origine a un altro nuovo, unico e poderoso, quasi sublime, **genius loci** che si rivela davanti a noi. L'immagine dura un istante − come qualcosa che passa davanti al finestrino di un treno − ma è sufficiente per riconoscere che si tratta di un nuovo punto di partenza, forse l'immagine nitida di ciò che la modernità ci ha dato in maniera confusa.

3. IL PAESAGGIO-SOGGETTO

Che cosa mancava a Le Corbusier per essere un buon giardiniere e a Olmsted un buon architetto? Che cosa mancava ai moderni per essere moderni anche oggi? O meglio, perché ai nostri occhi sono antichi, appartenenti a un "altro" mondo, a ciò che oggi si dice "tradizione", qualcosa che consideriamo nostro ma che non ci descrive se non in modo frammentario, come una zavorra che non pesa abbastanza?

Olmsted e Le Corbusier ignoravano che Alexander Pope avesse utilizzato un linguaggio letterale e non metaforico; per costruire e piantare bisogna ascoltare il **genius loci**, diceva. E lo diceva con grande chiarezza: ascoltarlo, non vederlo. Loro guardavano, guardavano sicuramente bene, ma non ascoltavano, e parlavano ancora di meno. Sono antichi perché il loro rapporto con il mondo era determinato da conoscenze scientifiche, filosofiche e da atteggiamenti artistici che avevano aperto molto timidamente nuovi canali di comunicazione: il **plein air** francese e americano certamente fu un passo avanti, ma limitato. Vivevano in compartimenti stagni: da una parte il mondo dei soggetti, della cultura. Dall'altra quello delle macchine, gli strumenti. In fondo, lontano, quello della natura, il mondo degli oggetti.

Che cos'era il paesaggio per i moderni, e che cosa ci hanno lasciato in eredità? La modernità ha costruito e istituito la nozione di paesaggio-oggetto, un tipo di paesaggio che si guarda, si utilizza e si sfrutta, ma con il quale non si stabilisce mai un rapporto di uguaglianza. Si guarda: il paesaggio viene contemplato in questo **peep show** paesaggistico tante volte disegnato da Le Corbusier; una stanza fluttuante e una persona − l'uomo-tipo − seduta, con la finestra che inquadra le curve sensuali dell'orografia di Rio de Janeiro (FIGG. 6, 7). Una posizione asettica, statica e contemplativa, che materializza un dominio senza possesso. Sono presenti tutti i riferimenti più ovvi: di genere, topologici e perfino erotici.

Viene usato: in effetti anche il **voyeur** scende dalle nuvole, da quel **peep show** dove vive di solito, e di tanto in tanto usa il paesaggio, lo vuole possedere. Ma non ha interesse – e non sa neppure che potrebbe averlo – in una comunione o in uno scambio, nello stabilire una conversazione; come il grande proprietario terriero che imposta la relazione con il rampollo di famiglia lasciando che compri ciò che desidera perché trovi soddisfazione nel possesso. Ma la vera invenzione pittoresca – secondo cui i luoghi hanno voce e ci parlano dicendoci ciò che si aspettano di diventare, di che cosa hanno o non hanno bisogno – si è sviluppata purtroppo come puro "visibilismo", come maquillage, almeno a partire da Humphrey Repton. Il "visibilismo" ha dato origine alla privatizzazione, al possesso, e oggi ne vediamo la doppia patetica conseguenza: tappeti territoriali di abitazioni con carissime microporzioni di spazi di proprietà, privi di comunione, da una parte, e parchi tematici che rendono schiavi i non umani costringendoli a fare ciò che non devono, esattamente come il circo o lo zoo, loro fratelli gemelli.

Si sfrutta: dal momento che il paesaggio-oggetto non parla, non pensa, e neppure ha vita, il soggetto moderno, dopo aver guardato e usato, ora sfrutta, ascende al ruolo di ruffiano del paesaggio, lo distrugge e ne estrapola piccoli benefici momentanei. La terra non era mai stata violentata tanto sistematicamente come nel secolo della modernità, per fini così esclusivamente mercantili. Non è più il luogo a mancare di **genius loci**, ma l'intero pianeta o il cosmo. Chi può guardare il cielo senza vedere la minaccia dell'effetto serra, senza pensare agli accordi mancati di Kyoto, o ancora alla guerra per il dominio militare dello spazio, invece che ammirare quelle stelle brillanti che davano tante emozioni agli adolescenti di Hollywood?

Alcuni moderni credettero che la nozione di paesaggio fosse troppo decadente e aristocratica, "pittoresca", dicevano con disprezzo non dissimulato, e si riempirono la bocca con un'accezione che consideravano superiore, in quanto scientifica: il "territorio". Ma si ingannarono doppiamente poiché, in realtà, essa nascondeva un'ulteriore proiezione di radice illuminista sull'ambiente fisico, la cui distanza e mancanza di comunicazione era ancora più evidente: il territorio è lo spazio fisico visto sempre dall'alto, in pianta, a volo d'uccello, abbastanza lontano da poter essere astratto, mutato in qualcosa di silenzioso per essere utilizzato ad altri fini: una nuova trasformazione in oggetto, in cosa, chiamata urbanesimo. E la loro presunzione di scientificità era ridicolmente ancorata al passato: se qualcosa si è evoluto nello sguardo scientifico, almeno a partire dall'invenzione del laboratorio e delle tecniche di osservazione empirica, è proprio l'abolizione del piano generale. Dall'alto, in pianta, senza scala, non è solo il non umano a diventare un oggetto, ma anche noi umani, assimilati a formiche, ci riduciamo a movimenti convulsi senza esperienza né soggettività: pronti per un macrosfruttamento.

Che cosa abbiamo appreso (noi, che aspiriamo a vivere in una nuova società più evoluta)? Per lo meno due cose. Una, evidente, è che è necessario sviluppare un nuovo rapporto tra gli esseri umani e l'ambiente, e che l'ambiente si trasformi da oggetto a soggetto, non perché glielo lasciamo fare ma perché abbiamo imparato ad ascoltare e a parlare. Ciò significa che il paesaggio ci costruisce e ci ascolta, e che è necessario passare attraverso una lunga mutazione per poter ristabilire una sorta di comunicazione democratica e affettiva tra gli esseri umani e le cose (un'idea le cui conseguenze riducono notevolmente il piano disciplinare o paesaggistico per anteporre il piano politico).

Si tratta di ristabilire il ruolo dello spazio pubblico nella società contemporanea, lo spazio per eccellenza della "polis". Il paesaggio non è più quello sfondo grazioso sul quale si stagliano degli oggetti scultorei, chiamati architettura, ma il luogo nel quale può affermarsi un nuovo rapporto tra l'umano e il non umano: un foro cosmico a partire dal quale descrivere di nuovo tutta la tradizione ricevuta; la democrazia estesa alle cose, patteggiata. Il paesaggista, oggi, è colui che va oltre la finestra, si proietta nell'ambiente, lo ascolta e gli parla, e costruisce attraverso di esso un'altra dimensione dello spazio pubblico, più coinvolgente e, perché no, delirante dal momento che non ci sono modelli o, peggio, che ogni evocazione di modelli ci riporterà immediatamente alla posizione di partenza, ossia al paesaggio-oggetto.

Seconda conseguenza: la natura come si intendeva prima dei moderni non c'è più, non esiste più quella zona selvaggia e virginale che sta "là fuori". Là fuori ora c'è un conglomerato, l'eredità moderna, un mondo nel quale natura e artificio appaiono mescolati

FIG. 8. Spirit e Adirondack Rock si parlano, Marte, 2004 (foto NASA – Jet Propulsion Laboratory).

FIG. 9. Adirondack Rock, Marte, 2004 (foto NASA – Jet Propulsion Laboratory).

e avvolti da un altro mondo vettoriale e telematico: il giardino moderno. Il mondo è un giardino costruito dalla modernità, stupefacente, desolante e sublime; un giardino la cui varietà e il cui intrico tipicamente pittoreschi sono fatti di contrasti mai immaginati prima, un paesaggio nel quale i camini di Auschwitz si mescolano con la scia catastrofica dell'Apollo 13 e il fungo di Nagasaki con quello delle Torri gemelle, ma anche un giardino nel quale i parchi nazionali e le riserve della biosfera, diventati un bene prezioso, si sono convertiti in santuari dove si compiono nuove liturgie civili. Abbiamo ereditato un'altra natura, somma dello sfruttamento moderno e dei suoi resti non ancora devastati, una seconda natura che ha la sua bellezza e le sue leggi, un mondo entropico e di estrema fragilità, dove perfino la coscienza dell'"effetto" farfalla sembra aprirsi un varco nel momento di progettare palazzi e parchi del XXI secolo.

I due punti precedenti ci obbligano, alla fine, a porre due domande molto pragmatiche.

1. Come si forma un paesaggista? Naturalmente non più e mai più secondo i canoni dicotomici moderni: l'architetto dedicato all'artificiale, al pieno, e i paesaggisti al vuoto, lo ying e lo yang, secondo una concezione che apparteneva a menti moderne, per le quali industria e natura erano antitetiche. Quando tocca ai non umani far sentire la loro voce nello spazio pubblico della città globale, restare chiusi lì dentro significa perdere tempo. Quel paesaggismo-spazzatura, vero rimasuglio della buona coscienza compassionevole borghese, puro XIX secolo, non esiste più. Possiamo solo immaginare, forse, un'altra posizione delle cose, una dopo o una sopra l'altra, immaginare il paesaggio-soggetto come un processo conoscitivo più complesso, che reclama una via traversa verso la comprensione del vero monumento ancora da costruire: lo spazio pubblico contemporaneo. Una via trasversale dove l'artificiale, cioè l'architettura, sarebbe solo il primo passo preparatorio. È urgente, e le scuole europee e americane che credono nella propria funzione formatrice e universale lo stanno facendo, che si studi come poter procedere a una nuova integrazione (non a qualcosa di congiunturale, un piccolo cambiamento di piani di studio, ma alla reale sostituzione dell'edificio ideologico della modernità: una rivoluzione dei metodi, dei saperi e degli obiettivi, un cambiamento epistemologico del quale abbiamo finalmente cominciato ad avere coscienza) (FIG. 8).

2. Come evitare la paralisi? Per definire questo spazio pubblico dell'umano e del non umano possiamo lanciarci nel vuoto in un esercizio di puro delirio oppure poggiare su tre fondamenti per definire una concezione estetica che identifichi il naturale e l'artificiale. Primo, quella concezione estetica che permetteva di giudicare nello stesso modo un edificio e una montagna, un fiume e un'autostrada, ossia l'invenzione del pittoresco, sopravvissuta attraverso la modernità, tanto vilipesa e oggi riscattata da molti come il primo passo di un più soddisfacente rapporto tra natura e artificio. Secondo, la persistenza e lo sviluppo delle stesse idee in questa seconda natura o conglomerato lasciato in eredità dai moderni: Robert Smithson e i suoi paesaggi entropici, le eterotropie di Michel Foucault, il parlamento di umani e non umani costruito da Bruno Latour. Terzo, il presente puro, la nostra scienza, la nostra tecnologia, il nostro pensiero, la nostra arte; le forme con cui concepiamo collettivamente non solo la nozione di natura ma anche la nostra relazione con essa. Basti pensare all'attuale avventura su Marte, nella quale non è ancora chiaro chi stia guardando chi, lo Spirit o la pietra Adirondack, per immaginare un mondo nel quale l'uomo non domini, senza soggetti e oggetti, costruito come una comunione di natura e tecnologia, fatto di forze delle quali solo ora cominciamo a intravedere la grandezza e la portata (FIG. 9). Con questi tre elementi si può costruire un nuovo laboratorio-osservatorio dal quale stabilire le forme attuali del rapporto fra natura e cultura. A partire da esso impareremo ad ascoltare e a guardare per la prima volta.

Questo saggio raccoglie frammenti che appartengono al libro *Atlas Pintoresco*, vol. 1, *El Observatorio*, di prossima uscita presso Gustavo Gili, Barcelone.

1. Il dato mi è stato fornito da Mark Wigley. Per quanto riguarda lo schizzo di Le Corbusier (si veda *El sueño de Le Corbusier*, in *Le Corbusier y el paisaje*, a cura di X. Monteys, Barcelona 2004), secondo Juan Herreros, si tratterebbe di una copia ritoccata di uno dei bozzetti realizzati durante le conferenze tenute a Buenos Aires nel 1928, e raccolte nel libro *Précisions sur un état présent de l'architecture et de l'urbanisme*, Paris 1930. Questa ipotesi può essere confermata se si osserva la flora rappresentata nel bozzetto, alcune palme e due magnifici *ibirà-pitàs* (*Peltophrundubium*) presenti in tutti i parchi di Buenos Aires. In ogni caso, il disegno è conosciuto come "Ville radieuse, la città del domani, dove verrà ristabilito il rapporto uomo-natura" e datato 1935, anno in cui fu pubblicata *La ville radieuse* e Le Corbusier visitò New York (W. Boesinger, *Le Corbusier*, Zurich 1972).

Tradotto dallo spagnolo da Barbara Giacometti

PHILIP URSPRUNG

ARCHITECTURE UNDER PRESSURE: L'EREDITÀ DI EARTH ART

Partially Buried Wood shed- Kent State
Earth deposited onto roof until
central beam cracks- January 1970
R. Smithson

FIG. 1. Robert Smithson, *Partially Buried Woodshed*, 1970, stampa alla gelatina d'argento. Robert Smithson, © by SIAE, 2004. Courtesy James Cohan Gallery, New York.

PARTIALLY BURIED WOODSHED
1970 JANUARY
KENT STATE U
OHIO

FIG. 2. Robert Smithson,
Partially Buried Woodshed, 1970,
matita, 28 x 48 cm. Robert
Smithson, © by SIAE, 2004.
Courtesy James Cohan Gallery,
New York.

FIG. 3. Robert Smithson durante
un'intervista di fronte a *Spiral
Jetty*, Great Salt Lake, Utah,
1970. Berlino, Staatliche Museen
zu Berlin, Kunstbibliothek, collezione Marzona (foto Gianfranco
Gorgoni). © by SIAE, 2004.

Nel gennaio 1970 Robert Smithson partecipò al Creative Arts Festival alla Kent State University di Kent, Ohio. Poiché il terreno era troppo freddo per creare il **mud flow** previsto, una sorta di slavina di fango, l'artista decise di realizzare un progetto che stava maturando da lungo tempo, vale a dire il sotterramento di un edificio. Trovò un capanno in legno adibito a deposito per legna e ghiaia, un tempo di proprietà di una fattoria e attualmente dell'Università. Il capanno strideva fortemente con il resto delle costruzioni prevalentemente moderne del campus (FIG. 1). Smithson lasciò parte della legna all'interno del capanno. Il 22 gennaio 1970 Smithson diede istruzioni affinché venissero rovesciati sul capanno – fino a far cedere le travi principali –, venti carichi di terra prelevati da un vicino cantiere all'interno del campus. Smithson intitolò l'opera **Partially Buried Woodshed** e la donò all'Università, con la clausola in base alla quale l'Università avrebbe dovuto impegnarsi a lasciare l'opera esposta alle intemperie, garantendone, al contempo, il mantenimento dello stato originario: cioè intenderla e conservarla quale espressione artistica "permanente"[1]. Ciò nonostante l'opera non ebbe lunga vita: in seguito all'azione di un piromane, nel 1975, una parte fu completamente divorata dalle fiamme. Qualche anno dopo – in seguito a lunghe controversie e a una nuova ristrutturazione del campus –, l'Università fece demolire l'opera. Tuttavia, ancora oggi restiamo colpiti dagli schizzi realizzati da Smithson e dalle fotografie scattate dallo stesso artista durante le fasi di sotterramento del capanno. Chi abbia avuto modo di vedere le immagini delle fasi di sotterramento del fragile capanno in legno, non può più concepire né fare architettura con la stessa ottica di prima (FIG. 2).

Partially Buried Woodshed rappresenta uno degli apici nella storia del raffronto tra arte e architettura; al contempo, l'opera è divenuta uno degli emblemi della cosiddetta "Earth Art" o "Land Art", un fenomeno artistico che in realtà ebbe il suo periodo di massima fioritura nell'arco di un solo triennio, dalla fine del 1968 al 1971. Tuttavia, questa espressione artistica amplia gli orizzonti delle due discipline e fa sì che esse collidano con tale veemenza da farcene percepire ancor oggi i moti sussultori[2]. In un breve lasso di tempo la Earth Art si è tradotta in una superficie di proiezione dove si fondono speranze utopistiche e ricordi nostalgici e dove ciascun interprete riesce a rispecchiarsi. Così taluni vi ritrovano una linea di continuità con l'età arcaica, che rimanda a vestigia

preistoriche come le linee di Nazca in Perù o i megaliti di Stonehenge. Altri sono affascinati dall'evocazione del sublime che si ritrova anche nell'imponenza di impianti industriali dimessi o nella magnificenza della natura dei paesaggi incontaminati del West americano. Altri ancora sono attratti dalle riprese in bianco e nero in grana grossa degli interventi scultorei sul paesaggio, che producono l'effetto di reportage di remoti teatri di guerra. E molti, infine, si identificano con i protagonisti carismatici della Earth Art, con quei lupi della steppa del panorama artistico americano, tra cui Smithson (FIG. 3), personificazione dell'artista postmoderno, scomparso in un incidente aereo nel 1973, Michael Heizer, ritiratosi a vivere nel deserto, o l'inavvicinabile Walter De Maria.

Il fascino che la Earth Art esercita proprio su giovani architetti, rimanda, in qualche misura, alla passione per città e paesaggi deserti, come quelli dei film **Mad Max** (1979) di George Miller, **Blade Runner** (1982) di Ridley Scott o **Matrix** (1999) di Andy e Larry Wachowski. Si tratta di una passione analoga a quella che prova la maggior parte degli architetti nei confronti dei paesaggi, costituiti da antiche vestigia, delle acqueforti di Piranesi. Si tratta di una passione che è strettamente correlata al fascino genuinamente romantico esercitato dal frammento, dalla rovina e dall'incompiutezza insieme, un'attrazione che può far fiorire la fantasia e, al contempo, è luogo della memoria. Tale attrazione trova un forte legame anche con ciò che Ignasi de Solà-Morales Rubio ha definito **terrain vague**, ossia la passione per i campi incolti, dove "la memoria del passato sembra predominare sul presente"[3]. Per quanto mi riguarda, sono interessato alla Earth Art, soprattutto in quanto teatro dell'incontro conflittuale tra arte e architettura.

È un fatto assodato che nel XX secolo nessun altro artista si sia addentrato tanto a fondo nel terreno dell'architettura quanto i rappresentanti della Earth Art. "Hanno sottratto, facendoli propri, molti dei fondamenti degli architetti", come osservò in seguito Richard Pommer[4]. Le loro opere gigantesche, fragili e costose, che richiamano un pubblico esclusivo disposto ad affrontare viaggi aerei per poterle ammirare, mentre i più riescono a farsi un'idea solo attraverso immagini, segnano l'apice dell'espansione del panorama artistico americano alla fine degli anni sessanta. Le incredibili dimensioni, talvolta alcuni chilometri di estensione, l'utilizzo di materiali quali terra e roccia, la relazione con il paesaggio urbano e rurale e anche il ricorso a strumenti tipici dell'architettura, quali proget-

ti, fotografie di documentazione e modelli, testimoniano il desiderio dell'arte di approdare al nuovo mondo
dell'architettura. Invece di leggere la Earth Art come
una conseguenza di un'evoluzione specificamente artistica, vorrei intenderla quale funzione dell'architettura. In tal senso partirò dall'assunto che la Earth Art è il
risultato di un contratto stipulato tra un architetto e
Robert Smithson, e che essa è effettivamente nata in
ambito architettonico. Per questo seguirò la tesi volu-
tamente iperbolica che l'architettura non ha più saputo
to esorcizzare gli spiriti evocati dalla Earth Art.

LA NASCITA DELLA EARTH ART
DALLO SPIRITO DELL'ARCHITETTURA

È possibile dare l'esatta collocazione temporale alla
Earth Art, benché ciò possa apparire paradossale rispetto a un fenomeno artistico che molti ritengono essere un omologo del postmodernismo e dunque, rispetto all'idea che non abbia senso, date le circostanze, ricercare un principio e un termine. Tuttavia, provia-
mo solo a immaginare quale sarebbe stata l'evoluzione
della storia dell'arte, se l'architetto Walter Prokosch,
socio di Tippets-Abbett-McCarthy and Stratton, Engineers and Architects (TAMS), il 17 giugno 1966 non
avesse sentito le argomentazioni di Smithson sul tema
"Shaping the Environment: The Artist and the City", in
occasione di un simposio all'Università di Yale sulla
pianificazione urbana[5]. Prokosch, noto progettista di
aeroporti, all'epoca era responsabile di uno dei più
grandi progetti edilizi al mondo, cioè del nuovo grande
aeroporto internazionale che si trova tra le due città
texane di Dallas e Fort Worth. Egli ingaggiò, con contratto annuale, Smithson, in qualità di consulente artistico. Non è dato sapere se con quell'atto lo studio
TAMS intendesse aumentare le sue chance nella gara
d'appalto aderendo al trend dell'epoca delle macrosculture all'aperto. È certo, tuttavia, che l'approccio del-
l'artista ventottenne con la terminologia e i progetti architettonici, con reticoli, infrastrutture, riprese aeree e
la prassi progettuale di megastrutture ampliò tutto
d'un tratto il suo orizzonte. In seguito, a più riprese, sot-
tolineò quanto per lui quest'incarico fosse stato determinante e quanto "dovette confrontarsi con materiali
con cui, diversamente, non avrebbe avuto modo di
confrontarsi"[6]. La Earth Art nella sua attuale accezione
di fenomeno storico-artistico non sarebbe neppure
concepibile, se si prescindesse da questi eventi storici
che l'hanno vista strutturarsi.

Una forma d'arte che potesse essere contemplata
dai passeggeri di un aereo, doveva differenziarsi sostanzialmente dai parametri convenzionali di altre
espressioni, quali la pittura e la scultura. In linea con
questo principio, Smithson, tra le altre opere, realizzò
anche **A Web of White Gravel Paths Surrounding
Water Storage Tank to be Seen from Airplanes and
Walked on** (1967), che si allargava come una gigante-
sca ragnatela, nel simbolico atto di catturare aeroplani
(FIG. 4). Egli progettò "finestre di terra sotto un vetro in-
franto", che scintillassero misteriosamente durante il
giorno e rilucessero durante la notte. Inoltre volle in-
stallare videocamere, per trasmettere in tempo reale le
immagini della sua creazione artistica e degli aeroplani
a un museo nel terminal dell'aeroporto (FIG. 5). Smithson non si limitò, tuttavia, ad adattare alle proprie esigenze artistiche gli strumenti dell'ingegneria e dell'architettura, bensì volle adottarne anche le modalità di
lavoro d'équipe (fatto questo eccezionale nel campo
dell'arte). Invitò, infatti, i suoi colleghi Sol LeWitt,
Robert Morris e Carl Andre a contribuirvi con propri
progetti. LeWitt, dal canto suo, quando lavorava come
disegnatore nello studio di I.M. Pei, alla fine degli anni
cinquanta, aveva già maturato esperienze con megastrutture. Egli propose così di inglobare una piccola
cassa dal contenuto sconosciuto in un cubo di cemento più grande e di sotterrare poi il tutto in un luogo
ignoto, come un'ancora misteriosa, all'interno del perimetro dell'immensa area aeroportuale. Robert Morris
disegnò **Earth Mound**, una collina circolare di 300 metri di raggio. Andre progettò un cratere che si sarebbe
dovuto produrre dalla deflagrazione di una bomba, lan-
ciata da un'altezza di 3.000 metri. Quando Smithson
presentò i progetti all'**Artforum**, utilizzò per la prima
volta la definizione "earth works": "La 'perforazione',
analogamente ad altri 'earth works' sta assumendo
sempre più importanza per gli artisti. Pavimentazioni,
grotte, fosse, colline, cumuli, sentieri, fossati, strade,
terrazze ecc., tutto ha un potenziale estetico"[7].

Alla fine del giugno 1967 scadde il suo contratto,
anche perché lo studio TAMS, per parte sua, dovette
cedere l'appalto per la progettazione degli edifici ae-
roportuali ad altri. Nell'autunno del 1973 ci fu la sfar-
zosa inaugurazione dell'aeroporto – tra l'altro con il
primo atterraggio di un Concorde su suolo americano
–, senza, tuttavia, che il tema della creazione artistica
fosse più sfiorato. Ma ormai, gli appetiti del mondo
dell'arte nei confronti di strutture su grande scala, si
erano risvegliati. Nel frattempo Sol LeWitt aveva presentato Smithson alla gallerista Virginia Dwan. La
Dwan, finanziariamente indipendente ed erede della
Minnesota Mining and Manufacturing Corporation,

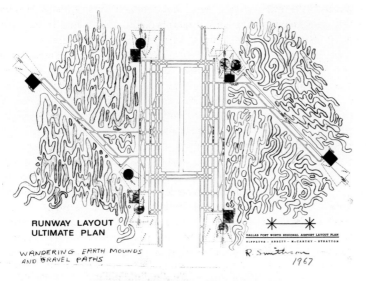

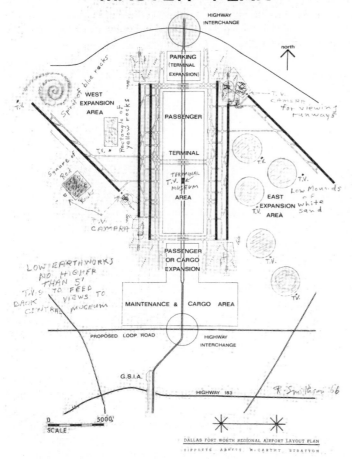

FIG. 4. Robert Smithson, *A Web of White Gravel*, 1967, disegno. Robert Smithson, © by SIAE, 2004. Courtesy James Cohan Gallery, New York.

FIG. 5. Robert Smithson, Disegno in *Terminal Area Concepts, Tippetts, Abbott, McCarthy, and Stratton*, 1966 ca. Robert Smithson, © by SIAE, 2004.

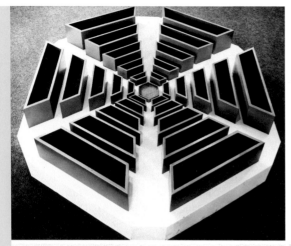

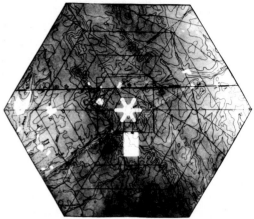

FIG. 6. (in alto a sinistra) Robert Smithson, *A Nonsite: Pine Barrens, New Jersey*, 1968. Collezione Dwan Gallery. Robert Smithson, © by SIAE, 2004. Courtesy James Cohan Gallery, New York.

FIG. 7. (in alto a destra) Robert Smithson, *A Nonsite: Pine Barrens, New Jersey*, 1968, mappa fotostatica, 12,5 x 10,5 cm. Collezione Dwan Gallery. Robert Smithson, © by SIAE, 2004.

Courtesy James Cohan Gallery, New York.

FIG. 8. (in basso a sinistra) Richard Serra, *Untitled*, 1970 (foto Gianfranco Gorgoni). Richard Serra, © by SIAE, 2004.

FIG. 9. (in basso a destra) Gordon Matta-Clark, *Fragments of Bingo*, deposito di Matta-Clark all'Artpark, Lewiston, New York, 1974. Gordon Matta-Clark, © by SIAE, 2004.

condivideva da una parte l'entusiasmo di Smithson per strutture e strumenti architettonici, dall'altra parte per gli "earth works". Poco tempo dopo prese sotto la sua ala protettrice anche Michael Heizer, diventando così una delle più importanti promotrici ufficiali della Earth Art. La Dwan tentò – pur non riuscendovi – di comperare della terra nel New Jersey in cui Smithson avrebbe potuto realizzare "earth works": sculture in asfalto, fosse d'acqua e forme in ghiaia. Smithson, durante un'escursione insieme alla Dwan e ad altri colleghi nel gennaio 1968, trovò un vecchio aeroporto con sei piste radiali in sabbia, ma il tentativo di acquistare questo terreno statale, per realizzare in loco una scultura d'asfalto, fu vano. Decise allora di collocare l'opera altrove, servendosi di una pianta esagonale accompagnata da un testo descrittivo e di un plastico del terreno, nello spazio espositivo di una galleria[8]. Intitolò l'opera **A Nonsite: Pine Barrens, New Jersey** (1968) e inserì tra parentesi **An Indoor Earthwork**. Posta su un basamento bianco, uguale a quelli utilizzati per i modelli di architettura, la scultura è formata da sei file di cinque contenitori in alluminio blu, alti e larghi in modo crescente, riempiti con la sabbia del terreno circostante l'aeroporto. Al centro è posta una vasca esagonale, anch'esso riempito di sabbia. La mappa esagonale e la descrizione del sito costituiscono parte integrante dell'opera (FIGS. 6, 7).

Il contratto stipulato tra Prokosch e Smithson aveva dunque contribuito, seppur indirettamente, a quell'invenzione che non solo avrebbe fondato le basi della futura evoluzione del concetto di scultura negli anni settanta, ottanta e novanta, bensì avrebbe offerto agli artisti la possibilità di adottare nel proprio campo uno strumento che era al contempo uno strumento proprio dell'architettura, il "non-luogo". Il non-luogo consentiva di stabilire un collegamento dialettico tra il contesto nello spazio espositivo e un altro luogo; consentiva, al contempo, l'impiego parallelo e interdisciplinare di una serie di strumenti mediatici, tra cui fotografia, diapositive di grande formato retro-illuminate, film, video, disegni, carte, modelli e testi. Esso aiutava, inoltre, a risolvere il dilemma della rappresentazione, con cui, per esempio, si trovava confrontata la performance. L'invenzione del non-luogo aprì nuove porte all'arte. Partendo da New York, gli artisti sciamarono negli anni successivi verso nuove forme espressive, aprendosi nuovi territori e mantenendoli vivi negli spazi espositivi delle gallerie. La questione del luogo e quella della relazione tra opera d'arte e territorio circostante divennero il centro d'interesse della nuova ricerca. Con "floor pieces" e, poco più tardi con "installations", gli artisti segnalarono la loro intenzione di occupare concretamente spazialità e nuovi territori. Nuovi concetti, quali quello di "site selection", ossia la scelta di un luogo adatto, e quello di "site specificity", ossia l'idea che un'opera d'arte debba esistere esclusivamente per un determinato contesto, fecero il loro ingresso nella terminologia dell'arte.

Molti elementi si trovavano dunque a convergere insieme. Smithson e i suoi compagni si erano trovati nel luogo giusto al momento giusto. Questo potrebbe essere il motivo per cui queste intuizioni artistiche furono elevate al rango istituzionale di movimento, per così dire nell'arco di una notte. Le mostre si susseguivano a ritmo incessante. Il via fu dato dalla mostra **Earthworks**, ideata da Smithson e dalla Dwan e allestita negli spazi della galleria Dwan, dove Smithson, per la prima volta, nell'ottobre 1968, espose il suo **A Nonsite: Pine Barrens, New Jersey**. Nel febbraio e nel marzo 1969, il movimento artistico Earth Art ottenne il riconoscimento ufficiale con la mostra al Andrew Dickson White Museum della Cornell University. Il 15 aprile 1969 la televisione tedesca mandò in onda le immagini della mostra di Land Art alla videogalleria di Gerry Schum[9]. E l'apice fu raggiunto con le mostre monografiche allestite dalla Dwan, **Double Negative** di Heizer e **The Spiral Jetty** di Smithson, rispettivamente all'inizio e alla fine del 1970. Il nome della rivista "Avalanche", fondata nell'autunno 1970, che in breve tempo divenne una sorta di cassa di risonanza della Earth Art, testimonia della dinamica di questo movimento artistico.

L'ARCHITETTURA E IL SUO MALCONTENTO

Caratteristica dell'arte di quegli anni – non solo della Earth Art – è una sorta di atteggiamento ironicamente aggressivo nei confronti dell'architettura. L'opera di Michael Heizer **Munich Depression** (1969), un avvallamento nel terreno della periferia di Monaco, è da intendersi da una parte come un cratere provocato dalla deflagrazione di una bomba, dall'altra parte come metafora della deprimente situazione della moderna edilizia abitativa. Nel 1968 Walter De Maria riempì con 50 metri cubi di terra gli spazi espositivi della Galerie Heinrich Friedrich di Monaco, per realizzare la sua prima **Earthroom**. Dennis Oppenheim, per l'opera **Gallery Transplant** (1969), tracciò la pianta di uno spazio espositivo dello Stedelijk Museum di Amsterdam in un campo sterrato a Jersey City. Nella sua performance artistica **Parallel Stress** del 1970, lasciò il suo corpo sospeso per dieci minuti tra due muri, imitando la statica di un ponte; poi assunse la stessa posizione su un cu-mulo di ghiaia e si adagiò in un pozzo di scarico. Richard Serra scagliò piombo fuso sulle pareti della galleria di Leo Castelli e conficcò un anello di acciaio nel **terrain vague** di una strada chiusa nel Bronx (FIG. 8). Michael Asher per **Project for Gallery Toselli** a Milano, nel 1973, fece sabbiare strato per strato la tin-teggiatura e l'intonaco in gesso di una galleria, fino a "spellarla" letteralmente. Gordon Matta-Clark progettò di mettere a nudo le fondamenta del centro espositivo al 112 di Green Street. In performance quali **Bronx Floors**, **Splitting** e **Bingo** attaccò l'integrità fisica del-l'architettura utilizzando seghe circolari e bulldozer, e trasferì poi i frammenti o in galleria – secondo il para-digma del non-luogo di Smithson –, o rovesciandoli scenograficamente in una discarica, come fece con i **Fragments of Bingo** (FIG. 9). Gli attacchi contro l'archi-tettura connotarono anche il piano linguistico. L'architettura, per molti artisti, divenne sinonimo di repressione, chiusura e soppressione. Matta-Clark, che aveva studiato architettura alla Cornell University e che era rimasto segnato dall'esperienza di assistente per la mostra **Earth Art**, sosteneva:

> Nel disfare un edificio vi sono molti aspetti di ordine sociale sui quali vorrei portare la vostra attenzione: per prima cosa, per aprire uno stato di chiusura pre-condizionato non solo da aspetti di necessità fisica, ma dall'industria, che profonde scatole urbane e su-burbane in guisa di contesto per rassicurare un con-sumatore passivo, isolato – un'utenza praticamente prigioniera.[10]

Smithson giudicava autoreferenziale il pensiero degli architetti e sosteneva che la loro concezione si strutturasse sulla base dell'errore di rimuovere il corso del tempo e lo spazio storico, analogamente a quanto avviene nell'ambito di tutti i sistemi fondati sull'idea di astrazione. "Regole astratte in uno spazio vuoto, nella pretesa di liberarsi dal tempo"[11]. Secondo Smithson, gli architetti, anziché pensare in maniera dialettica, rista-gnerebbero in uno stato di isolamento idealistico, vo-lutamente ricercato, completamente avulso dal conte-sto, analogamente a quanto avviene per l'economia:

> Vi è una precisa connessione tra economia e archi-tettura e cioè il fatto che sembra che gli architetti costruiscano in maniera isolata, autoreferenziale, astorica. Essi non si preoccupano mai di stabilire re-lazioni tra il loro grande progetto e l'esterno. E, al contempo, sembra che essi si mantengano salda-

mente ancorati ai principi economici. Infatti anche gli economisti si isolano e sono autoreferenziali e mentalmente strutturati in cicli, in modo tale da escludere l'intero processo di entropia.[12]

Smithson era interessato al corso dei processi ir-reversibili, cioè a ciò che egli definiva appunto "entro-pia". Per lui era entropico non solo l'inquinamento am-bientale, che all'epoca dominava il dibattito pubblico, bensì anche fenomeni politici quali, ad esempio, lo scandalo Watergate, che a partire dal 1973 evidenziò il processo di sgretolamento del sistema politico ameri-cano e che si sarebbe concluso, poi, nel 1974 con le dimissioni dell'allora presidente degli Stati Uniti, Richard Nixon[13]. Per Smithson entropia significava il collasso irreversibile di sistemi un tempo chiusi, senza alcuna possibilità di ricomporli nuovamente. Egli se-guiva la sua concezione, non con l'intento di arrestare tali processi, bensì, piuttosto, allo scopo di analizzarli e articolarli: "Ciascuno dovrebbe cercare di analizzare le condizioni dell'entropia, piuttosto che cercare di ribal-tarle"[14]. Smithson mostrava interesse per ciò che egli stesso definiva "architettura entropica" o anche "de-architeturizzazione" (FIG. 10). L'entropia per lui era la si-tuazione delle contraddizioni interne e dei conflitti, si trattava cioè "in altre parole di due situazioni irriconci-liabili, che senza speranza collassano nella medesima cascata"[15]. Secondo la sua concezione non era piani-ficabile un mondo pieno di contraddizioni e connotato da sistemi in collasso: "Sembra che progetto e possi-bilità siano quasi la stessa cosa"[16].

Egli cercò di articolare tale dinamismo in installa-zioni quali **Asphalt Rundown** a Roma, dove, nell'otto-bre del 1963, fece scaricare dell'asfalto sulle pareti erose di una buca di ghiaia (FIG. 11). Il materiale viscoso seguiva le tracce dell'erosione, fungeva da impronta e, al contempo, le fissava. Smithson fotografò l'intero processo della performance e riuscì anche a fare un video della sequenza di eventi. Nel film si vede l'artista che, come un reporter, si avvicina all'asfalto che scivo-la nella buca, e cerca, per quanto possibile, di fermare nelle istantanee le differenti configurazioni che vanno via via strutturandosi e modificandosi. Da un lato si scorgono analogie con la storia della pittura, nella fat-tispecie con la tecnica del dripping di Jackson Pollock; dall'altro si evidenziano analogie con la foto-grafia le cui tecniche, originariamente, prevedevano anche l'utilizzo di lastre d'asfalto fotosensibili e che, per parte sua, soggiace a un processo entropico. Smithson condensò tutto questo, nell'opera **Glue**

FIG. 10. (in alto) Robert Smithson, *Entropic Landscape*, disegno. Robert Smithson, © by SIAE, 2004.

FIG. 11. (in basso a sinistra) Robert Smithson, *Asphalt Rundown*, Roma, 1969 (foto Robert Smithson). © Robert Smithson. Courtesy James Cohan Gallery, New York.

FIG. 12. (in basso a destra) Robert Smithson, *Glue Pour*, Vancouver, British Columbia, gennaio 1970 (foto Nancy Holt). Robert Smithson, © by SIAE, 2004. Courtesy James Cohan Gallery, New York.

Hamden Mall - New Haven, Conn. - Parking Lot Project

68
69

FIG. 13. (in alto) James Wines (SITE), *Ghost Parking Lot*, Hamden, Connecticut, 1978 (foto © SITE, 1978).
FIG. 14. (in basso a sinistra) Eduardo Souto de Moura, Stadio di Braga, Portogallo, 2004 (foto © Luís Ferreira Alves).
FIG. 15. (in basso al centro) Dominique Perrault, Velodromo e piscina olimpica, Berlino, Germania, 1999. Courtesy Dominique Perrault and Partners (foto Luftbild & Pressefoto Berlin). Dominique Perrault Architect, © by SIAE, 2004.
FIG. 16. (in basso a destra) Herzog & de Meuron, Schaulager®, Basilea, Svizzera, 2003. Laurence Foundation *Schaulager* (foto © Ruedi Walti).

Pour, realizzata rovesciando un bidone di lacca rossa (FIG. 12): anche questa performance è correlata al concetto di entropia e, inoltre, rappresenta una critica al sentimento catastrofista degli ambientalisti, che abbraccia tematiche che vano dall'inquinamento ambientale fino a quello dell'esplosione demografica. Smithson realizzò la sua performance nell'ambito della mostra **955,000**, curata da Lucy Lippard alla Vancouver Art Gallery. Il titolo della mostra prende spunto dal numero di abitanti di Vancouver.

Con guardo retrospettivo, tuttavia, questa performance artistica può essere vista quale quadro della situazione stessa dell'artista, protagonista della Earth Art, i cui giorni erano ormai contati. Nel giugno del 1971, infatti, Virginia Dwan, dopo più di dieci anni di attività, chiuse le gallerie di Los Angeles e New York. Nel gennaio 1970, la Dwan aveva allestito la mostra **Michael Heizer: New York/Nevada**; in seguito, nell'autunno del 1970, **Robert Smithson: Great Salt Lake, Utah**, contribuendo così alla realizzazione delle due più importanti manifestazioni artistiche della Earth Art. Ma con il ritiro dall'attività della Dwan, cessò anche il breve periodo di fioritura della Earth Art e ciò dimostra quanto poco sostenibile sia la tesi che vedrebbe nella Earth Art un movimento di critica all'istituzione. In realtà, la distanza spaziale delle opere della Earth Art dai centri più rappresentativi, ha presto fatto sorgere il mito, tra interpreti e storiografi, secondo cui gli artisti avrebbero inteso svincolarsi dai lacci dell'arte istituzionalizzata, dalle sue leggi spaziali ed economiche; e al di là dei vincoli dei centri del mondo artistico, per ricominciare così, al cospetto di una natura apparentemente incontaminata. In verità, la Earth Art sarebbe impensabile fuori dal contesto del mercato dell'arte internazionale. Anziché vederla quale critica del mondo dell'arte, io la concepisco piuttosto come segno del trionfo e della massima espansione dell'arte alla fine degli anni sessanta.

Priva del suo sostegno più importante e coinvolta nella congiuntura di una incipiente recessione economica, la Earth Art perse rapidamente terreno. Ciò nonostante i rappresentanti della Earth Art continuarono a lavorare ai loro progetti negli anni settanta: Michael Heizer realizzò le sue macrostrutture **The City: Complex One (1972–74)** e **The City: Complex Two (1980–88)**, tuttavia pagando il prezzo di un crescente isolamento. Walter De Maria trovò in Heiner Friedrich, che in seguito fu uno dei soci fondatori della Dia Art Foundation, un fedele sostenitore. Grazie alla Dia Art Foundation De Maria poté realizzare una **Earth Room** permanente nel 1977 a New York. La fondazione, fi-

nanziata principalmente dal gruppo petrolifero texano de Menil, consentì tra l'altro la realizzazione del **Lightning Field** nel Nuovo Messico e del **Vertical Earth Kilometer** a Kassel. **Lightning Field** è un'opera che richiede molta manutenzione, viene fortemente sovvenzionata e può essere visitata solo da sei persone alla volta, che debbono trascorrere un'intera giornata nel luogo dell'installazione. Si tratta, se così si può dire, di una sorta di Concorde della Earth Art, un relitto perfetto, seppur anacronistico. Il **Vertical Earth Kilometer**, un tubo di ottone lungo un chilometro, che grazie all'impiego della più avanguardistica tecnologia petrolifera è stato impiantato di fronte al museo Fridericianum di Kassel e che, attualmente, attraversa un nuovo garage interrato, è conosciuto solo dagli specialisti. James Turrell, negli anni novanta, investì un patrimonio per arginare l'espansione urbana di Flagstaff in Arizona, poiché minacciava di distruggere l'illusione che la sua realizzazione **Roden Crater** si trovasse in un deserto remoto. Smithson riuscì ancora a realizzare due grandi "earth works": **Broken Circle-Spiral Hill** a Emmen in Olanda e l'opera postuma, portata a compimento poi da Nancy Holt e Richard Serra, **Amarillo Ramp** ad Amarillo, Texas. Tuttavia, i suoi tentativi di ottenere l'appoggio dell'industria tramite progetti di recupero del territorio e di posizionare così l'arte al di là del confine ultimo del mondo artistico, fallirono. Proprio l'ecologia, che in quell'epoca stava sempre più prendendo piede, deluse Smithson in ragione della sua concezione reazionaria della natura e della sua visione del mondo fondamentalmente meccanicista. L'arte aveva superato i suoi limiti economici e istituzionali. Più tardi, in occasione di Documenta 5 del 1972 venne richiamata all'interno delle mura protettive dei musei.

L'ANSIA DELLE INFLUENZE

Non è difficile trovare una serie di esempi nell'ambito dell'architettura che, più o meno esplicitamente siano riconducibili al linguaggio formale della Earth Art. Dal Ghost Parking Lot a Hamden, Connecticut (1978), di James Wines al velodromo e piscina olimpica a Berlino (1999) di Dominique Perrault, fino allo stadio di calcio in una cava di pietra a Braga, Portogallo (2004), di Edouardo Souto de Moura, sono una serie di edifici che non sarebbero concepibili senza l'influsso della Earth Art (FIGG. 13-16). Ogni architetto che progetti un edificio parzialmente sotterraneo, ogni architetto che si ponga dei problemi sulla rappresentazione dei suoi progetti per una mostra, si imbatterà nei protagonisti della Earth Art. Ciò nonostante, non vi sono specifiche affinità formali tra la Earth Art e l'architettura. Correnti avanguardiste quali il Cubismo o il Costruttivismo possono essere più o meno agevolmente trasferite su progetti architettonici; fenomeni delle arti figurative, del design e dell'architettura vengono compresi nell'ambito di comuni concetti stilistici. Tale fenomeno è particolarmente evidente nel caso dell'architettura minimale, laddove un repertorio di forme create dagli artisti degli anni sessanta viene reinterpretato e rivalutato beneficiando del ventennio che lo separa dalla prima apparizione dell'arte minimale[17]. Per converso, invece, non esiste alcun fenomeno che si possa definire "Earth Architecture".

Oggi la Earth Art per l'architettura non rappresenta tanto una fonte di spunti formali, quanto, piuttosto, un'influenza ambivalente, secondo quanto enunciato nel libro di Harold Bloom **The Anxiety of Influence**. Secondo l'accezione di Bloom, la Earth Art avrebbe da un lato la funzione di quadro dell'epoca postindustriale, sotto il cui influsso, come sotto un ineluttabile influsso astrale, volente o nolente, si troverebbe ancora a essere l'architettura. Dall'altro lato la Earth Art avrebbe anche il ruolo di paradigma concettuale, che gli architetti fonderebbero in ciò che Bloom definisce un "atto di decodifica fortemente aberrante, un'interpretazione creativa che io definisco 'poetica violazione del codice deontologico professionale'"[18]. La Earth Art delinea marcatamente un potenziale dell'architettura, scopre un terreno non ancora completamente sfruttato. Solà-Morales Rubio, nel saggio che abbiamo menzionato prima, riferendosi al **terrain vague**, mette in evidenza la differenza tra arte e architettura: tale differenza consisterebbe nel fatto che l'arte vuole proteggere e mantenere libero il **terrain vague**, mentre l'architettura, in definitiva, lo vuole conquistare, colonizzare e gestire. In tal senso, dunque, la Earth Art rappresenta un fenomeno che si oppone fortemente a tale progetto di colonizzazione e che, almeno provvisoriamente, rimane un **terrain vague** dell'architettura. La Earth Art assolve il compito di rappresentare una serie di operazioni che l'architettura non è in grado di portare a compimento; l'architettura, infatti, non può divenire una rovina di se stessa. Ciò significa che essa non riesce ad articolare il corso del tempo e il processo di entropia, senza provocare la sua stessa scomparsa. L'architettura non può neppure cristallizzarsi nello stato di cantiere **ad aeternum**, ossia in quello stato che Smithson nel suo saggio **A Tour of the Monuments of Passaic, New Jersey**, in merito a un cantiere autostradale, aveva definito "rovine al rovescio", "l'opposto delle 'rovine romantiche', per-

ché gli edifici non **cadono** in rovina **dopo** che sono stati costruiti, ma piuttosto **si elevano** a rovine prima di venire costruiti"[19]. L'architettura non è quindi in grado di fondersi completamente con il territorio sul quale poggia, anche se molte costruzioni danno l'illusione di voler scomparire dentro il suolo su cui sono edificate. Essa, tutt'al più, è in grado di evocare questo suolo, la "natura" che grava su di essa – come ad esempio avviene in Schaulager di Herzog & de Meuron a Basilea, in cui la facciata dà l'idea di essere una versione compressa del terreno circostante.

La Earth Art, inoltre, compensa il vuoto di significato in cui l'architettura viene a trovarsi negli anni settanta e che gli storici, in mancanza di un paradigma teorico, cercano di ricondurre alla fine del modernismo, della postindustrializzazione o del postmodernismo. Questo vuoto si deve da una parte all'impotenza degli architetti dell'epoca di fronte al processo di trasformazione del tessuto urbano: il degrado urbano e lo stato di miseria delle grandi metropoli americane era oggetto di osservazioni e critiche da parte degli architetti, che, tuttavia, non erano in grado di esercitare alcuna influenza. Essi non erano coinvolti nel processo di trasformazione dei valori causato dalla speculazione del territorio, ossia nell'operazione di distruzione delle vecchie strutture e della costruzione delle nuove. Restavano pietrificati come animali indifesi di fronte a predatori, come, ad esempio, Donald Trump, che alla metà degli anni settanta iniziò sistematicamente a "sviluppare" un **terrain vague** dopo l'altro, a investire in quartieri andati in degrado e a trasformare vecchie aree ferroviarie in aree per l'edilizia abitativa. Fissati su concetti quali la propria autonomia e la propria dimensione storica, gli architetti, nei primi anni settanta, non lasciarono spazio alla dialettica promossa da Smithson. E inoltre non erano aperti alla consapevolezza storica dello spazio, alla sensibilità nei confronti delle storie degli abitanti di quegli spazi, così come invece aveva teorizzato Matta-Clark.

Dall'altra parte tale vuoto si deve far risalire all'incapacità mostrata dall'architettura di creare ciò che Henri Lefebvre aveva definito "spazi monumentali". Nel suo libro **La production de l'espace** (1974), Lefebvre metteva in evidenza il fatto che l'architettura non fosse più in grado di dare vita a tali spazi. Contrariamente a quanto avvenuto in epoche trascorse, per esempio con gli antichi teatri o le cattedrali medievali, non esistevano più, secondo la sua opinione, unità spaziali singole, che fungessero da punti di identificazione. "Come potrebbe venire ovviata e superata la contraddizione in essere tra edifici e monumenti? Come può accadere che venga accelerata la tendenza che ha distrutto l'opera monumentale ma che potrebbe venire recuperata all'interno della sfera degli edifici stessi, restaurandone le antiche unità a un livello superiore?", si chiede Lefebvre[20]. Il suo incitamento a ricreare "spazi monumentali", all'epoca venne accolto solo nell'ambito dell'arte. L'enorme richiesta di musei e di spazi della rimembranza a partire dagli anni ottanta, dimostra che l'analisi di Lefebvre è sempre valida. E ancora oggi, quando è in gioco la monumentalità, gli architetti virano nella direzione dell'arte.

Molto cemento è stato colato e molto terreno rimosso, da quando Robert Smithson ricoprì parzialmente con della terra il capanno di legno nel campus della Kent State University. I rapporti di forza tra architettura e arte da tempo si sono nuovamente normalizzati. Oggi è l'architettura a colonizzare il terreno dell'arte, e non il contrario. Tuttavia molto di ciò che fu represso e messo da parte nel campo dell'architettura, resta visibile nelle forme della Earth Art. Il legame tra arte e architettura intorno al 1970 era talmente stretto, che le due discipline non si sono totalmente svincolate da questo abbraccio che tuttavia le avvinghia. Nella fase in cui ambedue erano ancora altamente vulnerabili, in cui erano sotto pressione, si sono contaminate a vicenda. Allora, come oggi, le opere conosciute come Earth Art rappresentano l'immagine riflessa delle fragilità e insufficienze dell'architettura. Queste opere, come accade per poche altre opere d'arte nel XX secolo, mettono in evidenza la loro dipendenza nei confronti dei committenti, delle configurazioni esterne, delle possibilità climatiche ed economiche. E mostrano, infine, quale sia il potere che il corso del tempo esercita sull'architettura. Per l'architettura tutto ciò resta una sfida.

1. "Io, Robert Smithson, dono quest'opera d'arte alla Kent University. Il titolo dell'opera è *Partially Buried Woodshed*. Misure del capanno: 45 piedi di lunghezza, 18 piedi e 6 pollici di larghezza, 10 piedi e 2 pollici di altezza. Locazione: all'angolo di Rhode e Summit St (parte dell'acquisizione della fattoria), un'area di 45 piedi deve circondare l'opera. Nulla deve essere alterato all'interno di quest'area. Il legname sparpagliato e il terreno puntellato debbono rimanere in loco. Ogni cosa contenuta all'interno del capanno è parte integrante dell'opera e non deve essere rimossa. L'intera opera è soggetta ai mutamenti causati dalle intemperie che debbono essere altresì considerate parti integranti dell'opera. Il valore dell'opera ammonta a 10.000 dollari. L'opera deve essere considerata un'installazione permanente e come tale mantenuta dal Dipartimento d'Arte, in linea con quanto sopra specificato", lascito di Robert Smithson, Archives of American Art, citato in R. Hobbs, *Robert Smithson: Sculpture*, Ithaca (NY) 1981, p. 191.

2. I più importanti rappresentanti della Earth Art sono Robert Smithson, Michael Heizer, Walter De Maria, Charles Ross, Nancy Holt, Robert Morris, Dennis Hoppenheim, Peter Hutchinson. Negli ultimi tempi si è avuta una forte crescita della letteratura sull'Earth Art, tra cui: R. Graziani, *Robert Smithson and the American Landscape*, Cambridge (UK) 2004; S. Boettger, *Earthworks, Art and the Landscape of the Sixties*, Berkeley 2003; P. Ursprung, *Grenzen der Kunst: Allan Kaprow und das Happening, Robert Smithson und die Land Art*, München 2003; A. Reynolds, *Robert Smithson: Learning from Las Vegas and Elsewhere*, Cambridge (Ma) 2003; *Land Art and Environmental Art*, a cura di J. Kastner, con un saggio di B. Wallis, London 1998; G. Tiberghien, *Land Art*, Paris 1995; P. Werkner, *Land Art*, München 1992; J. Beardsley, *Earthworks and Beyond: Contemporary Art in the Landscape*, New York 1984; *Art in the Land: A Critical Anthology of Environmental Art*, a cura di A. Sonfist, New York 1983.

3. "In questi luoghi apparentemente dimenticati, la memoria del passato sembra avere il sopravvento sul presente. Qui sopravvivono solo pochi valori essenziali, a dispetto della totale disaffezione dall'attività della città. Tali luoghi inconsueti esistono al di fuori dei circuiti urbani e delle strutture produttive. Da un punto di vista economico, le aree industriali, le stazioni ferroviarie, i porti, i quartieri abitativi malsani e i luoghi contaminati si trovano ai margini della cerchia urbana": I. de Solà-Morales Rubio, *Terrain Vague*, in *Anyplace*, a cura di C. Davidson, Cambridge (MA) 1995, pp. 118-123: p. 120.

4. Citato in *Idea as Model (22 Architectes, 1976/1980)*, catalogo della mostra (New York, Institute for Architecture and Urban Studies), New York 1981, p. 3.

5. Si tratta di un simposio, tenuto in occasione della "Tenth Alumni Convocation", 14-17 giugno 1966.

6. *Interview with Robert Smithson: Edited by Paul Toner and Robert Smithson*, in *Robert Smithson: The Collected Writings*, a cura di J. Flam, Berkeley 1996, pp. 234-241: p. 234.

7. R. Smithson, *Towards the Development of an Air Terminal Site*, in *Robert Smithson: The Collected Writings*, cit., pp. 52-60: p. 56 (ed. originale in "Artforum", June 1967).

8. Cfr. Hobbs, *Robert Smithson: Sculpture*, cit., p. 105.

9. U. Gross, B. Hess, U. Wevers, *Ready to Shoot: Fernsehgalerie Gerry Schum, Videogalerie Schum*, catalogo della mostra (Kunsthalle Düsseldorf), Köln 2003.

10. G. Matta-Clark, D. Wall, *Gordon Matta-Clark's Building Dissections: An Interview by Donald Wall*, in *Gordon Matta-Clark*, a cura di C. Diserens, London 2003, pp. 181-186: p. 182 (ed. originale in "Arts Magazine", May 1976) (traduzione di E.I.W.).

11. R. Smithson, *Entropy Made Visible: Interview with Alison Sky*, in *Robert Smithson: The Collected Writings*, cit., pp. 301-309: p. 302 (ed. originale in "On Site", 4, 1973) (traduzione di E.I.W.).

12. Smithson, *Entropy Made Visible*, cit., p. 309 (traduzione di E.I.W.).

13. Cfr. J. Schell, *The Time of Illusion*, New York 1976.

14. Smithson, *Entropy Made Visible*, cit., p. 307.

15. *Ibid.*

16. *Ibid.*, p. 304.

17. Cfr. I. Ruby, A. Ruby, A. Sachs, P. Ursprung, *Minimal Architecture*, München 2003.

18. H. Bloom, *Preface: The Anguish of Contamination*, in *The Anxiety of Influence: A Theory of Poetry*, Oxford 1997, p. xxiii (prima ed. 1973).

19. R. Smithson, *A Tour of the Monuments of Passaic, New Jersey*, in *Robert Smithson: The Collected Writings*, cit., pp. 68-74: p. 72 (ed. originale in "Artforum", December 1967).

20. H. Lefebvre, *The Production of Space*, trad. ing. di D. Nicholson-Smith, Oxford 1991, p. 223 (ed. originale, *Production de l'espace*, Paris 1974).

Tradotto dal tedesco da Elena Israela Wegher

JUAN ANTONIO RAMÍREZ

VERSO UN'ALTRA COSA: IMPARANDO DALLE ROVINE, DALL'ARTE E DALL'ARCHITETTURA ANIMALE

I

Impossibile dimenticare le immagini della distruzione architettonica più spettacolare della storia dell'umanità: prima vedemmo il fuoco dell'impatto che usciva da grandi crepe e si innalzava verso l'alto delle strutture prismatiche, poi le due torri sprofondarono, una dopo l'altra, con un grande frastuono. Non crollarono su un lato, come alberi abbattuti dai taglialegna, o come era accaduto al campanile di San Marco (steso sulla piazza come un cadavere, nelle vecchie foto del disastro), ma verso l'interno, dall'alto in basso, in uno strano processo di totale disintegrazione degli elementi architettonici. Il crollo produsse una nube immensa, paragonabile agli orribili funghi di Hiroshima e Nagasaki. Quando tutto finì, dei vecchi edifici non era rimasto nulla di riconoscibile. Si dice che moltissimi documenti volarono via dagli uffici, ma i dintorni delle Torri gemelle, in realtà, furono coperti da una fitta cappa di polvere e di minuscoli detriti grigi associati nell'immaginario collettivo alle ceneri del Vesuvio che coprirono gli oggetti, gli esseri viventi e gli edifici di Ercolano e Pompei prima che la lava seppellisse per sempre queste miti città romane.

Sono passati quasi tre anni e stiamo ancora cercando di capire il vero significato di quell'evento. Non è questa la sede per approfondire politicamente i fatti, cercando di rispondere a domande inquietanti sulla natura di Al Qaeda o su come mai non si sia stati ancora in grado di sottoporre a giudizio questo evento luttuoso. L'attacco terrorista l'ha forse fatta finita con i delinquenti? Quell'azione suicida (e altre simili, da Baghdad a Madrid) ricorda il comportamento di Erostrato, il paranoico che (secondo Plutarco) incendiò il tempio di Artemide a Efeso, una delle sette meraviglie del mondo antico, per raggiungere la fama ed essere ricordato dai posteri. Ma, a livello subliminale, rappresenta, meglio di qualsiasi altra cosa, la fine dell'architettura, così come è stata intesa finora. La caduta del World Trade Centre, la sua trasformazione (o **metamorfosi**) in una immensa nube di polvere inquinante (si è detto che poteva essere cancerogena) è un paradigma simbolico che si poteva paragonare fin da subito alla distruzione mitica della torre di Babele (annichilita dai raggi e dalle lingue di fuoco lanciati dal cielo dalla divinità). Sappiamo bene cosa è accaduto in seguito. Si è incrementato l'interminabile conflitto palestinese che ha portato con sé molte altre distruzioni architettoniche (come quella di Jenin

nella primavera del 2002) causate dalle bombe israeliane. Inoltre, con la guerra in Afghanistan abbiamo assistito alla distruzione delle misteriose grotte dove il supposto Bin Laden si sarebbe nascosto come una lucertola e si è fatta gran pubblicità al massiccio bombardamento di montagne remote e deserte. I confini dell'architettura si sono confusi con il guazzabuglio della comune distruzione: i detriti polverizzati, infatti, eliminando le forme, riducono a un comune denominatore alberi e corpi umani, edifici e rocce agresti, il letto dei fiumi e la sinuosità delle grotte. La distruzione del paesaggio non è una novità, dato che viene messa in pratica sistematicamente da alcuni decenni a partire dalla conquista e colonizzazione israeliana della Palestina. Ora la si sta attuando nelle due guerre del Golfo. Mentre scrivo (è l'8 aprile 2004), gli ultimi invasori dell'Iraq hanno da poco bombardato una miserabile moschea, e le immagini che ci giungono mostrano un paese ormai distrutto, nel quale l'amarezza per l'umiliante espropriazione subita non può che sfociare nel fanatismo suicida della vendetta. È una dinamica che sembra inarrestabile, ed è quasi certo che quando questo testo arriverà al lettore, avremo assistito a nuove immagini di esecrabili distruzioni, le cui macerie mediatiche avranno nascosto sotto "rovine fresche" i detriti odierni. Cambiamo scenario e andiamo un poco più indietro nel tempo: durante l'inverno del 2003 due deputati, transfughi dal partito socialista operaio spagnolo (socialdemocratico), impedirono, con la propria diserzione, di formare un governo delle sinistre, sulla base di un accordo già previsto, nella regione di Madrid. Le elezioni dovettero essere ripetute e furono poi vinte dal partito popolare (di destra) molti membri del quale hanno grandi interessi in quella che i mezzi di informazione chiamano "mafia del mattone". Ci sono stati ragionevoli sospetti che le trame oscure della speculazione immobiliare avessero comprato i voti dei deputati traditori, favorendo così la continuazione dei proficui affari dei corruttori, ben installati al potere e certamente minacciati nel caso si fosse formato un governo di sinistra. Non ci sono state bombe, né scavatrici, apparentemente, ma la distruzione della vera architettura si è attuata anche così, in modo non meno efficace che nei luoghi di cui si parlava sopra. Alcuni mesi più tardi, l'11 marzo del 2004, il **caso** ha voluto che un nuovo evento sanzionasse tutte quelle distruzioni, mettendo in scena a Madrid il maggior attentato terroristico della storia d'Europa. Erano bombe collocate su treni locali, che distrussero corpi innocenti (non lo sono forse **tutti** i corpi di **tutte** le vittime?), ma alcuni giorni dopo i responsabili dell'attentato (almeno questo dice la polizia) si immolarono nell'appartamento di un blocco di abitazioni in un quartiere popolare, certificando, con un'altra distruzione architettonica, la vocazione inesorabile di questo nascente XXI secolo.

Stiamo giocando con legami e concatenamenti paranoici di alcuni fatti, perché in un mondo come questo, dove le informazioni sono apertamente manipolate e la menzogna ha ormai diritto di cittadinanza, rimane solo da sperare che un'illuminazione irrazionale venga a rivelare le verità nascoste. Non sappiamo nulla su chi muove davvero i fili del terrorismo, ma visto che le fazioni più regressive della società hanno approfittato delle sue azioni più spettacolari per imporre un modello fascistoide di società, è possibile immaginare che siano stati loro i veri autori di queste ecatombi. Alcuni pensano che non sia impossibile che una remota cellula del Mossad o della CIA, infiltrata in Al Qaeda, abbia manipolato dati e istigato azioni spaventose con fini occulti. Perché, di fatto, l'11 settembre ha legittimato Bush, il presidente usurpatore, ha innescato la politica sterminatrice di Ariel Sharon nei confronti dei palestinesi, e ha giustificato quel colossale errore che è stata l'invasione dell'Iraq. E l'attentato di Madrid sembra aver avuto l'obiettivo di far ottenere al partito neofranchista di Aznar la maggioranza assoluta nelle elezioni di tre giorni dopo. Ecco dunque la disperazione e l'incredulità dei politici del partito popolare, perdenti imprevisti, di fronte alla reazione del popolo spagnolo che ha castigato con il suo voto chi ha mentito, e portato al potere il partito pacifista di José Luis Rodríguez Zapatero, contro ogni pronostico.

Sembrerebbe possibile trarre una conclusione: la distruzione architettonica, la passione per le rovine polverizzate di questo nascente XXI secolo, poggia sulla distruzione delle istituzioni democratiche. Alcuni dei nostri governanti considerano la volontà popolare come un'innocua barretta di plastilina da modellare a proprio piacere. Come il paguro bernardo, hanno occupato l'edificio democratico tanto faticosamente costruito dagli **altri** dopo la seconda guerra mondiale, e ora pretendono di dirigere dall'interno la distruzione di tutte le sue conquiste, mettendo in seria discussione il senso stesso di quell'edificio. L'architettura del nostro mondo sta perdendo il suo significato perché proprio questo fa il potere con ciò che dice di rappresentare: **asemantizza**, toglie senso alla democrazia, la fa tacere (o la imbavaglia). Qualsiasi analisi della nostra realtà sociale e politica non fa che definire i vertici del triangolo in cui siamo costretti a muoverci: menzogna, usurpazione e rovina.

2

Ma per comprendere ciò che sta accadendo (o che può accadere) all'architettura è necessario tenere conto anche dello scenario dell'arte, luogo di lucidità particolarmente sensibile ai terremoti culturali. Non è questa la sede per un'analisi esaustiva delle numerosissime metafore e rappresentazioni architettoniche nell'arte di oggi, perciò tratterò solo alcune opere emblematiche, presentate nell'ambito privilegiato delle ultime Biennali d'arte di Venezia. Una di queste è la **Totes Haus Ur** di Gregor Schneider nel padiglione della Germania (2001). Ricordiamo che l'artista portò all'interno dell'edificio veneziano i principali elementi della sua "casa primordiale", composta di scale impossibili, doppi tramezzi, finestre che si aprono verso altre pareti, porte inverosimili e sinistri sgabuzzini. La scarsa illuminazione, la sporcizia deliberata e lo scarso mobilio privo di gusto, contribuivano a incrementare l'impressione che ci si trovasse di fronte all'abominevole casa di un essere inquietante. Non era esattamente una "casa del terrore" come quelle dei parchi dei divertimenti, ma un ambiente concepito quasi per illustrare etimologicamente il concetto freudiano di **unheimlich**. La solitudine e il silenzio sembravano cose importanti per la sua percezione: poteva starci solo un piccolo gruppo di persone, e anche per questo, oltre che per la fama dell'opera (che ricevette il premio per il migliore padiglione nazionale), si formarono code lunghissime davanti all'entrata durante tutto il periodo di apertura della Biennale.

Il lavoro di Schneider non parlava della distruzione dell'architettura, ma della sua profonda alterazione. Infatti, non si rifaceva ai modelli ideali di vita impliciti in tutti i progetti e i plastici dell'architettura disciplinare (dal quartiere Weissenhof di Mies van der Rohe a Stoccarda, in poi), ma proponeva con crudezza la possibilità che gli edifici reali (**le abitazioni**) siano ritratti che parlano dei loro ipotetici abitanti, così come i testi elaborati dagli scrittori o dagli psichiatri nelle cartelle cliniche. La **Totes Haus Ur** avrebbe rivelato una sorta di "funzionalismo passionale", come abbiamo già detto, in altra sede, che accadeva con i set cinematografici. La differenza fondamentale rispetto a quella tradizione di architettura drammatica, sta nel fatto che quest'opera non si poteva fotografare. E non solo perché nei centri d'arte ai visitatori è vietato fotografare, ma perché quegli spazi angusti e la loro conseguente oscurità rendevano molto difficile a qualsiasi apparecchio fotografico registrare, in modo adeguato, ciò che il visitatore percepiva. Gregor Schneider concepì qualcosa che colpiva tutti i sensi, e dove comunque non c'erano punti di vista privilegiati dai quali **poter vedere** (o registrare) le qualità del lavoro esisteva, certamente, nella casa, una certa idea della **promenade architecturale**, ma mentre Le Corbusier concepiva le sue "passeggiate" come una successione mobile di punti di vista privilegiati (come se l'edificio fosse percorso da una macchina da presa immaginaria), Schneider interrompeva a ogni passo l'attesa di qualcosa di spettacolare. Era un viaggio nell'anti-pittoresco, verso ciò che non si può (non si deve) rappresentare.

Questo mi sembra davvero nuovo, poiché la vocazione spettacolare dell'architettura è stata una costante, a partire dagli esempi archetipici del movimento moderno fino alla brillantezza estetica dei postmoderni, dei decostruttivisti o dei più recenti neonominalisti. Questa architettura **invisibile** della **Totes Haus Ur** ci rappresenta meglio delle brillanti figurazioni (fondamentalmente visuali) dell'architettura disciplinare? Potremmo forse considerarla come il sintomo rivelatore di una realtà nascosta, di un trauma architettonico profondo che solo l'acutezza dell'artista riesce a svelare e rivelare?

Due anni dopo, nello stesso scenario veneziano, Santiago Sierra ha esposto un'altra proposta di visibilità dell'architettura: che l'interno dell'edificio sia accessibile solo a chi possiede una determinata nazionalità. Si trattava del padiglione spagnolo della Biennale d'Arte del 2003, lavoro che l'artista si era assunto da solo, su incarico del commissario Rosa Martínez, e la cui risoluzione suscitò una polemica interessante tra gli specialisti. Santiago Sierra coprì con una striscia di plastica nera la parola "España" che sovrasta la porta principale del padiglione (era questa una delle tre opere presentate) e costruì un muro con blocchi di cemento all'interno del padiglione, parallelo alla facciata, vicino alla porta. Con questa seconda "opera" aveva creato un corridoio che accedeva a entrambi i vani laterali all'entrata: a sinistra conduceva a dei lavabi sporchi e pieni di spazzatura, seguendolo a destra si arrivava a una specie di magazzino disordinato. In questi ambienti potevano transitare liberamente tutti i visitatori della Biennale. Ma solo gli spagnoli che potessero documentare la propria nazionalità, avevano accesso all'altra parte del padiglione. Voltavano dietro l'edificio, e si ritrovavano nel giardino retrostante pieno di resti del cantiere (plastiche, una carriola rivoltata, mattoni, cornici contorte di porte e finestre...), ed entravano attraverso la porta posteriore dopo aver mostrato i documenti a delle guardie in uniforme che fungevano anche da guardiani del recinto interno. Sierra approfittò dell'**espace trouvée** di un'esposizione precedente, lasciando così com'era l'intonaco nero delle pareti e mantenendo nel vuoto silenzioso delle sale abbandonate tutti i resti dell'opera realizzata, anche i resti di cibarie lasciati dai muratori. In fondo, il muro nudo interrompeva l'edificio e creava una frontiera brutale, arbitraria e non oltrepassabile nell'ambiente precedentemente "unificato" del padiglione. Era un'occlusione, uno di quei lavori che spiegano perché l'artista ha potuto affermare di essere "un minimalista per complesso di colpa". Ma anche Santiago Sierra è un semplice erede dell'antiforma?

Per rispondere, è necessario osservare il suo interesse nel mostrare, innanzitutto, le tracce del lavoro dell'uomo. I suoi interventi architettonici non nascondono le prove del sudore e delle ore impiegate dagli operai, sia lavorando che nei momenti di pausa. Sono testimonianze di azioni alienate, fatte solo per ottenere un salario. Era molto significativa la terza opera del padiglione: una performance la cui realizzazione conosciamo solo attraverso la documentazione presente nel catalogo: il primo maggio 2003 (festa del lavoro, come tutti ricorderanno) Sierra fece stare una vecchia donna con un cappuccio nero sulla testa, seduta su uno sgabello di fronte alle pareti nere di un angolo. Un castigo simbolico, accettato in cambio di una paga. Nulla che ci possa sorprendere, perché in realtà così considera il proprio lavoro la maggior parte degli abitanti del mondo. Appare dunque chiaro che l'intervento architettonico di Sierra metteva in evidenza realtà apparentemente lontane dalla disciplina architettonica, come l'arbitrarietà delle frontiere politico-amministrative e il fatto che l'opera (la costruzione) venga sempre realizzata da persone che lasciano in essa parte della propria vita. Non si tratta più di mostrare l'altra faccia, meno bella, dell'edificio non finito, ma di rivelare il suo carattere alienante. L'architettura non risolve i problemi: li crea.

Non vi è dubbio che, come nei due casi che ho presentato, le creazioni architettoniche di alcuni artisti si possono concepire come strumenti di conoscenza. Sono, tra l'altro, una sorta di realtà sociale in provetta o di marchingegni didattici che mostrano in maniera eloquente ciò che non sembra possibile insegnare in altro modo. Ma esiste anche un'altra possibilità, più positiva, di approfittare delle crepe del sistema, costruendo su terreni abbandonati o impiegando materiali di risulta. Il riciclaggio non è cosa nuova, ma nuova è l'impostazione data da Santiago Cirujeda alla concezione di abitacoli trasportabili, destinati ai terreni abbandonati di grandi città. Viene così affrontato il problema abitativo di molti precari, mendicanti, di senzatetto di diversa provenienza. Gli interventi di Cirujeda in diversi luoghi (a Siviglia o Madrid) sono passati quasi inosservati, purtroppo, nella documentazione della Biennale del 2003. Cirujeda ha pensato moduli abitativi in materiale leggero da collocare su terreni liberi approfittando dei mezzi messi a disposizione dalle leggi vigenti. L'artista si è armato di un'inattaccabile consulenza giuridica e concepisce il fondamento **legale** come parte importante delle sue creazioni "artistiche".

3

Ma qual è il modello di una simile operazione? Non ci ricorda forse il comportamento di molti animali? Alcuni crostacei si appropriano delle conchiglie abbandonate adottandole come abitazioni, ma non è un caso unico tra gli esseri viventi. Alcuni insetti sociali (varie specie di api e vespe) si installano nei tronchi vuoti degli alberi o nei fori naturali delle rocce e qualcosa di simile fanno certi grandi e piccoli mammiferi, e numerose specie di uccelli. Questa appropriazione dei luoghi esistenti, e del "già fatto" da altri agenti naturali, sembra una costante di molti esseri viventi e non contrasta con l'ulteriore lavoro di adattamento ai bisogni, condotto dagli individui e dalle specie animali.

Stiamo ora parlando di architettura animale, un vecchio paradigma o modello, che è servito come fonte infinita di metafore applicabili a diverse poetiche costruttive. Come tema classico della biologia, si è meritato l'attenzione di eminenti figure di scienziati, ma più che fare un breve sommario di queste ricerche specializzate, vorrei segnalare alcuni punti utili a calibrare la nostra situazione attuale. Considerata nel suo insieme, l'architettura animale sorprende per la sua straordinaria diversità, in tutti i sensi. I materiali utilizzati sono i più vari, dal fango e dai rami o dalle foglie degli arbusti, dalle piume, dalle pietre, dai resti di altri esseri viventi, fino alle secrezioni di diverso tipo generate dagli animali stessi. Anche le tecniche di costruzione sono irriducibili a un denominatore comune: scavare, tessere, battere, assemblare, fondere, fabbricare ecc. Ancora più sorprendente è la diversità formale: non si può trovare uno **stile** o delle affinità fra cose come la ragnatela, la tana del topo o quella di un castoro, un nido di rondini, un termitaio, il favo di un vespaio o il muro circolare di fango di una rana tropicale. Se estendessimo a questo ambito la terminologia degli storici dell'arte, diremmo che non esiste un "linguaggio" dell'architettura animale. È chiaro che possiamo percepire in tutte queste cose una bellezza straordinaria e ciò mi sembra derivare da una doppia fascinazione: dall'estraniamento, cioè dall'allontanamento da ciò che consideriamo abituale per noi umani; e dal prodigioso ingegno della natura, cioè dalla sua capacità sorprendente di superare, attraverso l'edificio, le costrizioni del "mezzo naturale". Quest'ultimo aspetto spiega perché gli animali abbiano spesso potuto offrire modelli di comportamento ai costruttori umani e perché gli etologi continuino a interessarsi dell'architettura di altre specie. Passiamo alle funzioni. Non sono molte e si riducono alla protezione dagli agenti atmosferici e dai predatori, alla costruzione di trappole per la caccia e all'elaborazione di un rifugio per i piccoli. Vi sono alcune eccezioni, comportamenti estranei al mondo animale, come quello degli uccelli giardinieri (**Ptilonorhynchus violaceus**) che pare costruiscano strutture meramente decorative per attrarre le femmine. La grande lezione dell'architettura animale è che non perde mai di vista le necessità di base dei costruttori, e che manca di pregiudizi tecnici ed estetici. Paradossalmente, è un'architettura senza architettura, la cui principale vocazione è favorire la **metamorfosi**. Perché non c'è dubbio, i migliori edifici animali sono i bozzoli: si possono descrivere come dei vestiti-casa, santuari e ospedali. In questi luoghi di ritiro, l'individuo si chiude ermeticamente per un periodo di tempo, e alimentandosi del suo proprio corpo, sperimenta trasformazioni radicali fino a diventare una cosa completamente diversa.

Mi sembra questa la metafora del momento: in un mondo segregante, che produce rovine polverizzate e che fa dei muri i suoi elementi emblematici, sembra puerile continuare a insistere con esercizi di stile ben noti. L'architettura deve rinchiudersi in un bozzolo di silenzio e alimentarsi di se stessa con i fluidi agrodolci della più ferma autocritica. Da questa ascesi animale uscirà, si spera, una bella resurrezione.

Tradotto dallo spagnolo da Barbara Giacometti

LUIS FERNÁNDEZ-GALIANO

MUTATIS MUTANDIS

METAMORFOSI E METAFORA:
DIECI DIALOGHI LAPIDARI

Si è voluto, qui, utilizzare il lemma della 9. Mostra internazionale di di architettura di Venezia come filo conduttore in un panorama di venti nuovi progetti che dialogano tra loro sotto l'egida di dieci citazioni latine, dieci espressioni classiche che concorrono a sottolineare la condizione atemporale dei processi di trasformazione e a creare una distanza scettica di fronte al fervore metamorfico.

La metafora metamorfica è un'arma a doppio taglio. Nelle scienze naturali, la sua versione biologica evoca immediatamente la metamorfosi del lepidottero con il suo gioioso passaggio dal bruco alla farfalla attraverso la crisalide e il bozzolo; ma la sua variante geologica rimanda al metamorfismo minerale e alla faticosa trasformazione della roccia sottoposta a temperature e pressioni formidabili: non si sa, dunque, se il processo metamorfico si riferisca alle ninfe e alle falene oppure a un purgatorio roccioso. In letteratura la metamorfosi rimanda all'epopea mitologica di Ovidio, a un mondo popolato da una moltitudine agitata di dei, animali, eroi e uomini; ma può anche condurre all'universo claustrofobico e allucinato di Kafka e all'agonia di Gregorio Samsa trasformato in un insetto, con la mela incrostata sul carapace: anche in questo caso non è chiaro se la metamorfosi abbia a che fare con i capricci dell'Olimpo o piuttosto con gli incubi d'Europa. Infine, nel campo dell'architettura, la metamorfosi indotta dal computer e dalla società dello spettacolo ha dato origine a una serie di curve e volumi irregolari che, se per alcuni sono sogni divenuti realtà e presagiscono un futuro più libero, per altri rappresentano fantasmagorie mostruose e fatali che si dissolveranno quando la ragione si sveglierà dal suo sopore colpevole: forme di Morfeo, creature fugaci, propizie o abominevoli, fauste o dannose o forse le due cose insieme. La metamorfosi, ossimoro organico della farfalla e del verme, e ossimoro mitico del dio e dell'animale, è anche ossimoro architettonico del desiderio e del disordine, e ossimoro onirico dell'estasi e dell'incubo.

INTRODUZIONE: TEMPORA MUTANTUR ET NOS MUTAMUR IN ILLIS

I tempi cambiano e noi cambiamo con essi: possiamo spiegare l'architettura e spiegare noi stessi solo attraverso il tempo, "la sostanza di cui sono fatto", diceva Borges in **Nuova confutazione del tempo**. "Il tempo è un fiume che mi trascina, ma io sono il fiume; è una tigre che mi sbrana, ma io sono la tigre; è un fuoco che mi divora, ma io sono il fuoco". Sia benefica oppure fatale, la trasformazione prodotta dal tempo si confonde con la nostra intima essenza; così la mutazione metamorfica è inseparabile dalla vita e dai suoi oggetti. Ma è vero anche che il movimento si percepisce solo quando è riferito a ciò che è immobile, stabile, e questa è la ragione principale che ci ha indotti a commentare il mutamento alla luce di alcune frasi lapidarie, che dalla loro latina distanza e classica impassibilità permettono di guardare prospetticamente al gorgoglio impaziente del contemporaneo. Come quei viaggiatori affacciati al finestrino che credono di muoversi mentre lo sta facendo il vagone a fianco, e, accortisi dell'inganno, cercano con lo sguardo un punto fermo, per correggere la loro percezione, anche noi cerchiamo nel sapere antico un appoggio che ci permetta di comprendere il mutamento senza essere trascinati via con esso; non si tratta di opporre il **monumentum aere perennius** – il monumento più durevole del bronzo – al panorama fluido e convulso delle ultime architetture liquide, ma di usare la laconica atarassia delle sentenze per inquadrare e raggruppare in coppie bene o male assortite dei progetti nuovi, realizzando una cronaca impressionista del paesaggio attuale e una tassonomia sintetica della metamorfosi postmoderna. **Mutatis mutandis**, questa metamorfosi metaforica è la stessa che si agita nella profondità del tempo, e la stessa che altera, capricciosa, la nostra mutevole vita.

OMNIA MUTANTUR, NIHIL INTERIT

Tutto si trasforma, nulla perisce. La frase di Ovidio dal XV libro delle **Metamorfosi** fa da ingresso propiziatorio a un percorso che, manifestando il vincolo fra trasformazione e sopravvivenza, sottolinea il carattere continuo del cambiamento. L'abitazione costruita da Álvaro Siza all'interno di una fattoria belga del XVIII secolo e le cantine di Rafael Moneo edificate a fianco di una cappella neoclassica in Navarra, hanno in comune una complice allusione alla storia della quale evocano o ripetono alcune forme, e lo straniamento prodotto da materiali o da dettagli che rendono palese il mutamento (FIGG. 1, 2). Il passato persiste nelle tipologie ma la nuova logica delle coperture si manifesta attraverso segni inconfondibili che conferiscono leggerezza alla recente opera. La copertura a doppia falda dell'architetto portoghese o la pensilina piegata di Moneo riproducono il gesto universale del tetto a spioventi con un distanziamento scettico derivato dall'arbitrarietà della scelta, e senza la **gravitas** innocente della ragione classica e vernacolare. Se la possibilità di sopravvivenza della costruzione tradizionale si basava sulla robustezza delle sue strutture, grazie alla quale **factum abiit**, **monumenta manent** – il fatto passa, i monumenti restano –, la coscienza contemporanea dà maggiore importanza alla continuità del contesto e lascia che il contenuto e la materia si trasformino per mantenere segni considerati essenziali. Solo così si può affrontare il **tempus edax rerum** di Ovidio, ancora nel XV libro, quel tempo che distrugge le cose, di cui parlavano Leon Battista Alberti o Miguel de Cervantes. Di fronte a "la malignidad del tiempo, devador y consumidor de todas las cosas" ("la malvagità del tempo, che divora e consuma tutte le cose", **Don Chisciotte**, capitolo IX), i tetti a spioventi dei due maestri iberici ammiccano, come delle sopracciglia inarcate, al dialogo con la storia. Anche se nulla perisce, il tempo fugge e, come diceva Virgilio nelle **Georgiche**, lo fa irreparabilmente, **fugit irreparabile tempus**, trasformando ogni cosa nel suo viaggio senza ritorno.

NIGRUM IN CANDIDA VERTUNT

Fanno nero del bianco e bianco del nero: una delle metamorfosi preferite della modernità è quella che trasforma l'oggetto nel suo contrario e cerca, nel contrasto violento con il noto, di sorprendere lo spettatore mettendone in questione le abitudini percettive. Tuttavia, la presenza del bianco marino all'interno di un paesaggio ceramico, o il vetro oscurato su una sezione di arenaria sono ormai provocazioni triviali e l'ultimo decennio ci ha proposto un impatto visivo con dei volumi astratti – casse metafisiche e masse informi – la cui forma scultorea non è identificabile con alcuna figura architettonica, e che si propongono come vere e proprie mutazioni della specie. È una condizione che si verifica nelle protuberanze organiche e sia il carapace a tubercoli di Peter Cook a Graz, che il gigante coperto di borchie di Future Systems a Birmingham somigliano a organismi extraterrestri provenienti dalla fantascienza degli anni cinquanta: delle masse tremule e mobili che minacciano di inghiottire la città tradizionale (FIGG. 3, 4). Tuttavia, la Kunsthaus austriaca o il centro commerciale britannico sono edifici di genere convenzionale, con aria condizionata, ascensori e scale mobili, che in questo caso sono stati infilati dentro un contenitore curvilineo allo scopo di stupire, modificando la carrozzeria senza cambiare il motore: uno styling al servizio dello spettacolo meno funzionale della **mutatio capparum** – il cambio del mantello – di quei clerici che il giorno di Pasqua passavano dal manto di pelle a quello di seta per poter affrontare meglio il calore estivo. Gonfiate come tuberi o globi, queste nuove vesti azzurre dissimulano tra le pieghe ondeggianti vacuità di programmi od obesità di utilizzo, ma catturano al tempo stesso il nostro stupore infantile di fronte alla magica mutazione rivelata dalla loro apparizione inattesa.

MUTAT QUADRATA ROTUNDIS

Arrotonda i quadrati: l'espressione di Orazio descrive con sintesi efficace la trasformazione del canone razionalista cartesiano nell'eterodossia carenata della curva. Il poema dell'angolo retto, emblema lirico della logica tecnica, è stato sostituito da altre geometrie e altre ragioni, che ampliano significativamente il repertorio delle forme architettoniche. Due recenti grattacieli, di Norman Foster per Swiss Re a Londra e di Jean Nouvel per Agbar a Barcellona, ne illustrano bene l'estensione a partire da punti di vista opposti: il primo prolunga il rigore ingegneristico della modernità meccanicista con una struttura metallica geodetica; il secondo supera la disciplina costruttiva dell'ortodossia funzionalista con uno schermo di cemento a pianta ellittica e perforazioni aleatorie (FIG. 5, 6). In questi due proiettili riempiti di uffici, Cartesio si scinde in direzioni opposte e l'ambiguità che ne deriva rafforza lo scetticismo di fronte al mutamento di paradigma. Un mutamento che appare motivato più dalla sfida di inserire forme significative nel paesaggio di routine – "a round peg in a square hole?" – della città, che dalla proposta di una nuova specie di organismo dalla fertile discendenza. Ma non è certamente la fecondità l'aspetto più importante di questa festa delle maschere o passerella di moda, che ha fatto del travestimento il proprio tratto distintivo. Cicerone considerava il cambiarsi d'abito un segno di incostanza di carattere: colui che cambia sempre di opinione si presenta **modo palliatus, modo togatus**, vestito ora con il pallio, ora con la toga; naturalmente la capricciosa volubilità dell'architettura contemporanea ha a disposizione un guardaroba ben più ampio del mantello greco e la toga romana, perciò non è facile evitare la tentazione di ricorrere a frequenti cambiamenti d'abito per ravvivare l'appetito anestetizzato.

EADEM SED ALITER

Le stesse cose, ma in modo diverso: una delle mutazioni più feconde della vecchia modernità non ancora conclusa, è quella che, rispettando lo spirito – o l'aspetto –, sovverte i procedimenti – o i metodi. A prima vista, l'edificio può essere descritto con i tratti moder-

FIG. 1. (in alto a sinistra) Álvaro Siza, Casa e galleria d'arte, Belgio. © Roland Halbe.
FIG. 2. (in alto a destra) Rafael Moneo, Bodegas Chivite, Arínzano, Navarra, Spagna. © Roland Halbe.

FIG. 3. (in centro a sinistra) Peter Cook e Colin Fournier, Kunsthaus, Graz, Austria. © Paul Raftery / View.
FIG. 4. (in centro a destra) Future Systems, Grande magazzino Selfridges, Birmingham, Gran

Bretagna. © Nathan Wilcock / View.
FIG. 5. (in basso a sinistra) Norman Foster, Swiss Re Tower, Londra. © Richard Bryant / Arcaid.

FIG. 6. (in basso a destra) Jean Nouvel, Agbar Tower, Barcellona. © Fotografia Rafael Vargas / Layetana.

FIG. 7. (in alto a sinistra) Kazuyo Sejima, Nuova edilizia popolare, Gifu, Giappone. © Hisao Suzuki.
FIG. 8. (in alto a destra) Toyo Ito, Mediateca, Sendai, Giappone. © Nacása & Partners Inc.

FIG. 9. (in centro a sinistra) MVRDV, Complesso residenziale Silodam, Amsterdam. © Rob 't Hart Fotografie.
FIG. 10. (in centro a destra) Steven Holl, Simmons Hall al

MIT, Cambridge, MA. © Andy Ryan.
FIG. 11. (in basso a sinistra) Rem Koolhaas/OMA, Sede centrale della CCTV, Pechino.

FIG. 12. (in basso a destra) Herzog & de Meuron, Stadio nazionale, Pechino, stadio principale per i Giochi olimpici 2008. © Herzog & de Meuron.

ni dell'astrazione geometrica: trasparenza, ripetizione e leggerezza; ma esaminandolo più a fondo, ci si accorge che la logica funzionale è stata portata fino a un limite surreale utilizzando procedimenti inventivi più vicini all'intuizione poetica che alla deduzione razionale. Nel complesso di alloggi di Kazuyo Sejima a Gifu, come nella mediateca del suo maestro Toyo Ito a Sendai, la regolarità leggera della struttura fa rientrare entrambe le opere nell'ortodossia senza peso del canone avanguardista (FIGG. 7, 8); ma la magrezza astenica del blocco, la distribuzione aleatoria delle perforazioni e la violenza calligrafica delle scale portano la struttura residenziale a un parossismo di smaterializzazione quasi allucinatorio, mentre i tubi strutturali che si intrecciano nella mediateca – e che fingono di non sostenere i solai, sbucando fuori come alberi metallici in cerca di luce – danno un respiro lirico all'opera. Si tratta di cambiamenti sottili che trasformano la natura dello sforzo creativo, entrando nella gestazione del progetto come il granello di sabbia nell'ostrica: una fortunata alterazione che finisce per produrre perle. Giulio Cesare sapeva che **parvis momentis fortuna magnas rerum commutationes efficit** – la fortuna produce in un istante grandi cambi di circostanze – ed effettivamente esistono piccolissime mutazioni che modificano ugualmente il corso di una campagna militare e la rotta di un progetto architettonico: il talento dello stratega o del progettista risiedono probabilmente nella percezione minuziosa di ogni minima alterazione e nell'intelligenza flessibile che permette di approfittarne, per fare le stesse cose in modo diverso.

SIC RERUM SUMMA NOVATUR

Così si rinnova l'universo, scriveva Lucrezio, e così rinnoviamo anche il mondo affaticato delle forme architettoniche: attraverso la metamorfosi insonne di oggetti e organismi. I due prismi abitativi che si mostrano qui, utilizzano tattiche di trasformazione diverse ma coincidono nel voler rinnovare un genere funzionale con una proposta che, invece di sostituire una specie con un'altra, rimpiazza ciò che appartiene al genere con una scelta individuale. Il parallelepipedo di appartamenti costruito da MVRDV sui moli del porto di Amsterdam frattura le proporzioni della scala con una profusione eterogenea di squarci di finestratura, materiali di rivestimento e colori finiti; la residenza per studenti per il Massachusetts Institute of Technology camuffa la propria compattezza con una stretta maglia che confonde le dimensioni, con incisioni e svuotamenti che trattano il volume in modo

scultoreo, e con un cromatismo giocoso che disorienta rispetto alla funzione di luogo di studio (FIGG. 9, 10). L'ammasso policromo di pezzi modulari del silos olandese evoca le pile regolari dei contenitori che si trovano nei porti, ma l'allusione alla standardizzazione industriale si contraddice nel patchwork pittoresco della facciata; il reticolo della residenza americana per studenti potrebbe essere interpretato come gesto che rimanda all'universalità anonima della geometria cartesiana, ma lo sforzo plastico del suo modellamento lo allontana da qualsiasi proposito di carattere generale. Tuttavia, e nonostante lo sforzo tenace di differenziarsi, entrambi gli edifici fanno appello a un patrimonio visuale comune che colora le loro immagini con la patina di un déjà vu ormai stinto. Lo sforzo di rinnovamento dell'universo e dei suoi oggetti attraverso la mutazione artistica non può che sfociare nel desolante **nihil novum sub sole** – niente di nuovo sotto il sole – dell'Ecclesiaste.

OCCIDENTEM DESERERE, ORIENTEM SPECTARE

"Lasciare l'occidente e guardare a oriente" è una frase degli **Annales** di Tacito che gli eruditi utilizzavano riferendosi a chi cercava la novità a ogni costo. Tuttavia un Occidente in crisi da mancanza di autostima si può permettere di citare la frase senza ironia; se la **ex occidente lex** si è estinta, ci rimane ancora la **ex oriente lux**. I due architetti più influenti di questo passaggio di secolo hanno manifestato una fascinazione comune per tutto ciò che è asiatico e cercato mercati e risposte in Oriente. Rem Koolhaas, che con il suo **Great Leap Forward** si è comportato come Marco Polo, ha inserito in ogni pagina della sua ultima pubblicazione una proposizione ideologica, politica e commerciale – **Go East** – che inverte quella dei pionieri americani e alla quale ha aderito anche il suo collega e socio occasionale, Jacques Herzog. Oggi stanno entrambi costruendo a Pechino delle opere emblematiche, futuri simboli delle Olimpiadi del 2008 oltre che pietre miliari delle rispettive traiettorie e segni dell'attuale cambio dell'architettura: sono il grattacielo elicoidale progettato da OMA come sede della televisione di Stato, e lo stadio olimpico, concepito da Herzog & de Meuron come un gigantesco nido di acciaio (FIGG. 11, 12). Questo orientalismo portato all'estremo non deriva da esotismo o nostalgia ma dalla volontà di utilizzare l'innovazione come motore del cambiamento e di approfittare dell'energia brutale della crescita asiatica come fonte di instabilità creativa: un po' come i fisici

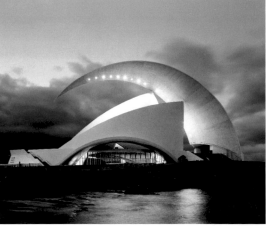

FIG. 13. (in alto a sinistra) Daniel Libeskind, Imperial War Museum, Manchester, Gran Bretagna. © Peter Cook / View.

FIG. 14. (in alto a destra) Santiago Calatrava, Concert Hall, Santa Cruz de Tenerife, Spagna. © Barbara Burg / Oliver Schuh, www.palladium.de.

FIG. 15. (al centro) Enric Miralles/EMBT, Edificio delle aule universitarie, Vigo, Spagna. © Duccio Malagamba.

FIG. 16. (in basso) Zaha Hadid, Tramvia, Strasburgo, Francia. © Hélène Binet.

che bombardano la materia con particelle accelerate per provocare alterazioni che ne rivelino la natura nascosta. Plinio constatava che **habet multum iucunditatis soli caelique mutatio** – è assai piacevole cambiare d'aria e di paese –, ma l'attrazione dell'architettura per l'Oriente non è uno spleen di un **flâneur**, né l'**ennui** di un dandy stanco dei prevedibili paesaggi del mondo occidentale. È piuttosto un tentativo di provocare mutazioni usando l'acceleratore più potente del laboratorio più estremo e sordamente turbolento che esista oggi.

MAGIS ET MINUS NON MUTANT SPECIEM

Il più e il meno non cambiano la specie; tuttavia, nel passare dalla piccola scala alla taglia XL, c'è qualcosa che induce una metamorfosi dell'oggetto. Forse, come pensava Marx, l'incremento quantitativo può produrre un cambiamento qualitativo; senza dubbio, come già sapeva Galileo, le leggi della fisica impediscono la crescita lineare degli organismi e degli edifici; e inevitabilmente, come ci insegna l'esperienza comune, percepiamo ciò che ci circonda in rapporto alla nostra dimensione: l'aumento di grandezza non è mai innocente. Gli architetti che si muovono con scioltezza da una scala all'altra ne offrono un chiaro esempio. Daniel Libeskind, che fin dall'epoca di Micromegas ha sviluppato il suo linguaggio con catastrofi di piccole dimensioni, ha costruito a Manchester un museo della guerra con i frammenti di un globo frantumato; le strutture mantengono la forma geometrica dei cocci di un vaso, ma la loro scala colossale conferisce all'insieme un aspetto stranamente irreale (FIG. 13). Santiago Calatrava, che ha sempre utilizzato le medesime forme per realizzare sculture e architetture, ha costruito a Tenerife un auditorium con le ali e i becchi dei suoi oggetti artistici; anche in questo caso l'opera passa dal triviale al titanico attraverso un cambio di scala che trasforma il divertimento in prodezza (FIG. 14). Forse non è legittimo mettere in relazione dimensioni tra le quali si dovrebbe evitare il paragone, così come si impedisce di combattere a pugili di pesi diversi; ma la trasformazione del piccolo in grande è così potenzialmente feconda e fallisce così di frequente, che sembra preferibile credere, con il Virgilio delle **Georgiche**, che **si parva licet componere magnis** – se è lecito comparare il grande con il piccolo –, e intendere la megamorfosi come una metamorfosi, allora preservare l'essenza dell'arte in questa trasformazione traumatica è una sfida piena di rischi che esige di riconciliare lo stile con la scala.

NON SUM QUALIS ERAM

Non sono come ero, scrive Orazio nelle sue **Odi**, e nessuno lo è, trascinati come siamo dal tempo che ci trasforma. Il vortice di cambiamenti dell'architettura che, come un ciclone, altera con impazienza convulsa le proprie forme e abbatte i suoi protagonisti, trascina con sé le biografie come fa con le opere: anche i soggetti subiscono la metamorfosi degli oggetti e i più giovani esercitano la professione con un ritmo accelerato che rifiuta la lentezza ruminante del vecchio agire. Enric Miralles, che consumò la sua vita come una torcia, continua a lasciare frutti postumi e ancora incandescenti sul suo tragitto di cometa luminosa: il campus di Vigo, con i suoi vagoni veloci su trampoli scossi dal fragore del transito, freme come la metafora di un'esistenza vertiginosa (FIG. 15). E Zaha Hadid, precoce come Miralles, ma costretta per lungo tempo in un labirinto di sogni di carta e di spostamenti senza meta, improvvisamente infrange la barriera di premi e progetti, e con i ritagli di cemento del terminal di Strasburgo accelera il suo viaggio fra i tralicci piegati dallo sguardo in movimento (FIG. 16). In questo turbinio di cambiamenti, la coreografia che conduce dalla catastrofe ai flussi di transito, evoca l'instabilità, forse inevitabile, delle forme e della vita, e le opere architettoniche finiscono per essere percepite come metonimie biografiche. Tuttavia, i giovani sanno, come Ausonio, che **fortuna numquam sistit in eodem statu** – la fortuna non rimane mai nello stesso stato – e che le occasioni vanno prese al volo. Se l'architettura necessita di preventivi e clienti, e se lo scenario del riconoscimento professionale è mutevole, l'ansietà iperattiva che caratterizza le ultime generazioni, mutanti come le loro opere, non ha nulla di sorprendente.

IN VARIETATE VOLUPTAS

Il diletto sta nella varietà, e la dolce curvatura dei nuovi paesaggi senza forma sembra sottolineare l'emergere di una nuova era del pittoresco. Ma la morfogenesi di questi territori fluidi poggia su metafore linguistiche elaborate o biologiche, che in effetti ne fanno dei "paesaggi teorici", capaci di spiegarsi attraverso la sequenza della loro gestazione formale più che mediante punti di vista riduttivi di natura funzionale o visuale; se esiste un punto di vista che ne possa interpretare la logica compositiva, sarà la prospettiva a volo d'uccello piuttosto che quella del viandante: la visione aerea che cattura sincronicamente l'insieme è preferibile al percorso narrativo e diacronico della **promenade architec-**

turale. La Ciudad de la Cultura di fronte a Santiago de Compostela, in Galizia, è un progetto di Peter Eisenman. Esso non può essere rappresentato in modo migliore che dallo scavo dei terreni, con la violenza topografica del suolo rimosso e il dolce modellamento della montagna magica, fusi insieme in un intervento titanico ed effimero di Land Art (FIG. 17). Da parte sua, il terminal marittimo costruito da Alejandro Zaera nel porto di Yokohama incurva la sua copertura di legno – con i ritagli di prato che le conferiscono lo statuto di parco – al fine di trasformarla in un paesaggio di flussi che solo la fotografia aerea può rendere appieno (FIG. 18). Si tratta, naturalmente, di territori liquidi che sorprendono per le loro forme inedite. E anche se, come sottolinea scetticamente Plinio il Vecchio, **est natura hominum novitatis avida** – il desiderio di novità fa parte della natura umana –, la singolarità di quei territori non dipende dalla loro varietà delicata o dalla capacità di risvegliare lo sguardo affaticato dall'abitudine, ma deriva dalla metamorfosi concettuale che è già nella loro genesi: sono farfalle che si intuiscono tali a partire dalla crisalide, se non addirittura dal bruco.

CUNCTA FLUUNT

Tutto scorre, scrive Ovidio nelle **Metamorfosi** sulle orme di Eraclito, e di tutto si forma un'immagine fugace: **omnisque vagans formatur imago**. Ci sembra giusto concludere il nostro percorso con lo stesso autore con il quale lo si è iniziato, per commentare due opere antitetiche spinte a dialogare tra loro dal nostro **Zeitgeist** metamorfico e mutante. Renzo Piano, con la sua formazione artigianale, la sua intelligenza costruttiva e la sua passione nautica, rappresenta per molti l'immagine romantica dell'ultimo moderno; è anche l'ultimo classico, con il rigore antico dei suoi porticati ritmici e l'astrazione canonica dei suoi spazi espositivi. Ma nell'auditorio di Roma si è fatto prendere dalla febbre dell'espressionismo biomorfico. Ed è questo suo stato particolare che ci permette di presentarlo qui associato alla convulsa attività di chi meglio rappresenta l'architettura mutante: Frank Gehry, che, lasciata a Bilbao l'icona del passaggio del secolo, ha realizzato nella sua città, Los Angeles, un auditorio che porta il nome di Disney e reclama la condizione di "fabbrica dei sogni" con il suo acciaio ondeggiante, gonfiato da un vento immaginario che dà luogo a una sorta di estasi onirica (FIGG. 19, 20). Tutto scorre e di tutto si forma un'immagine fugace, ma non è facile uscire dalla trance ipnotica con le nostre forze. L'aforisma ce lo impone: **si quid movendum, move** –, se qualcosa deve

muoversi, muovilo –; e noi ci sforziamo di muovere le nostre membra appesantite dal letargo per uscire da questo mondo fittizio fatto di rappresentazioni equivoche e fugaci, guadagnare una sponda asciutta e sicura che ci riscatti dalla corrente turbolenta di avvenimenti e immagini in cui siamo immersi, e infine, con Lucrezio, sognare di contemplare il tumulto dalla terraferma: **suave, mari magno**... Ma la metamorfosi liquida ci tiene rinchiusi nel bozzolo amniotico, e così chi in realtà sta affogando continua a credere di essere un embrione, futura crisalide. Tutto scorre e di tutto si forma un'immagine fugace...

EPILOGO: QUANTUS MUTATUS AB ILLO!

Quanto è diverso da quello di prima! Le parole che Virgilio mette in bocca a Enea di fronte a Ettore sfigurato, concludono questo percorso fra edifici metamorfizzati o gravemente feriti, tra falene o fantasmi dell'era dello spettacolo. Il cambiamento è stato rovinoso? Trasformati in asini, come Lucio di Apuleio, fingendo di conservare la nostra condizione umana abbiamo scritto la cronaca di un **melt down** catastrofico. Ma forse Le Corbusier aveva ragione e noi architetti siamo davvero degli asini cocciuti, utili a far girare la noria. Asini sì, ma – aggiungeva il maestro – "asini che vedono". E forse la nostra paradossale, perplessa percezione ha come unico merito una certa acutezza dello sguardo, arricchito in questo caso da una serie di citazioni retoriche che, attraverso la laconicità lapidaria del latino, permettono un distanziamento ironico. Si è fatto tardi. Siamo arrivati al limite del foglio e del tempo, come l'architetto si imbatte nell'**area non aedificandi**. Nel poco spazio rimasto rendiamo un piccolo omaggio a Giacomo Leopardi citando un frammento del **Dialogo della moda e della morte**; ascoltiamo il primo: "Dico che nostra natura e usanza comune è di rinnovare continuamente il mondo; ma tu fino da principio ti gittasti alle persone e al sangue; io mi contento per lo più delle barbe, dei capelli, degli abiti, delle masserizie, dei palazzi e di cose tali". Il poeta assicura che la morte e la moda sono "nate dalla Caducità" poiché la loro funzione è di "disfare e [...] rimutare di continuo le cose". Forse per questo scrivere sulla metamorfosi significa scrivere sulla morte e sulla moda. Per entrambe, così come per l'architettura, non esiste più sintetica migliore espressione di quella usata dai filologi per indicare le alterazioni e i cambiamenti dei testi: **mutavit**, mutò.

Tradotto dallo spagnolo da Barbara Giacometti

FIG. 17. (in alto a sinistra) Peter Eisenman, Ciudad de la Cultura, Santiago de Compostela, Spagna. © Paisajes españoles.

FIG. 18. (in basso a sinistra) Alejandro Zaera e Farshid Moussavi, Terminal marittimo, Yokohama, Giappone. © Satoru Mishima.

FIG. 19. (in alto a destra) Renzo Piano, Auditorium del parco della musica, Roma. © Studio Maggi / Moreno Maggi, 2003.

FIG. 20. (in basso a destra) Frank O. Gehry, Walt Disney Concert Hall, Los Angeles. © Roland Halbe.

BIOGRAFIE DEGLI AUTORI

IÑAKI ÁBALOS è professore di Progettazione e direttore del laboratorio "Tecnica e Paesaggio Contemporaneo" alla Escuela de Arquitectura de Madrid, presso la quale è stato anche professore di Costruzioni durante il periodo 1984–88. Nel 1984 ha fondato insieme a Juan Herreros lo studio Ábalos & Herreros. Il loro lavoro ha vinto molti premi, come riportato dalle varie riviste di settore, ed è stato presentato in diverse mostre personali e collettive, fra cui quella organizzata dal MoMA con il titolo *Light Construction* (New York 1995) o *New Trends of Architecture* (Tokyo 2002); è stato inoltre raccolto in monografie quali *Ábalos & Herreros* (Barcelona, Gustavo Gili, 1992), *Áreas de Impunidad / Areas of Impunity* (Barcelona, Actar, 1997) e *Reciclando Madrid* (Barcelona, Actar, 2000). Di recente la rivista "2G" ha dedicato il suo ventiduesimo numero ai lavori e ai progetti dello studio. Ábalos & Herreros sono gli autori di *Le Corbusier: Rascacielos, técnica y arquitectura en la ciudad contemporánea* (pubblicato in inglese dalla MIT Press con il titolo *Tower and Office*) e di *Natural-Artificial*. Nel 2000 Iñaki Ábalos ha pubblicato *La buena vida* (Barcelona, Gustavo Gili), che è stato tradotto in inglese (*The Good Life*) e in portoghese (*A boa vida*); attualmente sta preparando *Campos de batalla* (Exit.LMI) e i volumi 1 e 2 di *Atlas pintoresco* (Barcelona, Gustavo Gili), libri incentrati sulla ridefinizione delle pratiche del paesaggismo in rapporto all'architettura. Ábalos ha tenuto numerosi corsi, laboratori e seminari a livello internazionale; nel 1995 è stato nominato Buell Book Fellow e Visiting Teacher presso la Columbia University di New York e nel 1998 ha ottenuto il Diploma Unit Master all'Architectural Association di Londra ed è stato designato Professeur invité all'EPF d'Architecture di Losanna. Ora (2004) è Visiting Professor alla Princeton University, New Jersey; è inoltre membro del BAI (Instituto de Arquitectura de Barcelona), nonché membro e coordinatore per la Spagna della LMI (Liga Multimedia Internacional), un'organizzazione il cui scopo è quello di contribuire alla semplificazione e intensificazione delle pratiche artistiche.
iabalos@terra.es

NANNI BALTZER, 1971, vive a Zurigo e Roma. Storica dell'architettura e dell'arte, assistente del direttore della 9. Mostra internazionale di architettura di Venezia e curatrice delle sezioni di fotografia. Dopo essere stata a lungo presso il Canadian Centre for Architecture di Montreal e presso l'Università della Svizzera Italiana a Mendrisio (Svizzera), lavora attualmente a Roma sul fotomontaggio e l'architettura in Italia durante il fascismo, con una borsa di studio del Fondo nazionale svizzero. Ha svolto ricerche su: Andrea Palladio, la cultura milanese degli anni trenta del Novecento, Max Bill, Carlo Scarpa, Aby Warburg e Heinrich Wölfflin.
nannibaltzer@gmx.net

MARIO CARPO, dopo aver completato in Italia gli studi di Architettura e di Storia, ha intrapreso in Svizzera l'insegnamento di Teoria e storia e dell'architettura del Rinascimento in qualità di assistente universitario; successivamente, nel 1993, ha ottenuto un incarico di ruolo come docente in Francia. Da dieci anni insegna anche in diverse università europee e statunitensi come Visiting Professor; nel 2002 è stato inoltre nominato responsabile del Centro studi presso il Canadian Centre for Architecture di Montreal. La ricerca e le pubblicazioni di Mario Carpo si occupano principalmente del rapporto fra teoria architettonica, storia culturale e storia della tecnologia mediale e informatica. Fra i suoi libri vi è il volume, vincitore di un premio, *Architecture in the Age of Printing*, pubblicato dalla MIT Press nel 2001 (uscito anche in lingua italiana e spagnola, prossimamente sarà pubblicata una traduzione francese): è una storia dell'influsso delle tecnologie della comunicazione sulla teoria architettonica del mondo occidentale. Di recente Mario Carpo ha scritto un saggio introduttivo alla ristampa di *Folding in Architecture* (uscito a cura di Greg Lynn nel 1993 e ripubblicato nel 2004). Attualmente sta lavorando ad altri progetti riguardanti l'interazione fra architettura e tecnologie digitali.
mcarpo@cca.qc.ca

EDWARD DIMENDBERG è professore associato di Studi di cinema e dei media presso la University of California, Irvine. È membro del comitato editoriale della rivista "October" e curatore, insieme ad Anton Kaes e Martin Jay, della collana "Weimar and Now: German Cultural Criticism" e del volume *The Weimar Republic Sourcebook* (1994), entrambi pubblicati dalla University of California Press. Dimendberg ha ricevuto diversi incarichi di ricerca in qualità di Fellow da parte del Getty Grant Programme, della German Fulbright Commission, della Graham Foundation e del Canadian Centre for Architecture. Nel 2004 la Harvard University Press ha pubblicato il suo libro *Film Noir and the Spaces of Modernity*. Gli scritti di Dimendberg sui mass media e sul paesaggio costruito sono apparsi in molte pubblicazioni. Attualmente sta completando un libro intitolato *Architecture and the Projected Image*.
dimendberg@cs.com

LUIS FERNÁNDEZ-GALIANO, nato nel 1950, è architetto, docente presso l'Escuela de Arquitectura de Madrid e direttore delle riviste "Arquitectura viva" e "AV Monographs". Scrive di architettura per il principale quotidiano spagnolo "El País", in quanto Cullinan Professor alla Rice University, Visiting Scholar al Getty Centre di Los Angeles e Visiting Critic a Princeton, a Harvard e al Berlage Institute di Rotterdam. Membro della Royal Academy of Doctors, esperto e giurato del Premio europeo Mies van der Rohe, ha preso parte anche delle giurie in vari concorsi nazionali e interna-

zionali. Fra i libri di cui è autore vanno ricordati: *La quimera moderna* e *Fire and Memory: On Architecture and Energy*.
www.ArquitecturaViva.com

KURT W. FORSTER, direttore della 9. Mostra internazionale di architettura di Venezia, occupa attualmente il posto di Gropius alla Bauhaus-Universität di Weimar. Ha svolto attività di docenza alle Università di Yale, Stanford, Berkeley, Harvard, al MIT e all'Eidgenössische Technische Hochschule Zürich. È stato direttore fondatore del Getty Research Institute di Los Angeles e direttore del Canadian Centre for Achitecture a Montreal. Ha pubblicato testi su: Palladio (*Palladio and Northern Europe: Books, Travellers, Architects / Palladio nel Nord Europa. Libri, viaggiatori, architetti*, Ginevra, Skira, 1999; *Palladio: Ein Symposium*, a cura di Kurt W. Forster e Martin Kubelik, Roma, Schweizerisches Institut in Rom / Bern, Francke, 1980); Giulio Romano; Schinkel; Le Corbusier; Mies van der Rohe; Eisenman; Libeskind; Mateo; Gehry (con Francesco dal Co, *Frank O. Gehry: The Complete Works*, New York, Monacelli Press, 1998 / *Frank. O Gehry, Opera completa*, Milano, Electa, 1998). Nel 2000 è stato curatore di una grande mostra su Carlo Scarpa al C.I.S.A. (Centro Internazionale di Studi di Architettura Andrea Palladio, Vicenza): *Carlo Scarpa: Mostre e musei, 1944–1976*; *Case e paesaggi 1972–1978*, insieme a Guido Beltramini (catalogo della mostra, Milano, Electa, 2000); nel 2002 è stato responsabile del progetto per la mostra *Herzog & de Meuron: Archaeology of the Mind* al Canadian Centre for Architecture di Montreal (catalogo della mostra, Montreal, Canadian Centre for Architecture, 2002). I suoi studi storiografici hanno portato alla prima edizione integrale inglese degli scritti di Aby Warburg (*The Renewal of Pagan Antiquity: Contributions to the Cultural History of the European Renaissance*,

Los Angeles, Getty Research Institute, 1999).
studio.terragni@tiscali.net

JEREMY GILBERT-ROLFE, N.D.D., A.T.C., M.F.A. Turnbridge Wells Art School, London University Institute of Education, Florida State University. I suoi dipinti sono presenti in esposizioni nazionali e internazionali fin dal 1971. Tra le sue più importanti pubblicazioni si ricorda: *Immanence and Contradiction: Recent Essays on the Artistic Device* (New York, Out of London Press, 1985) e *Beyond Piety: Critical Essays on the Visual Arts, 1986-1993* (Cambridge, Cambridge University Press, 1995). Collabora alle riviste "Bomb" e "New Observations" ed è membro del comitato editoriale della rivista "Art & Text". Gli sono state conferite alcune NEA Fellowship per la pittura e la critica; ha ottenuto inoltre la John Simon Guggenheim Memorial Fellowship e ha vinto il Frank Jewett Mather Award per essersi distinto nella critica d'arte e d'architettura.

MARTIN KEMP ha studiato Scienze naturali e Storia dell'arte all'Università di Cambridge e al Courtauld Institute di Londra. Tra il 1993 e il 1998 è stato ricercatore presso la British Academy; attualmente è docente di Storia dell'arte all'Università di Oxford. Ha condotto ampi studi sull'arte, la scienza e la tecnica di Leonardo, giungendo alla sua prima monografia intitolata *Leonardo da Vinci: The Marvellous Works of Nature and Man* (1981 e 1989, vincitrice del Mitchell Prize) e all'importante esposizione *Leonardo da Vinci*, allestita nel 1989 presso la Hayward Gallery di Londra. Tema costante della ricerca di Kemp sono le problematiche della visualizzazione, della modellazione e della rappresentazione nella scienza e nell'arte. L'apice delle ricerche in campo ottico è *The Science of Art: The Optical Themes in Western Art from Brunelleschi to Seurat* (New Haven, Yale University Press, 1990; edizione riveduta, 1992). Altre pubbli-

cazioni sono: *Behind the Picture: Art and Evidence in the Italian Renaissance* (1997) e *The Oxford History of Western Art* (2000). Scrive regolarmente sulle pagine di "Nature", che nei primi due anni usciva con il titolo "Visualizations: The 'Nature' Book of Science and Art". Nel 2000–01 ha curato, in collaborazione con Marina Wallace, l'importante mostra, con relativo catalogo, *Spectacular Bodies: The Art and Science of the Human Body from Leonardo to Now* presso la Hayward Gallery di Londra. È co-fondatore della società Artakt.

ANTOINE PICON è docente di Storia dell'architettura e della tecnica presso la Harvard Graduate School of Design. Ha pubblicato molti scritti sulla storia delle relazioni tra architettura, urbanesimo, scienza e tecnica; ha indagato la mutabile natura di queste relazioni nel periodo di transizione dall'Ancien Régime all'era industriale in libri quali *French Architects and Engineers in the Age of Enlightenment* (1988), *Claude Perrault ou la curiosité d'un classique* (1988), *L'invention de l'ingénieur moderne* (1992), *Les Saint-Simoniens: Raison, imaginaire et utopie* (2002). Si interessa, inoltre, ai mutamenti dell'epoca contemporanea legati all'avvento della cultura digitale; ha anche pubblicato un saggio su questa tematica, *La ville territoire des cyborgs* (1998), e sta attualmente preparando un altro libro sull'argomento.
apicon@gsd.harvard.edu

HANI RASHID è una figura di primo piano nel campo della progettazione, dell'interattività digitale e della sperimentazione spaziale. Nel 1986 ha effettuato un master in Architettura presso la Cranbrook Academy of Art e nel 1988, a New York, insieme a Lise Anne Couture, ha fondato Asymptote, uno studio di architettura, arte e design che ha ottenuto vari riconoscimenti ufficiali. Dal 1989 insegna Progettazione e Teoria. Nel 1990 ha collaborato all'elaborazione del programma avanzato di Progettazione

architettonica della Columbia University e nel 1995 ha contribuito a elaborare il programma di Progettazione digitale. Attualmente Hani Rashid è docente di Architettura presso l'Eidgenössische Technische Hochschule Zürich; ha inoltre ottenuto incarichi di docenza presso diverse università fra cui la Royal Danish Academy di Copenaghen, il Southern California Institute of Architecture, l'UCLA, l'Università di Lund in Svezia e la Graduate School of Design della Harvard University. Nel 2000 Hani Rashid ha rappresentato gli Stati Uniti nel padiglione americano della 7. Mostra internazionale di architettura di Venezia e nel 2002 Asymptote ha partecipato a Documenta 11 di Kassel. Di recente Asymptote ha completato, in Olanda, la costruzione di HydraPier, una struttura situata vicino all'aeroporto di Schiphol che unisce tecnologia e arte. Gli architetti di Asymptote sono gli autori dell'allestimento di Metamorph, la 9. Mostra internazionale di architettura di Venezia, 2004.
info@asymptote.net

JUAN ANTONIO RAMÍREZ, nato a Málaga nel 1948, è docente di Storia dell'arte all'Universidad Autónoma de Madrid. È autore di oltre trenta libri su diverse tematiche artistiche e architettoniche, fra i quali *Construcciones ilusorias: Arquitecturas descritas, arquitecturas pintadas* (Madrid, Alianza, 1983), *Edificios y sueños: Estudios sobre arquitectura y utopía* (seconda ed., Madrid, Nerea, 1991) e *Architecture for the Screen: A Critical Study of Set Design in Hollywood's Golden Age* (Jefferson, McFarland, 2004). Maggiormente collegati all'arte delle avanguardie, dall'inizio del XX secolo ai giorni nostri, sono, fra gli altri, i seguenti titoli; *Duchamp: Love and Death, Even* (London, Reaktion, 1998), *The Beehive Metaphor: From Gaudí to Le Corbusier* (London, Reaktion, 2000), *Dalí: Lo crudo y lo podrido* (Madrid, A. Machado libros-La Balsa de la Medusa, 2002), *Corpus solus: Para un mapa del cuerpo en el arte*

contemporáneo (Madrid, Siruela, 2003) e *Edificios-cuerpo* (Madrid, Siruela, 2003).
juanantonio.ramirez@uam.es

PHILIP URSPRUNG, nato a Baltimora, Maryland, nel 1963, vive attualmente a Zurigo. Ha insegnato Storia dell'arte presso varie università della Svizzera e della Germania. Nel 2001 è stato nominato Schweizerischer Nationalfond Professor per l'insegnamento di Storia dell'arte all'Istituto di Storia e Teoria dell'architettura dell'Eidgenössische Technische Hochschule Zürich. Nel 2002 è stato curatore della mostra *Herzog & de Meuron: Archaeology of the Mind* presso il Canadian Centre for Achitecture a Montreal. Ha curato il volume *Herzog & de Meuron: Natural History* (Montreal, Canadian Centre for Achitecture, 2002) ed è autore di *Grenzen der Kunst: Allan Kaprow und das Happening, Robert Smithson und die Land Art* (München, Silke Schreiber, 2003), che sarà pubblicato in traduzione inglese dalla University of California Press.
ursprung@gta.arch.ethz.ch

MARINA WARNER è nata a Londra da madre italiana e padre inglese; è cresciuta in Egitto, Belgio e in Inghilterra, a Cambridge. I suoi studi sulla mitologia e le fiabe, ai quali sono stati assegnati diversi premi e riconoscimenti, rivelano un costante interesse per i temi della trasformazione; fra i vari studi vanno ricordati in modo particolare *From the Beast to the Blonde* (1994), *No Go the Bogeyman* (1998) e *Fantastic Metamorphoses, Other Worlds* (2002). Nel 2003 ha curato, insieme a Sarah Bakewell, la mostra *Metamorphing* presso il Science Museum di Londra; attualmente sta lavorando al progetto *Eyes, Lies, and Illusions* per la Hayward Gallery di Londra e a *Only Make-Believe* per Compton Verney. Di recente è uscita una sua raccolta di saggi su letteratura e cultura dal titolo *Signs & Wonders*. Tra le opere di narrativa si ricorda: *The Lost Father* e *The Leto Bundle*. È ora

docente di Letteratura all'Università di Essex e sta completando uno studio sugli spiriti e sulle tecnologie dal titolo *Figuring the Soul*.